Georges Boros

Heil- und Teepflanzen

3. Auflage
104 Abbildungen

Verlag Eugen Ulmer

In einem Band zusammengefaßte Ausgabe des
bisher in zwei Teilen erschienenen Titels

CIP-Kurztitelaufnahme der Deutschen Bibliothek

Boros, Georges:
Heil- und Teepflanzen / Georges Boros. — 3. Aufl.
— Stuttgart: Ulmer, 1980.
1. u. 2. Aufl. u. d. T.: Boros, Georges: Unsere Heil- und Teepflanzen.
ISBN 3-8001-6097-8

Einbandgestaltung: A. Krugmann, Stuttgart
mit einem Foto von H. Schrempp, Oberrimsingen
Satz: Badendruck GmbH, Karlsruhe
Druck: Offsetdruckerei Karl Grammlich, Pliezhausen

Vorwort zur zweiten Auflage

Die vorliegende Neuauflage des ersten Bandes „Unsere Heil- und Teepflanzen“ konnte sich dank erfreulich guter Bewährung in Inhalt und Form fast uneingeschränkt auf die ursprüngliche Fassung gründen. Von den hier besprochenen Pflanzen sind die charakteristischen Merkmale sowie die wichtigsten Angaben über Anbau, Einsammeln, Inhaltsstoffe und Wirkung wieder nach gleichem Prinzip übersichtlich zusammengestellt.

Die alphabetische Einordnung der einzelnen Arten, die das Nachschlagen sehr erleichtert und sich schon im vorausgegangenen Buch „Unsere Küchen- und Gewürzkräuter“ bewährte, wurde bewußt beibehalten, obwohl auch eine Gruppierung nach den Pflanzenfamilien gewisse Vorteile geboten hätte.

Die Auswahl der einzelnen Pflanzenarten richtet sich nach ihrer Bedeutung in der Heilkunde und als Hausmittel oder nach der Häufigkeit ihres natürlichen Vorkommens. Weitere und zum Teil seltener verwendete Arten beziehungsweise solche, die in unseren Breitengraden nur unter besonderem Schutz gedeihen oder in Form geeigneter Zubereitungen importiert werden, sind in dem 1965 erschienenen zweiten Band „Unsere Heil- und Teepflanzen“ behandelt.

Fremdwörter wurden nach Möglichkeit vermieden. Bei der Benennung der Pflanzenteile richtete ich mich nach den volkstümlich gebrauchten oder in den Arzneibüchern angegebenen Namen, obgleich sie botanisch nicht immer zutreffend sind. Aus diesem Grunde werden Begriffe wie Wurzel und Wurzelstock, Samen und Früchte oft unterschiedlich gebraucht.

Erklärungen der wirksamen Pflanzen- und Drogenbestandteile sowie deren Wirkung auf den menschlichen Organismus wurden mit Absicht kurz gehalten, da diese den Ärzten und den in diesem Fach spezialisierten Wissenschaftlern vorbehalten sein sollten.

Die Anregung zu diesem Buch geht auf den hochverehrten Herrn Dr. h. c. Richard Ulmer, Stuttgart, zurück, der mir vor seinem Tode noch viele, auf große Erfahrung gestützte Ratschläge geben konnte.

Herrn Dr. Reto Illien, Apotheker in Zürich, verdanke ich Hilfe bei der Zusammenstellung der Angaben über Wirkung, Anwendung und Zubereitung der einzelnen Arten. Das Kapitel „Die wichtigsten Wirkstoffe“ stammt von Herrn Prof. Dr. Engelbert Graf, Tübingen, der jetzt auch so freundlich war, die Neuauflage mit durchzusehen und um zehn wertvolle Teerezepte zu bereichern. Ich möchte ihm dafür meinen besten Dank aussprechen.

Alle Zeichnungen, mit liebevoller, bewährter Sorgfalt ausgeführt, sind von Herrn Kurt Beyer, Hannover.

Möge dieser Band wieder vielen Lesern Antwort und Erklärung auf ihre die Heil- und Teepflanzen betreffenden Fragen geben.

Zürich, im Herbst 1969 Dr. Georges Boros

Vorwort zur dritten Auflage

Da schon bei der Abfassung der ersten Auflage nach Möglichkeit nur die wissenschaftlich gesicherten Wirkungen der einzelnen Pflanzen bzw. Drogen berücksichtigt wurden, hat das Buch sich bei seinen Benützern stets als verläßliche Hilfe bewährt. Die Bedeutung der Heilpflanzen, sei es als Drogen oder Arzneimittellieferanten, ist in der Zwischenzeit erneut größer geworden. So soll dieses Buch, jetzt in zusammengefaßter, handlicher Form, wieder erscheinen.

Im ersten Teil enthält es vornehmlich Pflanzenarten, die bei uns wildwachsend vorkommen oder angebaut werden. Sie haben als Heilkräuter meist eine allgemeine Verbreitung gefunden und werden oft in der Medizin verordnet oder als Hausmittel verwendet. Im zweiten Teil wird eine Reihe weiterer Pflanzen beschrieben, die nur in der Homöopathie, in Form geeigneter Zubereitungen, häufiger gebraucht werden oder in unseren Breitengraden gar nicht vorkommen, jedoch wichtige Arzneimittellieferanten sind. Der Bedarf an ihnen muß durch Import gedeckt werden.

Die Bemerkungen von Herrn Professor Dr. Engelbert Graf (Tübingen) über die arzneiliche Anwendung der Heilpflanzen sowie die übrigen unverändert übernommenen Kapitel sind nach wie vor gültige und für den verantwortungsbewußten Hausgebrauch nützliche Beiträge zur Kenntnis über die vielerlei Heil- und Teepflanzen. An den schönen Zeichnungen von Kurt Beyer (Hannover) wurde ebenfalls nichts geändert.

Für die Gestaltung und Herstellung des neuen Buches möchte ich Herrn Roland Ulmer und seinen Mitarbeitern bestens danken. Möge diese Ausgabe ebenso wie die vorigen das Wissen über unsere Heil- und Teepflanzen fördern und sich als hilfreicher Ratgeber erweisen.

Zürich, im Frühjahr 1980 Dr. Georges Boros

Inhaltsverzeichnis

Heil- und Teepflanzen, ihre Geschichte und Bedeutung

Die Verwendung von Pflanzen zur Unterstützung von Heilvorgängen im menschlichen Organismus oder zu dessen Stimulierung ist so alt, wie die Menschheit unter körperlichen Beschwerden leidet. Sogar das erkrankte Tier sucht nach bestimmten Pflanzen, die es in gesundem Zustand meidet.

Kenntnis und Anwendung von Heilpflanzen sind sicher älter als die geschichtlichen Aufzeichnungen. Funde aus ältester Zeit deuten darauf hin, daß der Mensch bereits in der Urzeit Heilkräuter sammelte.

Not macht den Menschen erfinderisch, seine Beobachtungsgabe und Erfahrung helfen ihm dabei. Daß dies so ist, zeigen uns die umfassenden Naturkenntnisse von Menschen, die in ganz abgelegenen Gegenden leben. So verwenden die südamerikanischen Indianer das Curare als Pfeilgift seit Menschengedenken. Die verschiedensten Völker haben, voneinander unabhängig, die Wirkung von anregenden Pflanzenteilen entdeckt, die südamerikanischen Indianer die Guarana, die Urbevölkerung Abessiniens den Kaffee, die Chinesen den Tee. Der Genuß dieser Pflanzenteile ist so alt, daß seine Geschichte in die Welt der Märchen und Sagen zurückführt.

Schon in der vorchristlichen Geschichte finden wir viele Aufzeichnungen über die Verwendung bestimmter Pflanzen zu Heilzwecken. Die älteste Kunde über die medizinische Verwendung von Drogen haben uns die Sumerer hinterlassen. Ihre in Tontafeln gebrannten Keilschriften stammen aus dem 5. Jahrtausend vor Chr. Von dem reichen Arzneischatz der alten Ägypter zeugen die Papyri. Der bedeutendste unter ihnen, der Papyrus Ebers, zählt allein über 700 damals medizinisch verwendete Drogen auf. Er stammt ungefähr aus dem 3. Jahrtausend vor Chr., doch reicht das in ihm niedergelegte medizinische Wissen wohl weit bis in das 4. Jahrtausend zurück. Unter den angegebenen Drogen finden wir solche, die heute noch in Gebrauch sind, so z. B. Rizinussamen und Granatrinde.

Auch in der alten chinesischen Heilkunde wurden viele Drogen verwendet. Ein im 3. Jahrtausend vor Chr. vom Kaiser Shen-Nung verfaßtes und noch heute benütztes Werk beschrieb etwa 100 Arzneipflanzen, unter ihnen Zimt, Mohn, Anis und Rhabarber. Die Chinesen glaubten, daß die Blüten auf die oberen Körperteile, Stengel und Blätter auf die mittleren und die Wurzeln auf die unteren einwirkten.

Ähnliche Aufzeichnungen über Heilmittel haben auch die Meder, Perser und Inder hinterlassen. Die medizinischen Kenntnisse, besonders der Inder, waren hervorragend. In ihren heiligen Schriften, den Veden, wurden sie uns überliefert. Es gab bei ihnen kaum eine Pflanze, die nicht in irgendeiner Form für Heilzwecke verwendet wurde. Sie kannten die Wirkung von Rizinus, Kalmus, Hanf und Pfeffer und weiteren 600 pflanzlichen Drogen (Ayur-Veda).

Auch die Semiten haben ein hohes medizinisches Niveau erreicht. Ihre hygienischen Verordnungen finden wir im Alten Testament und im Talmud. Sie verwendeten Zwiebeln, Kalmus, Mutterkorn und bei ihren religiösen Handlungen verschiedene Harze und ätherische Öle.

Die Heilkunde lag bei den vorchristlichen Völkern in den Händen des Priesters oder Zauberers. Dies deutet darauf hin, daß schon damals nicht nur das körperliche Leiden, sondern auch das seelische berücksichtigt wurde.

Die Griechen benützten verhältnismäßig wenige Heilpflanzen. Hauptsächlich einheimische Gewächse wie Weiße Rüben, Gerste, Mohnsamen, Meerzwiebeln, Nieswurz, Wolfsmilch und einige andere wurden verwendet. Der berühmte Arzt Hippokrates und seine Schüler bemühten sich in erster Linie durch Diät zu heilen.

Der bedeutendste Pflanzenkenner des Altertums war Dioskurides (um 77 vor Chr.), ein geborener Grieche, der unter Nero und Vespasian als Militärarzt in römischen Diensten stand. Auf Feldzügen und Studienreisen kam er in der damalig bekannten Welt weit herum und spürte in jedem Lande die dort gebräuchlichen Heilmittel auf. Sein Werk über die Heilmittelkunde, das alle bisherigen an Bedeutung übertraf, war für mehr als ein Jahrtausend führend. Er beschrieb nicht nur die einzelne Pflanze, sondern auch deren Zubereitung und Verwendung. Sein Werk war für die Ärzte der Antike und auch späterer Zeiten richtunggebend. Galen (129—201 nach Chr.), nach Hippokrates der bedeutendste Arzt des Altertums, faßte alle medizinischen Kenntnisse seiner Zeit in seinen Schriften zusammen. Er begnügt sich nicht mit der Beschreibung und Aufzählung der einzelnen Drogen, sondern unterscheidet Eigenschaft und Wirkungskraft der verschiedenen Drogen und gibt Anweisungen zur Zubereitung. Noch heute werden pharmazeutische Auszüge aus Heilpflanzen wie Extrakte, Destillate und Tinkturen als „Galenische Präparate" oder „Galenica" bezeichnet.

Die abendländische griechisch-römische Heilkunde wurde durch das Vordringen des Islams stark von den Arabern beeinflußt, die durch ihre weltweiten Handelsbeziehungen nicht nur neue Heilpflanzen, sondern auch ihre medizinischen Kenntnisse, die zum großen Teil aus der indisch-persischen Arzneikunst stammten, verbreiten konnten. Viele orientalische Drogen wie Ingwer, Manna, Sennesblätter, Kurkuma und Aloe gelangten nach Europa. Die im 10. Jahrhundert in Salerno gegründete medizinische Schule trug viel dazu bei, das medizinische Wissen der Araber zugänglich zu machen.

Die Römer hatten in ihren mitteleuropäischen Provinzen die Bevölkerung zu Wein- und Gemüsebau angeleitet, den die Franken weiter pflegten. So wurde dort eine Anzahl Heil- und Gewürzpflanzen kultiviert. Der Anbau dieser Pflanzen wurde durch die Landgüterordnung (Capitulare de villis), die Karl d. Große oder Ludwig d. Fromme erließ, gesetzlich angeordnet.

Zu dieser Zeit gab es nur wenige Ärzte. Heilen und Pflegen war fast ausschließlich den Mönchen, unter ihnen besonders den Benediktinern, überlassen. Die Klöster legten ihre eigenen Kräutergärten zur ärztlichen Versorgung der Bevölkerung an. Der Gartenbauplan von St. Gallen und die Schriften der Äbtissin Hildegard von Bingen um 1150 („Physica" und „Causa et Curae") geben uns ein Bild von den damals angebauten Pflanzen und den medizinischen Kenntnissen in den Klöstern.

Durch die Wiederentdeckung des ostindischen Seewegs, der schon den Arabern bekannt war, durch die Europäer und die Entdeckung Südamerikas wurden viele wertvolle Drogen nach Europa gebracht, die den bisherigen Arzneischatz bereicherten, u. a. Sabadillsamen, Senegawurzeln, Guajakholz, Ipecacuanha, Chinarinde und Kokablätter.

Die Erfindung des Buchdrucks machte die Verbreitung wissenschaftlicher Erkenntnisse in großem Umfang möglich. Die ersten volkstümlichen, mit Holzschnitten versehenen Pflanzenbücher, erschienen, unter ihnen die bekanntesten von Otto Brunfels (1488—1534), Hieronymus Bock (1498—1554), Leonhard Fuchs (1501—1566) und Conrad Gessner (1516—1565). Der spanische Arzt Nicolas Monardes verfaßte wissenschaftliche Arbeiten über die neuen amerikanischen Drogen.

Durch Paracelsus (1494—1541) bekam die Heil- und Arzneimittelkunde frische Impulse. Außer seinen Beschreibungen von neuartigen Drogenzubereitungen war die Lehre des Paracelsus, daß eine aus den Rohstoffen der Natur herausgezogene besondere Substanz, die bestimmte Krankheiten heilte, das „Arcanum", wie er es nannte, grundlegend neu.

Im vergangenen Jahrhundert entwickelte sich die chemische Wissenschaft in ungeahntem Maße. Dem Apotheker Sertürner gelang 1811 die Reindarstellung des Alkaloids Morphin. Später gelang es auch, die Konstitution vieler Alkaloide zu bestimmen, und so war der Weg offen, viele in den Pflanzen vorkommende Wirkstoffe auch synthetisch herzustellen.

Diese großen Erfolge schienen eine Zeitlang die pflanzlichen Drogen gänzlich entbehrlich zu machen. Besonders durch die Entdeckung, daß geringe Strukturänderungen gelegentlich neue oder sogar wertvollere Wirkungen ergaben, wurden die Heilpflanzen in den Hintergrund gedrängt.

Es wurde aber beobachtet, daß die pflanzlichen Wirkstoffe gewisse Begleitstoffe enthalten, die nicht als bloßer Ballast anzusehen sind. Andererseits gelang es auch nicht, alle Wirkstoffe rein herzustellen, oder das Verfahren erwies sich als zu unwirtschaftlich.

So ist heute noch, obgleich wir über eine große Zahl wertvoller synthetischer Heilmittel verfügen, ein erheblicher Teil unseres Arzneischatzes pflanzlichen Ursprungs. Um einige zu nennen, seien hier Fingerhut, Mohn, Mutterkorn, Nachtschattengewächse, Herbstzeitlose, verschiedene pflanzliche Abführstoffe, Saponindrogen, Gerbstoffdrogen und ihre Auszüge oder isolierten Wirkstoffe erwähnt.

Noch größer ist die Zahl der verwendeten Heilpflanzen als Hausmittel und in der Homöopathie.

Häufig wird übersehen, daß viele moderne Heilmittel pflanzlichen Ursprungs sind, z. B. die Antibiotika wie Penicillin, Streptomycin und dergleichen.

Eine Anzahl der im Mittelalter häufig verwendeten Heilpflanzen erwies sich bei genauer Überprüfung mit den neuen Methoden als unwirksam. In vielen Fällen aber konnte eine hormonale oder antibiotische Wirkung festgestellt werden, wodurch diese Drogen wieder in den Vordergrund rückten.

Neben den zahlreichen Heilpflanzen, die nur in fachkundige Hände gehören, und den vielen, deren Wirksamkeit nicht bewiesen ist, gibt es eine ganze Menge, die sich seit Jahrtausenden als sichere Helfer bei Unpäßlichkeiten und zur Unterstützung bei der Behandlung von Krankheiten bewährt haben. Diese Pflanzen sind nicht nur harmlos, sondern vermeiden auch die Gefahr des Süchtigwerdens, zu dem das Pillenschlucken leicht verleiten kann. Auch preislich sind sie so günstig, daß es jeder Hausfrau möglich ist, in ihrer Hausapotheke immer einen Vorrat für den Familienbedarf bereitzuhalten.

Heil- und Teepflanzen im Hausgarten

Viele unserer Heilpflanzen sind gleichzeitig schöne Zierpflanzen. Beim Anlegen eines Gartens sollte man auf die Auswahl der Pflanzen auch in dieser Hinsicht Rücksicht nehmen.

In erster Linie sollten solche Arten vorgezogen werden, die als Hausmittel oder zur Teebereitung dienen. So sollte man die Steinlinde der Silberlinde vorziehen. Ebenso verdienen die großfrüchtige Hundsrose und der Holunder mehr Aufmerksamkeit als deren reine Zierarten. Goldmelisse, Thymian, Lavendel, Alant und Römische Kamille sind prächtige und dankbare Gartenpflanzen, die gleichzeitig von Nutzen sind.

Viele Arten, besonders diejenigen, die stark wirksame Stoffe enthalten, dürfen nur zu Zierzwecken angepflanzt werden. Sie sind stark giftig, und man sollte auf keinen Fall versuchen, sie für den Hausgebrauch zu nützen, so z. B. das beliebte Maiglöckchen, den schönen Fingerhut und den stolzen Eisenhut.

Zum Anlegen und Pflegen einer Kräuterecke im Hausgarten sei auf die Anleitung in „Unsere Küchen- und Gewürzkräuter“ verwiesen.

Sammeln, Trocknen und Aufbewahren

Die meisten Heil- und Teepflanzen werden aus dem Wildbestand gesammelt. Nur relativ wenige Pflanzen, die in großen Mengen benötigt werden oder die unter Naturschutz stehen, werden landwirtschaftlich oder gärtnerisch kultiviert. Das auf diese Art gewonnene Erntegut wird ebenso wie das aus natürlichem Vorkommen gesammelte verwertet.

Nur ein guter Kenner der Heilpflanzen sollte sie sammeln. Er muß darauf achten, daß er Stellen bevorzugt, an denen die gewünschten Arten in genügender Zahl vorhanden sind. Er soll den Bestand schonen und auch an das nächste Jahr denken. Darüber hinaus sollte er wissen, zu welchem Zeitpunkt der höchste Gehalt an Wirkstoffen erlangt ist.

Es werden von vielen Pflanzen oft nur Teile benötigt wie Blätter, Blüten, Kraut, Wurzeln, Samen, Rinde u. a. Die Blätter und das Kraut werden während der Blütezeit, kurz vor dem Samenansatz, an trockenen Tagen gesammelt, möglichst zwischen Mittag und Abend, um die Taufeuchte zu vermeiden. Die Blätter müssen gut ausgebildet, gesund und möglichst staubfrei sein. Auch sollte man nie zu viele auf einmal einer Pflanze entnehmen, um deren Lebenskraft nicht zu schwächen. Derbere Blätter werden abgeschnitten, von zarteren Pflanzen werden sie abgestreift.

Bei der Krauternte hochwüchsiger Pflanzen werden meist die oberen 20—25 cm abgeschnitten. Von niedrigen Krautdrogen muß die Erde gut abgeschüttelt werden. Zarte Krautdrogen sind oft nicht fest im Boden verwurzelt. Sie sind vorsichtig zu scheiden und nicht auszureißen.

Die Blüten werden geerntet, kurz bevor sie sich öffnen. An trockenen Tagen werden sie vorsichtig gepflückt, ohne daß sie gedrückt werden. Am besten sammelt man sie in kleine Körbe. Da sich nicht alle Blüten einer Pflanze auf einmal entfalten, muß mehrmals nachgepflückt werden.

Früchte sollten zur Zeit der Ernte reif sein. Unreife oder überreife Früchte sind weniger haltbar, ihre Wirkstoffe nicht vollwertig. Auch hier muß vorsichtig gepflückt werden, um Druckstellen zu vermeiden.

Wurzeln werden meist im Herbst oder Winter ausgegraben, gewaschen, je nach Dicke gespalten, geschält und getrocknet.

Die Samenernte muß besonders vorsichtig geschehen. Um das Ausfallen der Samen zu verhüten, muß vor der vollen Reife und möglichst an feuchten Tagen geerntet werden.

Rinden und Knospen werden im Frühjahr gesammelt.

Die genaue Bestimmung der Erntezeit ist sehr schwer. Sie verlangt große Erfahrung, da Witterung, Sorte und geographische Lage mitbestimmend sind.

Auch der am Ende des Buches angeführte Sammelkalender kann nur Anhaltspunkte geben.

Die Ernte wird vorgenommen, wenn der Wirkstoffgehalt der Pflanzen am höchsten ist. Unreife Hagebutten haben kein Aroma, voll aufgeblühter Beifuß ist wertlos, da er bitter schmeckt. Unreifer Fenchel, Koriander und Kümmel sind minderwertig, da sie noch zu wenig äth. Öl enthalten. Waldmeisterkraut muß vor der Blütezeit geschnitten werden. Schon zur Vollblütezeit, erst recht aber danach, bekommt das Kraut einen stark bitteren Beigeschmack, der den ihm eigenen Cumaringeschmack überdeckt. Selbst der Cumaringehalt scheint vermindert zu sein. Die Blüten der Malve und Königskerze müssen täglich gesammelt werden, sonst fallen sie ab und werden wertlos, und die abgeblühten Pflanzen setzen Samen an, wodurch eine weitere Blüte unterbunden wird.

Das einfachste und gebräuchlichste Verfahren, das Erntegut haltbar zu machen, ist das Trocknen. Dabei soll nur das Wasser entzogen werden, alle anderen Wirkstoffe sollen möglichst unbeeinflußt bleiben. Die den frischen Pflanzen eigentümliche Farbe soll ebenfalls möglichst unverändert erhalten bleiben. Es gibt die natürliche und die künstliche Trocknung, beide haben ihre Vor- und Nachteile. An der Sonne dürfen nur derbere Pflanzenteile wie Wurzeln, Rinde und Samen getrocknet werden, Blätter und Blüten muß man im Freien im Schatten oder auf Dachböden in dünner Schicht ausbreiten. Pflanzen, die hauptsächlich ätherisches Öl als Wirkstoff enthalten, dürfen nur bei einer Temperatur von höchstens 35° C getrocknet und nicht ins grelle Sonnenlicht gelegt werden, da sonst der Ölgehalt stark vermindert werden kann. Langstielige Krautdrogen werden in Sträußen an der Hauswand oder auf dem Dachboden aufgehängt.

Die Wurzeln werden vor dem Trocknen gründlich gewaschen. Kraut, Blätter und Blüten dagegen dürfen nicht gewaschen werden. Das Erntegut muß sogleich nach dem Sammeln zum Trocknen ausgelegt werden, um die Abbauvorgänge zurückzuhalten. Fremde Bestandteile, Grashalme, verfärbte und kranke Pflanzenteile werden entfernt.

Jede Art von Sammelgut muß für sich so getrocknet werden, daß eine Vermischung mit einer anderen unmöglich ist. Es gibt mehrere Drogen, bei denen die künstliche Trocknung der natürlichen vorzuziehen ist. Holunder und Klatschmohn z. B. ergeben nur dann eine Qualitätsware, wenn sie schnell künstlich getrocknet werden. Man kann dies im Hause mit den im Handel befindlichen Dörrapparaten tun oder auch auf einfache Art, indem man die zu trocknenden Teile in einem Sieb auf den nicht zu warmen Herd stellt. Bei künstlicher Trocknung sollten 60° C nicht überschritten werden. Bei fleischigen, wasserhaltigen Pflanzenteilen wie Früchten, Beeren und Wurzeln empfiehlt sich eine kombinierte Trocknung, d. h. man legt diese Teile erst längere Zeit an der Luft aus, dann trocknet man sie künstlich fertig. Ist die Droge einwandfrei trocken, — die Stengel müssen beim Biegen brechen, die Blätter beim Anfassen knistern und Früchte, Beeren und Wurzeln dürfen auch im Innern nicht mehr weich sein — muß sie sorgfältig aufbewahrt werden. Am besten tut man sie in Leinenbeutel, die man aufhängt oder in gut schließende Blechdosen oder Gläser. Nach jeweils einem Jahr muß man die Drogen durch frisch getrocknete ersetzen, da sie ihre Wirksamkeit weitgehend verloren haben.

Die wichtigsten Wirkstoffe

Jede Heilpflanze enthält Substanzen, die auf den menschlichen Organismus Einfluß haben. Wir bezeichnen sie als Wirkstoffe. Sie befinden sich meist nicht in der ganzen Pflanze, sondern nur in bestimmten Teilen. Die Wirkung dieser Stoffe kann stärker oder schwächer sein, je nach den Bedingungen (Klima, Boden u.s.w.), unter denen sich die Pflanze entwickelte, aber auch Erntezeit, Trocknung und Aufbewahrung sind mitbestimmend. Die wichtigsten Wirkstoffe sind:

Ätherische Öle, Glykoside und Alkaloide, Bitterstoffe, Gerbstoffe, Saponine, Schleimstoffe, Mineralstoffe, Vitamine, Flavonoide.

Ätherische Öle sind stark riechende, flüchtige, meistens von der Pflanze in besonderen Organen (Öldrüsen, Ölschuppen, Sekretbehältern u. a.) gebildete, durch Ausziehen mit organischen Lösungsmitteln isolierbare, wasserunlösliche Wirkstoffgemische, die sich größtenteils chemisch von Terpenen herleiten. Ihre medizinische Verwendung beruht auf folgenden allgemeinen Eigenschaften: Sie wirken antibakteriell, gärungs- und fäulnishemmend und auf dem Umweg über ihren Geruch anregend (Pfefferminz) oder auch beruhigend (Melisse, Baldrian). Manche wirken entzündungswidrig (Kamille), andere wieder hautreizend bis zur Entzündung (Senf, Rettich). Ein Teil von ihnen wird nach innerlicher oder auch äußerlicher Anwendung durch die Lungen ausgeschieden und wirkt so entzündungshemmend, antibakteriell und auswurffördernd bei Erkrankungen der Atmungsorgane (Thymian, Quendel, Fenchel, Kiefer).

Wieder andere passieren bei der Ausscheidung die Harnwege und verursachen dort neben der Harndesinfektion eine leichte Hyperämie (Mehrdurchblutung), die sich in harntreibender, aber u. U. auch menstruationsfördernder Wirkung äußert (Petersilie, Wacholder, Sellerie).

Ätherische Öle mit krampflösender Wirkung (Kamille, Pfefferminz, Kalmus, Melisse) und andere mit hauptsächlich gärungshemmender Wirkung (Kümmel, Fenchel, ebenfalls Kalmus) begründen die Verwendung der betreffenden Pflanzendrogen bei Magenbeschwerden und bei Blähungen. Drogen mit ätherischen Ölen müssen bei niedriger Temperatur getrocknet *und in verschlossenen Gefäßen, am besten aus Blech, aufbewahrt werden.*

Glykoside sind Verbindungen, bei denen ein oder mehrere Zuckermoleküle an einen, „Genin“ oder „Aglykon“ genannten, anderen Baustein chemisch gebunden vorliegen. Die arzneiliche Wirkung richtet sich hauptsächlich nach der Natur des Genins, die anhängenden Zuckermoleküle haben aber ebenfalls Anteil an der Art, Stärke, Dauer und Richtung der Wirkung. Manche Glykoside, z. B. die herzwirksamen Glykoside des Fingerhuts, der Meerzwiebel, des Adonisröschens, enthalten sogar Zucker, der sonst in der Natur nirgends vorkommt. Für den Anbauer und Sammler ist es wichtig zu wissen, daß die Bindung zwischen dem Aglykon und dem Zucker verhältnismäßig leicht gespaltet wird, wobei die Wirkung u. U. stark geändert oder ganz zunichte gemacht wird. Diese unbedingt zu vermeidende Spaltung (Hydrolyse) erfolgt durch Wasser, besonders beschleunigt durch Säuren, Laugen, Hitze oder Fermente. Solche Fermente sind in den glykosidhaltigen Drogen fast immer enthalten, sie werden aber glücklicherweise meistens erst wirksam, nachdem die Pflanze beschädigt, also ihre Zellen zerstört wurden. Daher soll man Glykosiddrogen sehr schonend behandeln, nicht heiß trocknen, nicht verletzen, quetschen oder zerschneiden, bevor sie völlig getrocknet sind, überhaupt schnell bei guter Luftbewegung trocknen und gut trocken aufbewahren. Bei der Verarbeitung vermeide man längeres Kochen.

Allgemeine Angaben über die Wirkung der Glykoside sind nicht möglich. Je nach dem chemischen Bau wirken sie in ganz verschiedener Richtung, und ihre Wirkungsstärke ist ebenfalls sehr unterschiedlich. Das in den Weidenblättern enthaltene Glykosid Salicin ist z. B. als Glucosid des Salicylalkohols ähnlich verträglich wie die bekannte Salicylsäure. Es wirkt gegen Rheumatismus. Die in Faulbaumrinde, Medizinalrhabarber und manchen anderen Pflanzen enthaltenen Anthrachinonglykoside sind ebenfalls in therapeutischen Dosen harmlos und stellen gutverträgliche Abführmittel dar. Fingerhut, Adonisröschen, Maiglöckchen enthalten dagegen sog. Cardenolidglykoside, die zu den stärksten Giften gehören, die wir kennen. Daher dürfen diese Heilpflanzen nur auf ärztliche Anordnung in ganz bestimmten Fällen verwendet werden, sonst werden sie zu Giftpflanzen. Vor allem müssen Zubereitungen eingesetzt werden, deren Wirkstoffgehalt auf chemischem oder biologischem Wege genau festgestellt ist. Die Apotheken dürfen z. B. Fingerhut-(Digitalis-)Arzneien nur aus gepulverten Blättern herstellen, die in bestimmten staatlichen Anstalten auf einen gesetzlich festgelegten Wirkungsgrad hin getestet wurden. Ungeachtet ihrer Giftigkeit bei falscher Dosierung sind diese Cardenolidglykoside in der Hand des Arztes wertvollste und unentbehrliche Arzneien, zur Selbstbehandlung aber völlig ungeeignet!

Alkaloide sind stickstoffhaltige, organische Pflanzen-„Basen“, von der Pflanze aus noch unbekannten Gründen gebildet und häufig in bestimmten Organen, wo sie dem pflanzlichen Stoffwechsel selbst entzogen sind, abgelagert, z. B. in der Vakuole (Zellhöhle) oder in der Rinde. Vielfach ist der Gehalt einzelner Organe der Pflanze sehr verschieden, Wurzeln und Samen haben meist die höchsten Gehalte. In der Kartoffelpflanze enthalten alle grünen Teile das Alkaloid Solanin, die Knolle dagegen ist völlig frei davon. Treibt die Knolle aber Keime, dann führen auch diese wieder Solanin. Im menschlichen und tierischen Organismus zeigen die Alkaloide die verschiedensten Wirkungen, die meisten aber haben einen gemeinsamen Angriffspunkt: Das Zentralnervensystem. Hierdurch wirken sie auf bestimmte Vorgänge entweder beschleunigend oder hemmend ein. Es gibt auch bei den Alkaloiden solche, die in verhältnismäßig hoher Dosierung vertragen und erst wirksam werden (z. B. Chinin), andere wieder gehören zu den stärksten bekannten Giften (z. B. das Nicotin des Tabaks, das Aconitin des Eisenhuts, das Hyoscyamin der Tollkirsche oder des Bilsenkrauts, das Colchicin der Herbstzeitlose). Es gibt Alkaloide, von denen ein Gramm genügt, um tausend Menschen zu vergiften. Bei den Alkaloiden gilt daher das gleiche, was bei den Glykosiden gesagt wurde: Alkaloide gehören zu den wertvollsten Arzneien, die wir kennen. Die Alkaloidpflanzen sollte jeder kennen, achten und schützen. Die Behandlung mit ihnen hat aber nur durch den Arzt zu erfolgen, der sich dazu zweckmäßiger und standardisierter Zubereitungen aus der Apotheke bedient.

Bitterstoffe nennt man eine chemisch ganz unterschiedlich zusammengesetzte Gruppe von Pflanzenstoffen, die nur den bitteren Geschmack gemeinsam haben, aber keine Alkaloide und im allgemeinen auch nicht Glykoside sind. Ihre Anwendung und ihre Wirkung verdanken sie eben diesem bitteren Geschmack. Sie dienen als Anregungsmittel für die Verdauungsdrüsen, angefangen von Speicheldrüsen über Magensaft-, Bauchspeicheldrüsen bis zu Galle- und Darmsaftsekretionsorganen. Außer der Anregung dieser Sekretionsorgane fördern sie meist auch die Peristaltik (Eigenbewegung) des Magens und Darmes und sind daher bei Verdauungsbeschwerden oft hilfreich, ebenfalls zur Anregung des Appetits. Werden sie längere Zeit und vor allem auch in zu hoher Dosierung genommen, können sie zu nervöser Überreizung der genannten Organe führen.

Gerbstoffe haben ihren Namen daher, daß sie Eiweiß in schwerlösliche Form überführen (vgl. das Gerben von Häuten zu Leder). Sie sind im Pflanzenreich an sich sehr weit verbreitet, aber nur bestimmte Pflanzenarten enthalten die Gerbstoffe in so hoher Konzentration, daß sie für eine technische oder medizinische Nutzung geeignet sind. Man macht von der Wirkung der Gerbstoffe medizinischen Gebrauch zur Behandlung von Schleimhäuten (Zahnfleisch bei Bluten oder Entzündungen, auch an Druckstellen; Rachenschleimhaut bei Entzündungen [Gurgeln], Darmschleimhaut bei Durchfällen) und der Haut (Aufschläge bei nässenden Wunden, vor allem Brandwunden, Bäder bei Erfrierungen oder auch bei zu starker Schweißabsonderung, vorsichtiges Abtupfen bei Aufliegen). Bei der Kombination mehrerer Drogen zu gemischten Tees usw. ist zu beachten, daß Gerbstoffe nicht nur Eiweiß, sondern auch Alkaloide und viele Glykoside wasserunlöslich machen. Gerbstoffe in Drogen sind daher auch vielfach schuld daran, wenn manche wäßrigen Auszüge wie Tees nicht die volle Wirkung der Drogen zur Entfaltung bringen, und daß manche komplizierten, aber ungeschickt kombinierten Teegemische trotz Gehalts an vorzüglichen Drogen nicht die Wirkung haben, die ihnen in der Anpreisung nachgesagt wird.

Saponine sind kompliziert gebaute Substanzen, Glykoside von Steroid- oder Triterpen-aglykonen, denen zwei leicht erkennbare Wirkungen gemeinsam sind: Sie bilden mit Wasser starken Schaum (daher ihr Name, von lateinisch sapo, die Seife) und sie verursachen Hämolyse (d. h. sie bringen, wenn man sie mit roten Blutkörperchen direkt zusammenbringt, den Blutfarbstoff zum Austreten, so daß die Blutprobe, die vorher deckfarben war, dann lackfarben wird).

Medizinisch verwendet man sie vielfach (z. B. in Efeu oder Sonnentau) wegen ihrer expektorierenden (d. h. schleimlösenden, auswurffördernden) Wirkung, auch als Gurgelmittel (Salbei) seltener wegen ihrer benetzungsfördernden Wirkung zum Reinigen kranker Haut, wenn Seife nicht vertragen wird. Saponine sind oft synergistisch (d. h. unterstützend) wirksam, indem sie die Resorption (= Aufnahme) anderer Stoffe fördern, die für sich allein nicht die gewünschte Wirkung zeigen. Hierin liegt oft der Grund, wenn isolierte Reinsubstanzen nicht die Ganzdroge oder einen Ganzauszug aus ihr in der Wirksamkeit erreichen.

Schleimstoffe sind hochmolekulare, von Kohlehydraten chemisch abgeleitete Stoffe, die in geeigneter Konzentration zähflüssige oder auch klebrige Schleime liefern. Man macht von schleimstoffhaltigen Drogen Gebrauch, wenn man entzündete Schleimhäute (besonders des Rachens bei Husten oder des Magen-Darm-

Kanals bei Reizzuständen) durch einen Schleimüberzug schützend einhüllen möchte: Spitzwegerich, Eibisch, Malve bei Husten, Leinsamen bei Magenschleimhautentzündung (Gastritis). Auch bei Verstopfung sind Schleimdrogen oft hilfreich, indem sie den harten Darminhalt auflockern und schlüpfrig machen (besonders Leinsamen, der hier aber längere Zeit genommen werden muß).

Mineralstoffe sind nur in seltenen Fällen an der Wirkung von Pflanzendrogen erheblich beteiligt. Die Bedeutung seltener anorganischer Bestandteile (Mangan, Bor, Kupfer, Jod, Zink u. a.) gerade in Arzneipflanzen wird sicher überschätzt, zumal diese Elemente auch in Gemüsepflanzen vorkommen, die man doch in wesentlich größerer Menge mit der Nahrung aufnimmt.

Vitamine sind absolut lebenswichtig. Sie müssen dem menschlichen Organismus von außen, also mit der Nahrung, zugeführt werden, da er sie nicht selbst synthetisieren kann, aber für die Synthese von lebensnotwendigen Fermenten braucht. Trotzdem ist die Zufuhr von Vitaminen durch Arzneipflanzen auf wenige Fälle beschränkt, z. B. Hagebutten mit sehr hohem Vitamin-C-Gehalt, Weizenkeimöl mit dem höchsten Vitamin-E-Gehalt, Möhren (Karotten) mit reichlich Provitamin A und Vitamin C. Wegen der Empfindlichkeit der Vitamine ist es zweckmäßiger, den Bedarf durch Frischgemüse, Obst, Salate, Säfte zu decken statt durch getrocknete Arzneidrogen. Wo es auf hohen Vitamingehalt ankommt, verwende man die zu diesem Zweck hergestellten, zweckentsprechend stabilisierten und oft noch mit Vitaminen angereicherten Preßsäfte seriöser Herstellerfirmen.

Flavonoide ist ein Oberbegriff für Stoffe, die den eigentlichen Flavonen chemisch nahestehen. Bei den Flavonen selbst handelt es sich um gelbe, oft glykosidisch gebundene und im Pflanzenbereich weit verbreitete Stoffe, die nahe mit den Blütenfarbstoffen (Anthocyanen) verwandt sind. Über ihre therapeutische Wirkung weiß man noch nicht viel sicheres, vor allem deshalb, weil es wegen ihrer Schwerlöslichkeit bisher nicht genügend gelang, sie als Reinsubstanzen im Tierversuch zu testen. Es scheint nur sicher zu sein, daß Flavonoide die Kapillardurchlässigkeit (die Durchlässigkeit der feinsten Blutgefäße) vermindern, also „kapillarabdichtende“ Wirkung haben, und zugleich die Kapillarbrüchigkeit vermindern. Einige Flavone sollen darüber hinaus Krampfzustände bestimmter Blutgefäße, besonders aber der Herzkranzgefäße (Coronararterien) beheben. Viele Flavonoide steigern die Harnflut.

Vorbemerkungen zu den Angaben über die arzneiliche Anwendung der Heilpflanzen

In den folgenden Beschreibungen der Heil- und Teepflanzen werden kurze Angaben über die hervorstechenden Inhaltsstoffe und die arzneiliche Verwendung der Pflanzen, Pflanzenteile oder pflanzlichen Drogen gemacht, und zwar zumeist getrennt nach Anwendung in der Allopathie, in der Homöopathie und im Hausgebrauch.

Eine Erklärung der wichtigsten Wirkstoffgruppen (Alkaloide, Glykoside usw.) ging schon voraus. Es scheinen nun einige erklärende Bemerkungen hinsichtlich der Anwendungsgebiete (Indikationen) angebracht.

Dem hier und da erwähnten Auflegen zerquetschter Pflanzen auf Wunden liegen uralte Erfahrungen zugrunde, die oft in neuerer Zeit durch die Entdeckung antibiotisch wirksamer Inhaltsstoffe nachträglich erklärt oder gerechtfertigt wurden. Man muß sich aber dabei auf sorgfältig gereinigte Pflanzen beschränken und dadurch die Infektionsgefahr vermeiden.

Diejenigen Drogen, die *nur* im Hause gebraucht werden, sind von schwacher Wirksamkeit (stärker wirkende sollte man auch keinesfalls ohne ärztliche Anweisung anwenden), und bei vielen derartigen Tees oder Umschlägen rührt die Hauptwirkung vom Wasser her. Bei vielen dieser Drogen sind die ärztlichen Indikationen aber ohnehin mit denen im Hausgebrauch identisch.

Dagegen wird es dem aufmerksamen Leser nicht entgehen, daß die bei der allopathischen und der homöopathischen Verwendung genannten Indikationen keineswegs immer übereinstimmen. Darin liegt kein Widerspruch, denn nach der Definition des Begriffs „Homöopathie“ sollte man eigentlich erwarten, daß die allopathische und die homöopathische Verwendung eines und desselben Mittels *immer* einander entgegengesetzt wären.

Der Unterschied zwischen Allopathie und Homöopathie läßt sich – mit der aus Platzgründen gebotenen Vereinfachung – etwa folgendermaßen formulieren:

In der **Allopathie** wird ein Arzneimittel verwendet, das dem vorliegenden krankhaften Zustand möglichst gezielt entgegenwirkt, also z. B. bei erhöhtem Blutdruck ein blutdrucksenkendes Medikament, bei Fieber ein temperatursenkendes usw. Darüber hinaus sucht der Allopath, möglichst auch die Ursache der Blutdruckerhöhung, des Fiebers etc. zu erkennen und mit einem ihr entgegengesetzt wirkenden Mittel oder einer sonstigen Behandlung (bis hin zur Operation) direkt zu beseitigen. Neben diesem ärztlichen Vorgehen („contraria contrariis“, d. h. „Entgegengesetztes mit Entgegengesetztem“) existiert schon seit alter Zeit (Hippocrates [um 400 v.Chr.] Paracelsus [1493–1541], besonders aber Hahnemann [1755–1843]) ein zweites ärztliches, „similia similibus“, d. h. „Ähnliches mit Ähnlichem“, das der Homöopathie zugrunde liegt, wie ja auch schon ihr Name besagt (homoion pathos = ähnliches Leiden).

Die **Homöopathie** baut auf reine Empirie (Erfahrungswissen) auf. Sie postuliert, daß das einzig Objektive, was ein Kranker bietet, seine Symptome (d. h. die erfragbaren oder feststellbaren Äußerungen der Krankheit) seien. Diese seien aber nicht die Krankheit selbst, sondern nur die Antwort des Organismus auf die eigentliche Krankheit, deren Wesen zumeist unergründlich sei. Daraus leitet die homöopathische Lehre den sie kennzeichnenden „Ähnlichkeitsgrundsatz" her: zur Behandlung einer mit bestimmten Symptomen einhergehenden Krankheit ist dasjenige Medikament das richtige, das möglichst ähnliche Symptome selbst auszulösen imstande ist. Die jeweils „ähnlichen" Medikamente erfährt der Homöopath aus dem sogenannten *Arzneiversuch*, bei dem ein zu prüfendes Mittel zahlreichen gesunden Versuchspersonen gegeben wird: die bei den Betreffenden durch das Mittel ausgelösten „Arzneikrankheiten" ergeben dann das „Arzneiwirkungsbild". Darin, daß dieses vielfach sehr symptomenreich ist, liegt denn auch die Erklärung dafür, wieso ein und dasselbe Medikament bei einer großen Zahl oft verschiedener Leiden vom homöopathischen Arzt verordnet wird.

Neben diesen Arzneiversuch am Gesunden treten dann die klinischen Beobachtungen, die bei der Behandlung von Kranken mit dem betreffenden Medikament gemacht werden. Häufig zeigt es sich dabei, daß ein erkranktes Organ viel stärker auf ein Medikament reagiert als das gesunde Organ im Arzneiversuch.

Oft werden die einzelnen Reaktionen des Organismus auch durch unterschiedliche Dosen ausgelöst; dies gilt vor allem bei komplexen Arzneien, wie sie die Pflanzenauszüge darstellen. Hier mag ein Bestandteil A im Arzneiversuch Kopfschmerzen auslösen, ein Bestandteil B Magenkrämpfe, ein Bestandteil C Schweißausbruch – aber A, B und C müssen zur Auslösung ihrer Wirkungen in unterschiedlicher Menge eingenommen werden. Aus der Ähnlichkeitsregel folgt dann auch, daß ein und dieselbe komplexe Arznei *in verschiedener Dosierung* wieder für ganz unterschiedliche Leiden das homöopathisch richtige Mittel ist, ohne daß man heute sagen könnte, welcher der zahlreichen Inhaltsstoffe für die eine oder andere Wirkung verantwortlich wäre.

Im allgemeinen arbeitet der Homöopath mit recht kleinen Dosen, d. h. stark verdünnten Medikamenten, jedoch sind nicht die *geringen* Dosen das Kennzeichnende der Homöopathie, eher vielmehr die sehr *unterschiedlichen*; das Hauptkennzeichen jedoch ist die *Arzneifindungsmethode*, nämlich die Ähnlichkeitsregel, und hierbei pflegt der Homöopath die Symptome seines Patienten sehr genau zu beobachten. Er begnügt sich nicht mit der Feststellung „Kopfschmerz", sondern unterscheidet zwischen stechendem, ziehendem, bohrendem, rechts, links, vorne, hinten lokalisiertem, auf Kälte oder Wärme schlimmer werdendem, morgens, mittags, abends oder nachts auftretendem Kopfschmerz, und für jedes derartige Symptom verordnet er ein anderes Mittel oder eine andere Dosis.

Die Verdünnung der Medikamente (die „Potenzierung") geschieht im allgemeinen durch Verschütteln mit Alkohol vorgeschriebener Stärke bei den flüssigen Arzneiformen (den „Dilutionen") und durch Verreiben mit Milchzucker bei den pulverförmigen Arzneimitteln („Triturationen", aus denen auch die homöopathischen Tabletten gepreßt werden). Die „Streukügelchen" werden aus Zuckerkügelchen durch Befeuchten mit Dilutionen in bestimmter Weise gewonnen. Das „Potenzierungsschema" ist so aufgebaut, daß jede „Decimalpotenz" 1/10 des Gehalts der vorhergehenden hat, also die D_4 hat 1/10 des Gehalts der D_3, diese wieder 1/10 des Gehalts der

D_2 usw. Bei den „Centesimalpotenzen" (C_1, C_2, C_3 usw.) ist das Verdünnungsverhältnis von Stufe zu Stufe jeweils 1:100. Die niederste Potenz ist bei pflanzlichen Drogen die Urtinktur (⌀) bzw. die Essenz, wovon die erstere aus importierten Drogen im Verhältnis 1:10 durch Extraktion gewonnen wird, die letztere aus frischen Pflanzen oder Pflanzenteilen und Alkohol unter Einstellung auf einen bestimmten Saftgehalt.

Die Homöopathie bevorzugt im allgemeinen die Frischpflanzen zur Arzneimittelherstellung, jedoch beschränkt sie sich keinesfalls auf nur pflanzliche Mittel. Sie verwendet vielmehr auch tierische Mittel (mehr als 50 davon stehen im Homöopathischen Arzneibuch, darunter Schlangen-, Spinnen- und Insektengifte u.v.a.), mineralische Stoffe und solche, die industriell-chemischer Herkunft sind. Dennoch hat sie mit ihrer deutlichen Bevorzugung der pflanzlichen Medikamente dazu beigetragen, daß viele Heilpflanzen vor der Vergessenheit bewahrt oder ihr wieder entrissen wurden.

Die Homöopathie ist aber nicht die einzige Verbraucherin pflanzlicher Drogen; auch die sogenannte Schulmedizin, d. h. die an den Universitäten gelehrte, verwendet pflanzliche Medikamente: Gegenwärtig sind etwa 25 % aller verbrauchten Arzneien pflanzlicher Herkunft und ihr Anteil ist im Steigen begriffen. Einerseits nämlich nimmt der Anteil an den von niederen Pflanzen produzierten Antibiotika (wie Penicillin, Streptomycin usw.) zu, andererseits gewinnt auch die sogenannte **Phytotherapie,** eine Therapie mit sonstigen pflanzlichen Arzneimitteln, an Boden. Dies erklärt sich aus verschiedenen mit synthetischen Medikamenten jüngst gemachten bösen Erfahrungen. Gewiß sind natürliche Arzneimittel nicht generell harmlos – die stärksten Gifte, die wir kennen, sind gerade pflanzlicher oder tierischer Herkunft –, aber die natürlichen Heilmittel haben den Vorzug, länger bekannt zu sein und dadurch vor allem hinsichtlich möglicher Nebenwirkungen einschließlich eventueller Wirkungen auf keimendes Leben (teratogene Wirkungen) weniger Überraschungen zu bergen.

Ein weiterer Grund für die Beliebtheit der Phytotherapie wie der Homöopathie liegt darin, daß ihre Vertreter, seien es Ärzte oder Heilpraktiker, sich zumeist ganz besonders bemühen, ihre Therapie nicht nur der unmittelbaren Krankheit anzupassen, sondern auch die Konstitution und die Reaktionsweise des Patienten zu studieren und zu berücksichtigen, also im Sinne der heute so viel beredeten, aber selten praktizierten Ganzheitstherapie zu handeln. Enge Beziehungen zur Naturheillehre mit Ernährungstherapie, Umweltstherapie und vielfach auch Wasseranwendung (vgl. Kneipp-Heilweise) sind weitere Geheimnisse ihres Erfolges.

Es ist nicht möglich, eine strenge Grenze zwischen Phytotherapie und Homöopathie zu ziehen, da es bisher keine homöopathische Wirkungstheorie gibt. Die Übergänge sind fließend und die Anwendung eines und desselben Mittels durch Allopathen und Homöopathen findet manchmal eine plausible Erklärung wie in dem folgenden Falle, der zugleich beispielhaft für mehrere ist: Zitwerblüten (Flores Cinae, vgl. S. 83) werden von Allopathen wie von Homöopathen als Wurmmittel gebraucht. Erstere verwenden sie in Dosen, welche die Würmer abtöten bzw. lähmen; die Dosen, die der Homöopath einsetzt, sind viel zu klein, als daß sie einem Wurm unmittelbar gefährlich wären. Vielmehr führt der Homöopath die Wirkung seiner Cina-Dilution darauf zurück, daß sie die Konstitution des befallenen Patienten ändert und damit den Würmern die Lebensmöglichkeit entzieht. Solche angestrebten

Beeinflussungen der Konstitution oder der Reaktionsweise lassen sich in der Tat oft durch sehr geringe Reize, also auch kleine Arzneimitteldosen, erreichen. Sie spielen in der homöopathischen Therapie eine große Rolle und sind andererseits auch an den Wirkungen allopathischer Arzneien vielfach beteiligt. Aber auch der überzeugteste homöopathische Arzt würde heute bei der Behandlung einer gefährlichen Staphylokokken-Infektion nicht mehr auf Chemotherapeutika oder Antibiotika verzichten wollen.

So zeigt es sich, daß Allopathie, Homöopathie und Phytotherapie keine feindlichen Systeme zu sein brauchen. Jede der hier verglichenen Heilweisen hat ihre Vorzüge, und richtig angewendet können sie sich ausgezeichnet ergänzen.

Beschreibung der Heil- und Teepflanzen

1. Pflanzen, die bei uns wildwachsend vorkommen oder oft für Medizinalzwecke angebaut werden

Adonis, Adonisröschen, Teufelsauge, Sonnenröschen, Frühlingsadonis

(Adónis vernális L., Hahnenfußgewächse)

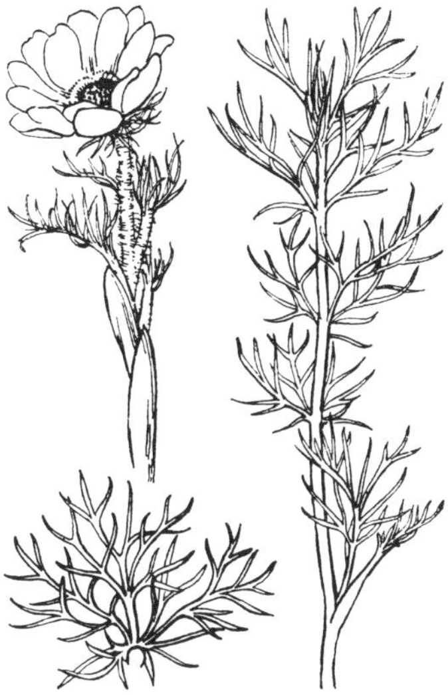

Beschreibung: Ausdauerndes, 20—30 cm hohes Kraut mit kräftigem, mehrköpfigem, faserigem Wurzelstock. Die Stengel stehen aufrecht, sind stielrund, einfach oder verzweigt. Die zahlreichen Laubblätter stehen verstreut am Stengel. Sie sind 2—4fach gefiedert, schmal, mit nadelartigen, feinen Zipfeln. Die leuchtend gelben Blüten stehen am Stengelende. Blütezeit: April bis Mai, selten nochmals im Herbst. Adonis ist geruchlos und hat einen scharf bitteren Geschmack.

Vorkommen: In Südost- und Mitteleuropa, meist zerstreut auf Kalk- und Sandböden, auf sonnigen Halden.

Verwendete Teile: Das zur Blütezeit gesammelte und sofort getrocknete Kraut. In der Homöopathie das frische Kraut.

Einsammeln und Trocknen: Das gesammelte Kraut sollte bei einer Temperatur von nicht über 40° getrocknet werden, da die Droge sonst erheblich an Wirksamkeit verliert. Die Aufbewahrung muß vorsichtig, geschützt vor Licht und Feuchtigkeit, am besten über Kalk erfolgen.

Inhaltsstoffe: Glykoside, Adonissäure, Cymarin.

Wirkung und Anwendung: Adonis wirkt wassertreibend, herzanregend und beruhigend. Es wird hauptsächlich bei Herzschwäche (auch infolge von Infektionskrankheiten), bei Verengung der Herzkranzgefäße und bei chronischer Nierenentzündung verordnet. Für die Verwendung in der Homöopathie wird aus dem frischen Kraut eine Essenz bereitet.

Alant, Echter

(Ínula helénium L., Korbblütler)

Beschreibung: Ausdauernde, bis 1,5 m hohe Staude mit einem stark entwickelten Wurzelstock. Die Blätter sind gestielt, eiförmig, zugespitzt. Die grundständigen Blätter sind bis 50 cm lang, behaart, mit grob gezähntem Rand. Die kleineren Stengelblätter sind sitzend herz- bis eiförmig. Die gelben Blütenköpfe stehen in endständigen, lockeren Doldentrauben, Blütezeit: Juni bis September. Der Wurzelstock riecht würzig-aromatisch.

Vorkommen: Alant ist in Südosteuropa heimisch, wird in Mitteleuropa als Zier- und Heilpflanze angebaut, auch in größeren Kulturen, ist ebenfalls verwildert an Flußufern und Waldrändern anzutreffen.

Anbau: Alant bevorzugt kräftigen, lehmigen, nicht zu schweren Boden. Er gedeiht in schattigen und sonnigen Lagen. Vermehrt wird durch Aussaat oder Stockteilung. Ausgesät wird von März bis August auf ein Freilandsaatbeet oder unmittelbar ins Freiland mit Markiersaat. Der Samen wird nur leicht mit Erde bedeckt, Keimung erfolgt binnen 4 Wochen. Auch im Spätherbst ist eine Aussaat möglich, das Auflaufen der Saat erfolgt dann im Frühjahr gleichmäßiger. Zur Stockteilung werden im Spätherbst die Nebentriebe des Wurzelkopfs entnommen, eingeschlagen zur Überwinterung oder gleich auf das Feld ausgepflanzt.

Die Wurzelschößlinge oder Jungpflanzen werden im März/April im Abstand von 50×60 cm ausgepflanzt. Die Pflege besteht aus ein- bis zweimaligem Durchhacken. Die Pflanzen stehen bald so dicht, daß kein Unkraut mehr aufkommen kann. Rechtzeitige Entfernung der Blütenstengel fördert die Wurzelstockbildung.

Verwendete Teile: Der getrocknete Wurzelstock mit Wurzeln, in der Homöopathie der frische Wurzelstock.

Ernte, Trocknen und Aufbewahren: Im Spätherbst des zweiten Wachstumsjahres werden die größeren Wurzelstöcke ausgegraben, gesäubert, geschält und zerkleinert und an der Sonne oder in einem luftigen, warmen Raum schnell getrocknet. Vor Licht und Feuchtigkeit geschützt aufbewahren.

Inhaltsstoffe: Äth. Öl, Inulin, Bitterstoff, Schleim.

Wirkung und Anwendung: Alant wirkt schleimlösend, stoffwechselfördernd und harntreibend. In der Medizin wird die Tinktur oder der Tee zur Förderung des Appetits und bei Beschwerden des Magen-Darmtrakts sowie der Leber und Galle verordnet. Für die Verwendung in der Homöopathie (bei Bronchitis und Menstruationsbeschwerden) wird aus der frischen Wurzel eine Essenz bereitet.

Ampfer, Sauer-

(*Rúmex acetósa* L., Knöterichgewächse)

Beschreibung und Angaben über Vorkommen und Ernte siehe „Unsere Küchen- und Gewürzkräuter“.

Verwendete Teile: Die jungen, frischen Blätter und die im frühen Sommer gezogenen, ungetrockneten Wurzelstöcke.

Inhaltsstoffe: Die gesamte Pflanze enthält reichlich saures Kaliumoxalat = Kleesalz, Oxalsäure, Vitamin C.

Wirkung und Anwendung: In der Homöopathie wird die aus den frischen Wurzeln oder frischen Blättern bereitete Essenz bei Hauterkrankungen und Krämpfen verordnet. Als Hausmittel werden die frischen Blätter auf die erkrankte Haut gelegt. Außerdem ist Sauerampfer wegen seines Gehaltes an Vitamin C als Salat und Gemüse zu Frühjahrskursen sehr beliebt. Größere Mengen sind schädlich.

Ampfer, Kleiner

(*Rúmex acetosélla* L., Knöterichgewächse)

Der Kleine Ampfer ähnelt dem Sauerampfer im Aussehen, ist nur bedeutend niedriger (bis 15 cm hoch) und zierlicher. Blütezeit: Mai bis August.

Vorkommen: In ganz Europa auf feuchten Wiesen verbreitet.

Anwendung: Der Kleine Ampfer wird im Hause wie der Sauerampfer verwendet.

Andorn, Weißer

(*Marrúbium vulgáre* L., Lippenblütler)

Beschreibung: Ausdauerndes, bis 60 cm hohes Kraut. Die hohlen Stengel sind behaart und im unteren Teil verästelt. Die kreuzgegenständigen Blätter sind eiförmig, oft geschrumpft, an der Oberseite dunkelgrün, unterseits weißfilzig behaart. Die kleinen, weißen Blüten sitzen in dichten Halbquirlen in den Blattachseln. Blüte: Juni/August. Ganze Pflanze riecht schwach aromatisch und schmeckt bitter.

Vorkommen: Andorn ist weit verbreitet auf Schuttplätzen, mageren Wiesen und an Wegrändern. Vereinzelt wird er auch angebaut.

Verwendete Teile: Die frischen oder getrockneten Blüten und oberen Pflanzenteile.

Ernte und Trocknen: Das Kraut wird während der Blüte etwa handhoch über dem Boden geschnitten und möglichst schnell bei mäßiger Temperatur getrocknet.

Inhaltsstoffe: Wenig ätherisches Öl, der Bitterstoff Marrubiin, Gerbstoff.

Wirkung und Anwendung: Andorn wirkt schleimlösend und anregend auf die Leber und die Sekretion des Magens. Er ist seit altersher ein vielgebrauchtes Mittel in der Heilkunde und im Hause. Ein Teeaufguß aus frischen oder getrockneten Blüten und den oberen Pflanzenteilen wird äußerlich bei Hautausschlägen und Wunden, innerlich zur Regulierung des gesamten Stoffwechsels und bei Katarrhen der oberen Luftwege angewendet.

Anis

(*Pimpinélla anísum* L., Doldenblütler)

Angaben über Beschreibung, Vorkommen, Anbau und Ernte siehe „Unsere Küchen- und Gewürzkräuter".

Verwendete Teile: Die reifen Früchte.

Inhaltsstoffe: Äth. Öl, fettes Öl, Anissäure, Eiweiß, Zucker.

Wirkung und Anwendung: Anis wirkt ähnlich wie Fenchel. In der Heilkunde werden die reifen, zerquetschten Früchte oder das aus ihnen gewonnene Öl bei Magen- und Darmstörungen und Krämpfen, Blähungen, als schleimlösendes Mittel bei Husten, als Beruhigungsmittel für Kinder und zur Anregung der Milchsekretion angewendet. Im Hause bei den gleichen Beschwerden, äußerlich gegen Ungeziefer. In der pharmazeutischen Industrie wird Anis als Geruchs- und Geschmackkorrigens bei Tees und Zahnpasten, in der Likörindustrie zur Aromatisierung verwendet.

Apfel

(*Pýrus málus* L., Rosengewächse)

Beschreibung: Der Apfelbaum hat rosaweiße Blüten mit gelben Staubbeuteln und am Grunde verwachsenen Griffeln. Blütezeit: April bis Mai.

Vorkommen: Abstammend von den asiatischen *Pýrus*-Arten wird er seit altersher in Europa in vielen Abarten kultiviert.

Inhaltsstoffe: Das in Rinde und Frucht enthaltene Pectin.

Wirkung und Anwendung: Apfel wirkt entgiftend und umstimmend auf den Darm und wird feingerieben als Diät bei Durchfällen angewendet. Im Hause wird aus den getrockneten Apfelschalen ein Tee bereitet, der regulierend auf die Darmtätigkeit und nervenberuhigend wirkt.

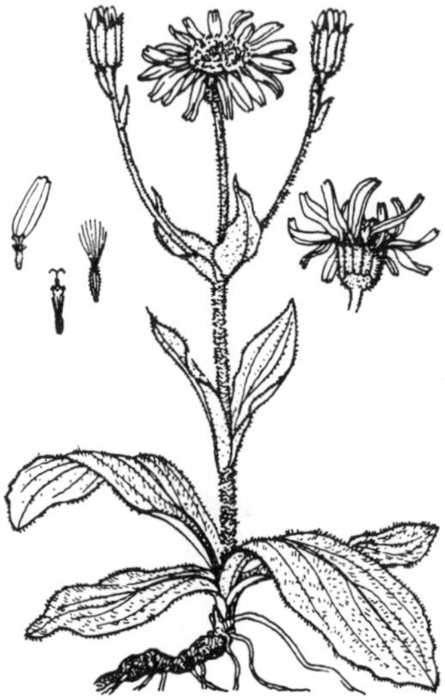

Arnika, Wohlverleih
(*Árnica montána* L., Korbblütler)

Beschreibung: Ausdauernde, bis 50 cm hohe Pflanze. Der am Boden kriechende, bräunliche Wurzelstock mit dünnen Nebenwurzeln entwikkelt eine Grundrosette, bestehend aus kreuzgegenständigen, lanzettlichen, ganzrandigen Blättern. Aus ihr treibt der aufrechte, behaarte, wenig beblätterte Stengel, von dem sich im oberen Teil 2—3 Seitentriebe abzweigen. Die orangegelben Blütenköpfchen sitzen am oberen Stengelende und an den Seitentrieben. Sie bestehen aus Zungen- und Röhrenblüten und sind mit einem Hüllkelch umgeben. Ihr Geruch ist aromatisch, der Geschmack schwach bitter. Blütezeit: Juni bis August. Der Blütenboden wird oft von den Larven der Borfliege befallen.

Vorkommen: Arnika ist beheimatet im Bergland West- und Mitteleuropas, kommt aber auch in Norddeutschland vor. Sie gedeiht auf sonnigen Wald- und Gebirgswiesen, aber auch auf Moor- und Heideböden.

Verwendete Teile: Die frischen oder getrockneten Blüten; die getrockneten Wurzeln.

Sammeln und Trocknen: Im Juni/Juli werden die Blüten gesammelt, entweder frisch verwendet oder schnell im Schatten getrocknet und meist nach der Trocknung aus den Kelchen gezupft. Die Hüllkelche werden nur selten gebraucht. Die Wurzelstöcke werden im Frühjahr oder Herbst ausgegraben und getrocknet.

Inhaltsstoffe: Äth. Öl, Bitterstoff, Gerbstoff, Fettsäuren, Farbstoff, Flavone.

Wirkung und Anwendung: Arnika wirkt entzündungshemmend, wundheilfördernd und beeinflußt den Kreislauf. Die aus ihr gewonnene Tinktur wird äußerlich bei Hauterkrankungen, Blutergüssen und Verstauchungen, innerlich bei Angina pectoris, Erkrankungen der Herzkranzgefäße und zur Beeinflussung des Kreislaufs, außerdem zum Gurgeln bei Halsentzündungen verordnet. Als Hausmittel ist Arnika sehr geschätzt, sollte aber nur stark verdünnt angewendet werden, da bei zu starker Dosierung leicht Entzündungen der Haut, der Magenschleimhaut oder Störungen des Kreislaufs eintreten können. In der Likörindustrie und als Zusatz zu Haarwassern wird Arnika ebenfalls verwendet.

Attich, Zwergholunder
(*Sambúcus ébulus* L., Geißblattgewächse)

Beschreibung: Bis zu 1,5 m hohe Pflanze mit kräftigem, ausdauerndem Wurzelstock. Die krautigen Stengel sind aufrecht, gefurcht und sterben im Herbst ab.

Die großen Blätter sind gefiedert, haben scharf gesägte Blättchen und am Grunde 2 eiförmige Nebenblätter. Die stark duftenden, rötlich-weißen Blüten stehen in endständigen Trugdolden. Die Früchte sind schwarze, mattfarbige Beeren. Blütezeit: Juli bis August. Die Beeren schmecken unangenehm bitter-süß, die Blätter haben einen widerlichen Geruch.

Vorkommen: Angebaut und verwildert in Gebüschen, Waldlichtungen und Hekken, an feuchten Stellen.

Verwendete Teile: Die getrockneten Wurzeln, die frischen reifen Beeren, die frische Rinde der jungen Zweige.

Sammeln und Trocknen: Die reifen Beeren werden im September und Oktober gesammelt, die Wurzeln im Spätherbst. In einem warmen Raum trocknen. Vor Licht geschützt aufbewahren.

Inhaltsstoffe: In allen Teilen ein Bitterstoff, äth. Öl, verschiedene Fruchtsäuren, Zucker, in der Wurzelrinde Saponin.

Wirkung und Anwendung: Attich wirkt abführend, harn- und schweißtreibend. In der Homöopathie wird die aus den frischen, reifen Beeren oder der frischen Rinde bereitete Essenz zum Entwässern des Körpers verordnet. Als Hausmittel wird der Tee zum Entwässern und Abführen genommen.

Augentrost, Weißer Augentrost
(Euphrásia officinális L., *Euphrásia stricta* Host., 1; *Euphrásia rostkoviána* Hayne, 2; Rachenblütler)

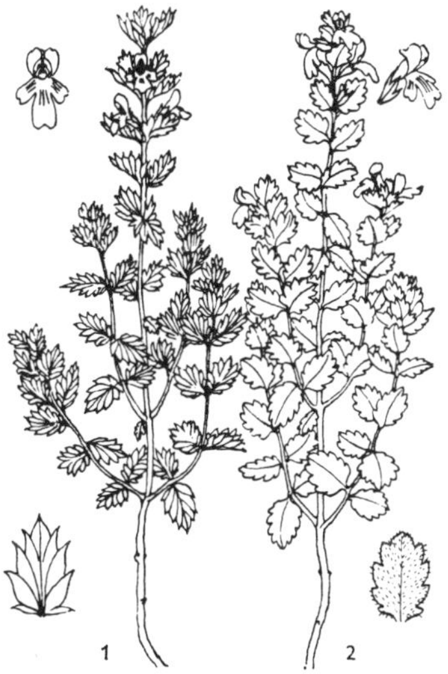

1 2

Beschreibung: Augentrost ist ein einjähriges, zierliches, bis 25 cm hohes Kraut. Die flaumig behaarten Stengel sind stark verästelt. Die Laubblätter sind sitzend, gegenständig, eiförmig. In den Blattachseln und an den Stengelenden sitzen die weiß-violetten Rachenblüten, die auf der Unterlippe einen gelben Fleck tragen. Blütezeit: Juli bis September. Die ganze Pflanze hat einen schwachen, angenehmen Geruch und einen würzigen Geschmack.

Vorkommen: In ganz Europa auf Wiesen, Heideböden und Waldlichtungen.

Verwendete Teile: Die blühenden Zweigspitzen.

Sammeln, Trocknen und Aufbewahren: Während der Blütezeit werden die Pflanzen ausgezogen, der untere Teil wird abgeschnitten und nicht mitgesammelt. Es muß rasch und sorgfältig getrocknet werden. Vor Licht geschützt aufbewahren.

Inhaltsstoffe: Äth. Öle, Gerbstoff, fettes Öl, Harz, blauer Farbstoff, Glykosid Aucubin.

Wirkung und Anwendung: Augentrost wirkt schwach entzündungshemmend. Der Tee wird äußerlich bei Augenentzündungen (Bindehautentzündung u. a.), innerlich gegen Erkrankungen der oberen Luftwege, bei Magen-Darm-Katarrhen und Gelbsucht verwendet.

Baldrian, Katzenwurzel, Tannmark

(*Valeriána officinális* L., Baldriangewächse)

Beschreibung: Baldrian ist eine ausdauernde Pflanze. Sie hat einen kräftigen, braunen Wurzelstock mit vielen dünnen Nebenwurzeln. Die Stengel sind rund, gefurcht und werden 1—1,5 cm hoch. Die gegenständigen, unpaarig gefiederten Laubblätter bestehen aus 10—20 gezähnten Fiederblättchen. An den gegabelten Stengelenden stehen die kleinen hellroten Blüten in großen Trugdolden. Blütezeit: Juli bis August. Baldrian ist im frischen Zustand geruchlos, erst nach dem Trocknen entwickelt sich der typische Baldriangeruch.

Vorkommen: In ganz Europa wildwachsend an feuchten und trockenen Stellen, Moor- und Sumpfböden, an Bachufern. Angepflanzt in großen Kulturen in Mitteleuropa und der Sowjetunion.

Anbau: Bei der Kultur unterscheidet man Sorten mit schmalen und breiten Blättern. Baldrian bevorzugt feuchte, tiefgründige, kiesige und sandige Humus- bis Moorböden. Der Wurzelertrag ist auf hohen, trockenen Böden zwar mengenmäßig geringer als an feuchten Standorten, jedoch wirkstoffmäßig wertvoller. Stark bindige Böden sind zu vermeiden, weil die als Droge begehrten, feinen Wurzeln sich hier nicht genügend entwickeln können und die ihnen anhaftende Erde sich bei der Ernte nur schwer entfernen läßt. Die Pflanze stellt an das Klima keine besonderen Ansprüche und gedeiht auch noch in rauheren Lagen. Eine Düngung mit normalen Gaben von Stallmist oder Kunstdünger ist erwünscht. Besonders alter Naturdünger erhöht den Ertrag. Die Wurzeln sind zur Pflanzzeit gegen Mineraldünger empfindlich. Vermehrt wird durch Ableger von Wildpflanzen oder durch Samen. Die aus Samen gezogenen Jungpflanzen sind vorzuziehen, da die aus Stockteilung gewonnenen im Frühjahr reichlich Schossen treiben. Ausgesät wird entweder im Spätsommer (August) oder im März/April ins Mist- oder Saatbeet oder auch unmittelbar ins Freiland in feuchte, anmoorige Böden. Die Samen sind Lichtkeimer, dürfen daher nicht mit Erde bedeckt, sondern nur festgedrückt werden. Zum Schutz gegen Austrocknung und Vögel werden die Saatflächen mit Fichtenreisig bedeckt. Die Samen keimen ungefähr nach 3—4 Wochen, manchmal auch später. In trockenen Lagen sollte man die Sämlinge bis zum Herbst auf dem Saatbeet stehen lassen. Die jungen Pflanzen werden im Herbst, in feuchten Lagen auch im Frühjahr im Abstand von 25—40 cm ausgepflanzt. Es muß häufig gehackt werden. Um eine üppige Wurzelbildung zu erreichen, müssen alle Blütentriebe ausgeschnitten werden.

Verwendete Teile: Der Wurzelstock mit den Wurzeln in frischem oder getrocknetem Zustand.

Ernte, Trocknen, Aufbewahren: Ähnlich wie bei den verschiedenen Rübenarten zeigt sich bei Baldrian noch im Herbst eine starke Wurzelentwicklung. Es wird möglichst im Spätherbst, keinesfalls bevor die Blätter abgestorben sind, geerntet. Sollte plötzlich eintretender, langdauernder Frost die Ernte unmöglich machen, so kann sie ohne Nachteil bis zum Frühjahr verschoben werden. Die flach unter der Erdoberfläche verlaufenden Wurzeln werden bei trockenem Wetter ausgegraben, ausgeschüttelt und gewaschen. Mit einem groben Kamm werden sie von den kleinen Faserwurzeln befreit. Im Schatten oder bei künstlicher Wärme bis 35° C trocknen. Die Erträge sind schwankend, ungünstig ist lang andauernde

Trockenheit. Die Droge wird wegen ihres starken Geruchs in festschließenden Dosen aufbewahrt. Ihr Geruch lockt die Katzen an.

Inhaltsstoffe: Ätherisches Öl, Baldriansäure, Spuren Alkaloide, Zucker, Gerbstoffe, Harz, Stärke, Valepotriate.

Wirkung und Anwendung: Baldrian wirkt nervenberuhigend und schlaffördernd. In der Medizin und als Hausmittel ist er unentbehrlich bei allen nervösen Störungen, Magen- und Darmkrämpfen und bei Schlaflosigkeit.

Obgleich **Holunder-Baldrian** *(Valeriána sambucifólia)* und der **Kleine Baldrian** *(Valeriána dioíca* L.) ähnliche, wenn auch schwächere Wirkungen aufweisen, bieten sie doch keinen Ersatz für die Droge der *Valeriána officinális* L.

Basilikum

(Ócimum basílicum L., Lippenblütler)

Angaben über Beschreibung, Vorkommen und Anbau siehe „Unsere Küchen- und Gewürzkräuter".

Verwendete Teile: Das frische und das getrocknete Kraut.

Ernte und Trocknen: Die untersten Blätter kann man schon frühzeitig zum Frischverbrauch abpflücken. Das ganze Kraut wird kurz vor der Blüte geerntet, da dann der Gehalt an ätherischem Öl am höchsten ist. Das Kraut wird handhoch über dem Boden abgeschnitten, gebündelt und zum Trocknen im Schatten aufgehängt oder in dünner Schicht in einem schattigen, luftigen Raum ausgebreitet. Das frische Kraut ist sehr druckempfindlich. Nach der Trocknung sollte man die Blätter von den Stielen streifen und die Droge vor Licht und zu großer Wärme geschützt aufbewahren.

Inhaltsstoffe: Äth. Öl, dessen Zusammensetzung je nach Sorte und Anbaugebiet stark unterschiedlich ist, wenig Gerbstoff, saures Saponin.

Wirkung und Anwendung: Basilikum wirkt appetitanregend, blähungstreibend, krampflösend und anregend auf die Milchsekretion. In der Medizin wird es als Teeaufguß bei Magen- Darmbeschwerden (auch auf nervöser Grundlage) und zur Förderung der Milchsekretion verordnet. Für die Anwendung in der Homöopathie wird aus dem frischen Kraut die Essenz bereitet. Das aus dem frischen Kraut gewonnene ätherische Öl findet in der Parfümindustrie Anwendung.

Bärenfenchel

(Méum athamánticum Jacq., Doldenblütler)

Beschreibung: Ausdauernde Pflanze mit kräftigen Wurzeln, Blätter fiederschnittig. Die weißen Blüten sitzen in endständigen Dolden. Blütezeit Juni bis August. Geruch stark aromatisch.

Vorkommen: In Mittelgebirgen, auf kalkarmen Böden.

Verwendete Teile: Die Wurzel in frischem und getrocknetem Zustand.

Inhaltsstoffe: Äth. Öl, Harz u. a.

Wirkung und Anwendung: In der Homöopathie wird die Essenz aus der frischen Wurzel als appetitanregendes Mittel und bei Menstruationsstörungen verordnet.

Als Hausmittel ist ein Teeaufguß aus der getrockneten Wurzel oder der pulverisierten Droge bei Asthma, Ausbleiben der Menstruation und Blasenleiden sehr beliebt.

Bärenlauch, Bärlauch, Waldknoblauch
(Állium ursínum L., Liliengewächs)

Beschreibung: Ausdauerndes bis 30 cm hohes Kraut mit länglicher, weißer Zwiebel. Die Blätter sind langgestielt, lanzettlich, glänzend dunkelgrün. Die weißen oder schwefelgelben Blüten stehen am Ende des langen Blütenstengels in reichblütiger Dolde. Blütezeit: Mai/ Juni. Ganze Pflanze riecht stark knoblauchartig.

Vorkommen: In feuchten, humusreichen Laubwäldern und schattigen Gebüschen.

Verwendete Teile: Das Kraut in frischem und die ganze Pflanze auch in getrocknetem Zustand.

Einsammeln und Trocknen: Zur Blütezeit werden die Blätter und die ganzen Pflanzen gesammelt und möglichst rasch verarbeitet oder getrocknet.

Inhaltsstoffe: Schwefelhaltiges äth. Öl, das in allen Pflanzenteilen vorkommt.

Wirkung und Anwendung: Bärenlauch wird in der Heilkunde ähnlich wie Knoblauch verwendet. Frischpflanzenpräparate sind wirksamer als die Droge.

Bärentraube, Sand-, Mehlbeere, Wilder Buchs
(Arctostáphylos úva-úrsi L., Spreng., Erikagewächse)

Beschreibung: Immergrüner, rasenbildender Strauch mit niederliegenden Zweigen, an denen die kurzgestielten, kleinen Blätter sitzen. Sie sind eiförmig, glänzend und lederartig dick. Sie ähneln denen der Preiselbeere, unterscheiden sich aber an der Oberseite durch die tiefe Netznervatur, während die Unterseite einfach grün, ohne die braune Punktatur der Preiselbeerblätter ist. Auch ist der glatte Blattrand weniger zurückgezogen. Die rötlichen Blüten sind in kurzen, endständigen, überhängenden Trauben geordnet, aus ihnen entwickeln sich die roten, säuerlich schmeckenden Beerenfrüchte. Die Blätter sind geruchlos und haben einen herbbitteren Geschmack, Blütezeit: März bis Juni, je nach Höhenlage.

Vorkommen: In Gebirgs- und Hochgebirgswäldern, ebenso auf Heideböden in den nördlichen Ebenen.

Verwendete Teile: Hauptsächlich die getrockneten Blätter, in der Homöopathie auch die frischen Blätter.

Sammeln und Trocknen: Die Blätter werden von Juni bis August gesammelt und möglichst an der Sonne getrocknet.

Inhaltssoffe: Arbutin und Methylarbutin (= Glykoside), Gerbstoff, Säuren, äth. Öl, Farbstoff, Flavone.

Wirkung und Anwendung: Bärentraubenblätter wirken harntreibend und desinfizierend. In der Medizin finden sie bei Entzündungen der Harnwege Anwendung: Ein Teeaufguß oder besser ein kalter Auszug wird bei Blasenleiden verschiedener Art und bei Nierenentzündung verwendet.

Bärlapp, Gürtelkraut, Hexenkraut, Teufelsklaue, Keulenbärlapp, Zeichnung 1
(Lycopódium clavátum L. Bärlappgewächse)

1 2

Beschreibung: Ausdauerndes Kraut mit kriechenden, über 1 m langen Stengeln, die reich verästelt sind. Sie sind mit kleinen, linealen Blättchen dicht besetzt und tragen kleine, aufsteigende Zweige. Diese sind wenig beblättert, an ihrem oberen Ende befinden sich die gelben, walzenförmigen Sporangienähren. Bei der Reife öffnen sie sich und verstreuen die in ihnen sitzenden Sporen. Reifezeit: Juli bis August. Bärlapp ist geruch- und geschmacklos.

Vorkommen: Auf trockenen Wald- und Heideböden in der Ebene und im Gebirge.

Verwendete Teile: Die reifen Sporen.

Einsammeln und Aufbewahren: Die kurz vor der Reife geschnittenen Ähren müssen sorgfältig zur Nachreife ausgebreitet werden, danach klopft man die Sporen aus und siebt sie durch. Sie müssen vor Licht geschützt aufbewahrt werden.

Hauptwirkstoffe: Die Alkaloide Lycopodin, Clavotoxin und Clavatin, fettes Öl, Harz. Die Sporen enthalten die Alkaloide nur in Spuren, dafür bis zu 50 % fettes Öl.

Wirkung und Anwendung: Die zerriebenen Sporen bilden ein feines, samtartiges Puder, das kühlend, austrocknend und entzündungslindernd auf der Haut wirkt und deshalb zu Wundpudern verwendet wird. Innerlich, in kleinen Mengen mit Wasser angerührt, wird es selten in der Allopathie und Homöopathie bei Blasenleiden verordnet. Hauptsächlich wird es bei der Zubereitung von Pillen, um ein Aneinanderhaften zu vermeiden, gebraucht.

Bemerkung: Beim Sammeln werden auch andere Bärlapparten *(L. annotínum, L. alpínum u. a.)* eingebracht, die die gleichen Eigenschaften wie *L. clavátum* haben.

Bärlapp, Tannenbärlapp, Zeichnung 2

(Lycopódium selágo L., Bärlappgewächse)

Beschreibung: Moosartig kriechendes, verzweigtes Kraut mit bis zu 20 cm langen, gegabelten, aufrechten Stengeln. Es hat dichtstehende, dunkelgrüne, kleine Blätter und sitzende, achselständige Sporenkapseln.

Vorkommen: In feuchten Wäldern und Moorgegenden.

Inhaltsstoffe: Im Kraut Alkaloide, ferner ein chemisch noch nicht erforschter Bitterstoff.

Wirkung und Anwendung: Starke Reizwirkung auf Haut und Schleimhäute. Früher wurde Tannenbärlapp in der Medizin als Abführmittel angewendet, jetzt nur noch eine Essenz aus frischen Blättern in der Homöopathie. In ländlichen Gegenden bekannt als Mittel gegen Ungeziefer beim Vieh, innerlich als Abführ- und Wurmmittel.

Beifuß

(Artemísia vulgáris L., Korbblütler)

Angaben über Beschreibung, Vorkommen und Anbau siehe „Unsere Küchen- und Gewürzkräuter".

Verwendete Teile: Die während der Blütezeit gesammelten, getrockneten Zweigspitzen; die frische und die getrocknete Wurzel.

Ernte und Trocknen: Die blühenden Zweigspitzen werden vorsichtig geschnitten und getrocknet. Die Wurzeln werden am günstigsten im November ausgegraben.

Inhaltsstoffe: In den Zweigspitzen ein Cineol und Thujon enthaltendes äth. Öl, Bitterstoffe. In der Wurzel äth. Öl, Inulin, Gerbstoff, Harz.

Wirkung und Anwendung: Beifuß wirkt appetitanregend, verdauungsfördernd, krampflösend und leicht beruhigend. In der Homöopathie und im Hause ein sehr geschätztes Mittel als Teeaufguß aus Zweigspitzen oder Wurzel bei allgemeiner Schwäche, zur Anregung des Appetits und der Verdauung, bei Durchfall, Blähungen, Magen-Darmkrämpfen und zur Förderung der Menstruation, auch als Unterstützung bei der Behandlung von Zuckerkrankheit. In der Likörindustrie dient Beifuß in kleinen Mengen als Aromastoff.

Beinwell, Schwarzwurz, Wallwurz

(Sýmphytum officinále L., Boretschgewächse)

Beschreibung: Beinwell ist eine ausdauernde, bis 130 cm hohe Pflanze. Seine ca. 30 cm lange, spindelförmige Wurzel ist außen schwarz, innen gelblich-weiß. Die ästigen, fleischigen Stengel sind rauh behaart, die herablaufenden Laubblätter lanzettlich und borstig-behaart. Die den oberen Blattachseln entspringenden violetten, selten weißen, kurzgestielten, hängenden Blüten sind in Wickeln geordnet. Blütezeit Mai bis August. Die Wurzel ist geruchlos und schmeckt süßlich.

Vorkommen: Fast in ganz Europa auf feuchten Wiesen sowie an Bachufern und feuchten Grabenrändern.

Verwendete Teile: Die Wurzel in frischem oder getrocknetem Zustand; selten die blühende Pflanze.

Einsammeln und Trocknen: Die von März bis April oder September bis Oktober gesammelten Wurzeln werden der Länge nach gespalten und an der Sonne oder bei künstlicher Wärme getrocknet.

Inhaltsstoffe: Viel Schleim, Spuren eines Alkaloids und eines Glykosids, Gerbstoffe, wenig äth. Öl, Harz.

Wirkung und Anwendung: Die gepulverte Beinwellwurzel hat, äußerlich als heißer Breiumschlag angewendet, eine heilungsfördernde Wirkung bei Knochenerkrankungen, Wunden, Quetschungen, Blutergüssen, Krampfaderngeschwüren und Venenentzündung, außerdem bei Neuralgien und Sehnenzerrung sowie bei Bronchitis und Rippenfellentzündung (auch in Salben). Innerlich wirkt Beinwell schleimlösend. In der Homöopathie wird auch die frisch zerriebene Wurzel und ebenso die aus der ganzen blühenden Pflanze gewonnene Tinktur bei der Behandlung von Magen- und Zwölffingerdarmgeschwüren verordnet. 6-fach mit Wasser verdünnt dient dieselbe Tinktur auch zu Umschlägen. Ein Teeaufguß aus der getrockneten, pulverisierten oder der frischen, klein geschnittenen Wurzel ist ein von altersher bewährtes Hausmittel und wird sowohl für Umschläge als auch innerlich bei Verschleimung der oberen Luftwege gebraucht.

Benediktenkraut, Bitterdistel (Benediktendistel)
(*Cnícus benedíctus* L., Korbblütler)

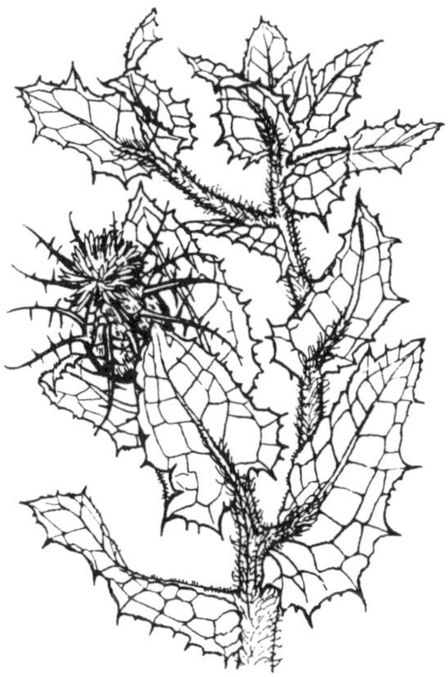

Beschreibung: Einjähriges, bis 80 cm hohes, distelartiges Kraut. An den eckigen, verästelten Stengeln sitzen die zottig behaarten, klebrigen Blätter. Die grundständigen Blätter sind gestielt, die oberen sitzend, länglich-lanzettlich, eingebuchtet, am Rande grob gezähnt und mit Stacheln besetzt. An den Zweigen sitzen die gelben Blütenköpfe von Laubblättern umhüllt. Blütezeit Juni bis August. Das Kraut ist geruchlos und schmeckt stark bitter.

Vorkommen: Im Mittelmeergebiet heimisch, angebaut und verwildert in Mitteleuropa.

Verwendete Teile: Die jungen Blätter und Zweigspitzen und das frische blühende Kraut.

Einsammeln und Trocknen: Kurz vor der Blüte, etwa Anfang Juli werden die Blätter und krautigen Zweigspitzen gesammelt. Sie können natürlich oder künstlich getrocknet werden, aber nicht zu schnell, da die Droge sonst leicht brüchig wird.

Inhaltsstoffe: Ein Bitterstoff, viel Schleim, wenig äth. Öl, Gerbstoffe, Harze.

Wirkung und Anwendung: In der Medizin wird Benediktenkraut meist nur als Bittermittel zur Anregung und Förderung der Magensekretion gebraucht. In der Homöopathie wird die aus dem ganzen blühenden Kraut bereitete Essenz bei Leberleiden, Gelbsucht und Gicht verordnet. Im Hause dient der Teeaufguß innerlich als appetitanregendes, verdauungsförderndes und schweißtreibendes Mittel bei Gallen- und Leberleiden, Gicht, Aufstoßen und Sodbrennen, äußerlich zu Umschlägen bei schlecht heilenden Wunden und Geschwüren. In der Likörindustrie wird Benediktenkraut bei der Herstellung von Bitterlikören und -schnäpsen verwendet.

Berberitze, Sauerdorn, Dreidorn
(Bérberis vulgáris L., Sauerdorngewächse)

Beschreibung: Bis zu 2 m hoher Strauch mit stark verästelter holziger Wurzel. Die glattberindeten Zweige sind dicht mit dreiteiligen Dornen besetzt, deren Achseln die kurzgestielten, länglich-eiförmigen, in Büscheln stehenden Blätter entspringen. Die gelben Blüten sind in einfachen, hängenden Trauben geordnet, aus denen sich im Spätsommer rote, längliche Beeren entwickeln. Blütezeit: Mai bis Juni.

Vorkommen: An sonnigen Stellen, Waldlichtungen, an Wegrändern und Hecken.

Verwendete Teile: Die getrocknete Wurzel und Wurzelrinde; im Hause die frischen Beeren.

Einsammeln und Trocknen: Die Beeren werden gesammelt, wenn sie voll ausgereift sind. Die Wurzeln werden im Frühjahr oder Herbst gegraben, geschält und gespalten und sorgfältig getrocknet.

Inhaltsstoffe: In der Wurzel Alkaloide, Gerbstoffe, Harz, in den alkaloidfreien Früchten reichlich Vitamin C.

Wirkung und Anwendung: Berberitze fördert die Gallensekretion und wird in der Heilkunde bei Funktionsstörungen der Leber und Galle, bei Menstruationsbeschwerden und als magenstärkendes, appetitanregendes Mittel verordnet. Als Hausmittel wird das Mus aus den frischen Beeren bei Unregelmäßigkeit der Menstruation und als Stärkungsmittel bei Ermüdungserscheinungen genommen.

Besenginster, Pfriemenstrauch

(Sarothámnus scopárius (L.,) Wimmer ex Koch, Schmetterlingsblütler)

Beschreibung: Ausdauernder, 1—2 m hoher Strauch mit tief in den Boden reichender Hauptwurzel. Die rutenartigen Äste sind grün, kantig. Die spärlichen, weichbehaarten Blätter sind am Grunde der Triebe kurzgestielt und dreizählig, an der Spitze sitzend und einfach. In den Blattachseln stehen einzeln oder in kleinen Trauben die goldgelben, selten weißen großen Schmetterlingsblüten. Die schwarze Frucht ist mehrsamig, zusammengedrückt, mit braunem Samen. Blütezeit bis Juni. Die Blüten haben einen bitteren Geschmack.

Vorkommen: In ganz Europa auf sandigen, trockenen Böden. In kalten Gegenden nur mit schützender Schneedecke, da er frostempfindlich ist.

Verwendete Teile: Die frischen und getrockneten Blüten; das blühende, getrocknete Kraut.

Einsammeln und Trocknen: Die Blüten werden im Mai und Juni vorsichtig gepflückt, in Körben gesammelt und in dünner Schicht in einem schattigen, luftigen Raum getrocknet. Vor Licht geschützt aufbewahren. Die Ruten werden im Frühjahr oder Herbst etwa 20 cm tief abgeschnitten und in lockeren Bündeln in einem trockenen, luftigen Raum aufgehängt.

Inhaltsstoffe: In den Blüten und besonders den oberen Zweigspitzen Alkaloide, Spuren äth. Öles, Bitterstoff, Flavonglykosid.

Wirkung und Anwendung: Besenginster wirkt harntreibend, abführend, herzberuhigend und blutreinigend. Medizinisch darf er nur auf ärztliche Anordnung gebraucht werden. In der Homöopathie verwendet man die aus den frischen Blüten gewonnene Essenz bei Erkrankungen des Herzmuskels. In der pharmazeutischen Industrie wird er zur Gewinnung von Spartein verwendet.

Bilsenkraut, Zigeunerkraut

(*Hyoscýamus níger* L., Nachtschattengewächse)

Beschreibung: Ein- oder zweijähriges, bis 1 m hohes Kraut mit spindelförmiger Wurzel. Die zweijährige Art entwickelt im ersten Jahr nur eine Grundrosette, erst im zweiten Jahr erscheinen die hohen einfachen oder verästelten Stengel. Die Laubblätter sind länglich, zugespitzt, grob gezähnt. Die unteren Blätter sind gestielt, die oberen stengelumfassend. Die schmutziggelben, von violetten Adern durchzogenen Blüten sitzen in einseitswendigen Wickeln. Die längliche, bei der Reife aufspringende Fruchtkapsel enthält zahlreiche kleine, zusammengedrückte Samen. Blütezeit: Juni bis September. Die ganze Pflanze ist zottig behaart und fühlt sich klebrig an. Geruch unangenehm.

Vorkommen: Auf Ödplätzen, an Wegrändern und Hecken, auf Schutt; angebaut zur Drogengewinnung.

Verwendete Teile: Die getrockneten Blätter; die Samen; die ganze blühende Pflanze.

Anbau: Bilsenkraut wird im Frühjahr oder Herbst ins Freie ausgesät, möglichst mit einer Markiersaat, die das Durchhacken nach dem Auflaufen der Samen erleichtert.

Ernte und Trocknen: Während der Blütezeit werden die Blätter vorsichtig in Körben gesammelt und in einfacher Lage auf luftigen Dachböden getrocknet. An der Sonne darf nicht getrocknet werden, da sich die Blätter leicht schwarz färben. Die Fruchtkapseln werden bei beginnender Reife geschnitten und zum Nachreifen auf Dachböden ausgebreitet. Der Samen wird ausgesiebt.

Inhaltsstoffe: Alkaloide, hauptsächlich Hyoscyamin und Scopolamin, Gerbstoffe, wenig ätherisches Öl, im Samen ein Glykosid.

Wirkung und Anwendung: Bilsenkraut ist stark giftig und wirkt sich ähnlich wie Tollkirsche auf das gesamte Nervensystem aus. Es dient in der Apotheke und der pharmazeutischen Industrie zur Herstellung von schmerzstillenden und krampflösenden Präparaten, die nur unter ärztlicher Aufsicht genommen werden dürfen. In der Homöopathie wird die aus der frischen blühenden Pflanze bereitete Essenz bei starken Erregungszuständen verordnet.

Binse, Flatter-Binse (1), Knäuel-Binse (2)

(1: *Júncus effúsus* L.; 2: *Júncus conglomerátus* L.; Binsengewächse)

Beschreibung: Beide Binsenarten sind ausdauernd, rasenbildend, mit bis zu 75 cm hohen blattlosen Stengeln und vielblütigen, lockeren oder kugeligen Blütenständen. Blütezeit: Mai bis Juli.

Vorkommen: In fast ganz Europa auf nassen Wiesen- und Heideböden, auf Mooren und an sumpfigen Waldstellen, nur auf kalkarmen Böden.

Verwendete Teile: Die frischen, im Frühjahr gesammelten Wurzeln.

Hauptwirkstoffe: Kieselsäure, Salze.

Wirkung und Anwendung: In der Homöopathie wird eine aus den frischen Wurzeln bereitete Essenz als harntreibendes Mittel bei Steinleiden und Gicht verwendet.

Birke, Weiß-Birke (1), Moor-Birke (2)

(1: *Bétula verrucósa,* Ehrh.; 2: *Bétula pubéscens,* Ehrh.; Birkengewächse)

Beschreibung: Bis zu 20 m hoher, weißberindeter Baum mit zum Teil überhängenden Zweigen. Männliche Blütenkätzchen länglich, hellbraun, weibliche klein, grün, walzenförmig. Die langgestielten Blätter sind lichtgrün, herzförmig bis dreieckig, tief gesägt. Die jungen Blätter fühlen sich klebrig an. Sie schmecken schwach bitter und riechen schwach aromatisch. Blütezeit: April bis Mai.

Vorkommen: In Nord- und Mitteleuropa, meist auf sandigen Böden.

Verwendete Teile: Die frischen oder getrockneten jungen Blätter; der Birkensaft.

Sammeln und Trocknen: Im Frühjahr werden die jungen Blätter von den Zweigen gestreift und in einem verdunkelten Raum getrocknet. Zur Saftgewinnung wird im Frühjahr der Stamm angebohrt und der ausfließende Saft aufgefangen.

Inhaltsstoffe: Saponine, Äth. Öl, Gerbstoffe, Flavone

Wirkung und Anwendung: Birkenblätter haben eine milde, harntreibende Wirkung. Sie werden in der Medizin, der Homöopathie und als Hausmittel gegen Wassersucht, Gicht, Rheuma, Nierenentzündung und Blasenkatarrh, außerdem als Blutreinigungsmittel bei Frühjahrskuren angewendet. Der Saft wird zur Bereitung von Haarwässern verwendet.

Bitterklee

(Menyánthes trifoliáta L., Enziangewächse)

Beschreibung: Ausdauerndes, bis 30 cm hohes Kraut mit derben, gestielten Blättern. Sie sind dreizählig, den Kleeblättern ähnlich. Die weißrötlichen, trichterförmigen Blüten stehen in einer dichten Rispe am Stengelende. Blütezeit: April bis Juni.

Vorkommen: Auf feuchten Böden, Mooren, an Sumpf- und Seeufern.

Verwendete Teile: Die getrockneten Laubblätter mit Stiel; die ganze, blühende Pflanze.

Einsammeln und Trocknen: Von April bis Juli werden die Blätter mit den Stielen geschnitten, in Körbe gelegt, um sie vor Druck zu bewahren und in dünner Lage auf luftigen, schattigen Dachböden getrocknet.

Inhaltsstoffe: Ein Bitterstoffglykosid, Gerbstoff, Pectin, Saponin, wenig äth. Öl.

Wirkung und Anwendung: Bitterklee regt die Magen-Darmsekretion an und wird in der Medizin hauptsächlich als Bittermittel bei Magen-Darmstörungen verwendet. In der Homöopathie wird die aus der ganzen blühenden Pflanze bereitete Essenz bei Neuralgien und Rheumatismus verordnet. Als Hausmittel wird der Teeaufguß bei Gallen- und Leberleiden, Nervenschmerzen und chronischen Hautleiden getrunken.

Bockshornklee, Griechisch Heu

(Trigonélla foénum graécum L., Schmetterlingsblütler)

Beschreibung: Einjähriges, bis 50 cm hohes, kleeähnliches Kraut. Die Blätter sind gestielt, mit 3 verkehrt-eiförmigen Blättchen. Die hellgelben Blüten sind fast ungestielt und stehen einzeln, mitunter zu zweien in den Blattachseln. Die Früchte sind sichelförmige Schoten, die die Samen enthalten. Das ganze Kraut riecht würzig, scharf.

Vorkommen: Heimisch im Mittelmeergebiet; in Mitteleuropa angebaut, teilweise auch verwildert.

Verwendete Teile: Die getrockneten Samen.

Einsammeln und Trocknen: Die Früchte werden gesammelt, sobald sie ausgereift sind. Der Samen wird ausgedroschen und in dünner Schicht getrocknet.

Inhaltsstoffe: Viel Schleim, Eiweiß, fettes Öl, Saponin, äth. Öl, Gerbstoffe, Trigonellin (ein alkaloidartiges Betain).

Wirkung und Anwendung: Bockshornklee wirkt einhüllend, stärkend, appetitanregend, anregend auf die Verdauungsorgane, blutzuckersenkend und wundheilend.

In der Heilkunde wird der Samen innerlich zur Kräftigung und Anregung des Appetits, bei Skrofulose und Tuberkulose, äußerlich als Breiumschlag auf Furunkel, Karbunkel und Drüsenschwellungen verordnet. Im Hause dient der Tee als Gurgelmittel bei Hals- und Rachenentzündungen. Der Teeaufguß wird als schleimlösendes, appetitanregendes Mittel getrunken. In der Tierheilkunde wird der Samen zu Freßpulvern verwendet. Außerdem dient er zum Würzen von Kräuterkäse.

Bohne, Garten- oder **Schnittbohne**

(*Phaséolus vulgáris* L., Schmetterlingsblütler)

Beschreibung: Einjähriges Kraut mit sich windenden Stengeln. Die herzförmigen Blätter sind zugespitzt. Die Schmetterlingsblüten sind weiß bis hellviolett, die Früchte (Bohnen) weiß. Größe, Blüte- und Reifezeit sind je nach Rasse verschieden.

Vorkommen: Angebaut auf dem Felde und im Garten in vielen Varietäten.

Verwendete Teile: Die getrockneten Schalen; in der Homöopathie die vollständige Pflanze; geerntet nach der Blütezeit; in der kosmetischen Industrie die reifen, weißen Früchte.

Inhaltsstoffe: In den Hülsen ein blutzuckersenkender Stoff, Kieselsäure.

Wirkung und Anwendung: Bohnenschalen wirken wassertreibend und blutzuckersenkend. In der Medizin wird der Teeaufguß nur noch selten zur Unterstützung bei der Behandlung von Zuckerkrankheit verordnet. In der Homöopathie wird die aus der gesamten Pflanze gewonnene Essenz bei Nieren- und Blasenleiden, Gicht und Rheumatismus verwendet. Im Hause dient der Teeaufguß aus den getrockneten Schalen hauptsächlich zur Entwässerung des Körpers und zur Unterstützung bei der Behandlung von Zuckerkrankheit. In der Kosmetikindustrie werden die reifen, pulverisierten, weißen Bohnen zur Herstellung von Gesichtsmasken verwendet.

Bohnenkraut

(*Saturéja horténsis* L., Lippenblütler)

Angaben über Beschreibung, Vorkommen und Anbau siehe „Unsere Küchen- und Gewürzkräuter“.

Verwendete Teile: Die während der Blütezeit geschnittenen und getrockneten oberirdischen Teile.

Ernte und Trocknen: Während der Blütezeit wird das Kraut geschnitten, in Bündeln aufgehängt oder an einem schattigen Ort in dünner Schicht ausgebreitet getrocknet. Die verholzten Stengel müssen nach Möglichkeit ausgelesen werden.

Inhaltsstoffe: Äth. Öl, das Carvacrol und Cymol enthält, Gerbstoff, wenig Schleim.

Wirkung und Anwendung: Bohnenkraut wirkt schleimlösend, krampfstillend, beruhigend, blähungs- und wassertreibend, stopfend. In der Heilkunde sowie als Hausmittel wird der Teeaufguß bei Husten, Erkältungen, Magen-, Darm- und Blasenleiden angewendet.

Boretsch, Gurkenkraut

(Borágo officinális L., Boretschgewächse)

Angaben über Beschreibung, Vorkommen und Anbau siehe „Unsere Küchen- und Gewürzkräuter“.

Verwendete Teile: Das zur Blütezeit geschnittene, getrocknete Kraut.

Ernte und Trocknen: Zum Frischverbrauch können laufend Blätter entnommen werden. Das gesamte blühende Kraut wird mit der Sichel geschnitten. Es ist stark wasserhaltig und muß bei möglichst niedriger Temperatur künstlich getrocknet werden.

Inhaltsstoffe: Schleim, Harz, Saponin, Gerbstoff, Mineralstoffe.

Wirkung und Anwendung: Boretsch wird in der Homöopathie und im Hause als Teeaufguß als blutreinigendes, erweichendes und entzündungswidriges Mittel mit leicht harntreibender Wirkung gebraucht.

Brennessel, Große Nessel

(Urtíca dioíca L., Nesselgewächse)

Beschreibung: Die große Brennessel ist eine ausdauernde, zweihäusige, bis 1,5 m hohe Pflanze. Aus einem stark verästelten Wurzelstock treiben die dicht mit Brennhaaren besetzten, aufrechten Stengel. Sie tragen gestielte, gegenständige, eiförmige Blätter mit lang ausgezogener Spitze und gezähntem Rand. Die kleinen grünen Blüten sitzen an lockeren, achselständigen Rispen. Blütezeit: Juni bis August. Die Blätter schmecken leicht bitter.

Vorkommen: Auf Schuttplätzen, Ödland und an Wegrändern.

Verwendete Teile: Das blühende, getrocknete Kraut; die vor der Blütezeit gesammelten, frischen, jungen Blätter und Triebe; Wurzeln mit Wurzelstock in getrocknetem Zustand.

Einsammeln und Trocknen: Das junge Kraut wird Ende April/Mai geschnitten. Zur Drogengewinnung werden die Blätter der blühenden Pflanze gesammelt, kurz im Schatten getrocknet und vor Licht geschützt aufbewahrt. Wurzelernte im Frühjahr oder Herbst.

Inhaltsstoffe: Kieselsäure, Gerbstoff, in den Brennhaaren Histamin, Ameisen- und Essigsäure, viel Vitamin C.

Wirkung und Anwendung: In der Medizin wird Brennessel nur selten verwendet. In der Homöopathie wird die aus den jungen, frischen Blättern und Trieben gewonnene Essenz bei Nesselfieber und Ekzemen verordnet. Im Hause findet die Brennessel vielseitige Verwendung. Der ausgepreßte Saft der frischen Pflanzen wird bei Bleichsucht und Frühjahrskuren genommen. Gemischt mit verschiedenen Frühjahrsgemüsen und frischen Kräutern ist die junge Pflanze wegen ihres hohen Gehalts an Vitamin C ein hochwertiges Nahrungsmittel. Der Tee aus frischen oder getrockneten Blättern, gemischt mit kleinen Teilen Spitzwegerich und Tausendgüldenkraut, hat eine gute Heilwirkung bei Entzündungen der Blase. Brennnesselkraut dient wegen seines besonders hohen Gehalts an Blatifarbstoffen zur industriellen Gewinnung von Chlorophyll, Xanthophyll und Carotinen (für Vitaminsynthesen).

Brennessel, Kleine

(Urtíca úrens L.)

Die Kleine Brennessel ist beträchtlich niedriger als die Große und im Gegensatz zu ihr einhäusig. In ihrer Wirkung stimmt sie mit der Großen Brennessel überein.

Brombeere

(Rúbus fruticósus L., Rosengewächse)

Die Brombeere kommt wildwachsend in lichten Wäldern und an Hecken vor, wird aber auch häufig wie die Himbeere im Garten angebaut. Robuster, stacheliger Strauch, dessen Früchte meist an den zweijährigen Trieben erscheinen. Die fruchttragenden Ruten müssen im Herbst bis zum Boden abgeschnitten werden.

Inhaltsstoffe: Im Blatt reichlich Gerbstoff, Flavon. In den Früchten Farbstoffe, Säuren, Schleim, Pectin, Zucker, Vitamin C.

Anwendung: Brombeere wird als Hausmittel ähnlich wie Himbeere angewendet.

Bruchkraut

(Herniária glábra L., Nelkengewächse)

Beschreibung: Einjähriges bis ausdauerndes Kraut mit niederliegenden, stark verzweigten Stengeln. Die Blätter sind klein und elliptisch, fast sitzend. Die kleinen grünlichen Blüten stehen in Knäueln in den Blattachseln. Blütezeit Juli/August. Die Stengelblätter und Blüten der *Herniária glábra* sind kahl und hellgrün, die der *Herniária hirsúta* dicht behaart und grasgrün. Der Geruch entwickelt sich erst beim Trocknen, er ist angenehm aromatisch, der Geschmack leicht kratzend.

Vorkommen: Auf Brachland, trockenen Feldern und Wegrändern.

Verwendete Teile: Das getrocknete, blühende Kraut.

Einsammeln und Trocknen: Das blühende Kraut wird ohne die Wurzel gesammelt, von anhaftender Erde befreit und in einfacher Schicht ausgebreitet in luftigen, schattigen Räumen getrocknet.

Inhaltsstoffe: Saponine, ätherisches Öl, Herniarin (= Umbelliferonmethyläther).

Wirkung und Anwendung: Bruchkraut wirkt harntreibend, krampflösend und blutreinigend. In der Heilkunde und im Hause wird der Teeaufguß als harntreibendes Mittel bei Wassersucht, Blasenkatarrh und -krämpfen, bei Nierenentzündungen und -kolik, als lösendes Mittel bei Bronchialkatarrh verwendet.

Brunnenkresse

(Nastúrtium officinále R. Bronon, Kreuzblütler)

Angaben über Beschreibung, Vorkommen und Anbau siehe „Unsere Küchen- und Gewürzkräuter".

Verwendete Teile: Die während der Blütezeit geschnittenen frischen und getrockneten oberirdischen Teile.

Ernte und Trocknen: Von Mai bis September werden die Pflanzen knapp handhoch abgeschnitten und getrocknet.

Inhaltsstoffe: Senfölglykosid, Vitamin C, Eisen, Jod, Mineralsalze.

Wirkung und Anwendung: Brunnenkresse wirkt blutreinigend, stoffwechselanregend, wassertreibend und schleimlösend. In der Homöopathie wird die aus der frischen Pflanze bereitete Essenz bei Katarrh der oberen Luftwege, Blutarmut, zur Anregung des Stoffwechsels und bei Hautausschlägen angewendet. Im Hause wird der Teeaufguß bei den gleichen, obengenannten Beschwerden getrunken. Die frische Pflanze wird wegen ihres Vitamingehalts hauptsächlich zu Salaten genommen.

Dill

(Anéthum gravéolens L., Doldenblütler)

Angaben über Beschreibung, Vorkommen und Anbau siehe „Unsere Küchen- und Gewürzkräuter".

Verwendete Teile: Die reifen, gewöhnlich in ihre beiden Teilfrüchte zerfallenen Spaltfrüchte.

Ernte und Trocknen: Zur Körnerernte schneidet man am besten in den tauigen Morgen- oder Abenstunden, sobald die Früchte beginnen, braun zu werden. Auf diese Art vermeidet man, daß die Früchte bei der Ernte ausfallen. Das Kraut kann auf dem Felde oder an einem regengeschützten Ort nachreifen, dann wird es ausgeklopft oder ausgedroschen. Die Körner müssen noch in dünner Schicht ausgebreitet nachtrocknen, bis sie verwendet werden können.

Inhaltsstoffe: Äth. Öl, fettes Öl, Protein, Aminbasen.

Wirkung und Anwendung: Dill wirkt beruhigend, blähungstreibend und magenstärkend. In der Homöopathie und im Hause wird ein aus den zerquetschten Früchten bereiteter Aufguß als Magenmittel, bei Blähungen und Magen-Darmkrämpfen, bei Schlaflosigkeit, mangelnder Milchsekretion und zur Entwässerung des Körpers verwendet. Das aus den Früchten gewonnene Öl wird innerlich als appetitanregendes und verdauungsförderndes Mittel genommen. In der Likörindustrie dient es zur Aromatisierung.

Dost, Wilder Majoran, Echter Dost

(Oríganum vulgáre L., Lippenblütler)

Angaben über Beschreibung, Vorkommen und Anbau siehe „Unsere Küchen- und Gewürzkräuter".

Verwendete Teile: Das während der Blütezeit gesammelte, von den verholzten Stengeln befreite frische und getrocknete Kraut.

Ernte und Trocknen: Das blühende Kraut wird handhoch über dem Boden abgeschnitten und im Schatten getrocknet.

Inhaltsstoffe: Äth. Öl, das Thymol und Carvacrol enthält, Gerbstoff, Bitterstoffe.

Wirkung und Anwendung: Dost wirkt in erster Linie krampflösend, hat appetit- und verdauungsfördernde, blähungstreibende und entwässernde Wirkung. In der Heilkunde wird der Teeaufguß bei Katarrhen der Atmungsorgane, als krampfstillendes und wassertreibendes Mittel verordnet. Äußerlich wird er als Gurgelmittel bei Entzündungen des Mundes und des Rachens verwendet. Ebenso eignet er sich zu stärkenden Kräuterbädern. Als Hausmittel wird er bei den gleichen Beschwerden genommen. Das aus dem blühenden Kraut gewonnene Öl wirkt krampflösend bei Keuchhusten. In der Parfümindustrie findet es Anwendung bei der Herstellung von Kölnisch Wasser und zur Parfümierung von Seifen.

Eberraute

(*Artemísia abrótanum* L., Korbblütler)

Angaben über Beschreibung, Vorkommen und Anbau siehe „Unsere Küchen- und Gewürzkräuter".

Verwendete Teile: Die zur Blütezeit gesammelten frischen und getrockneten Blätter und blühenden Spitzen.

Ernte und Trocknen: Die Blätter und blühenden Spitzen werden geschnitten, gebündelt oder in dünner Schicht ausgebreitet an einem schattigen, luftigen Ort getrocknet.

Inhaltsstoffe: Äth. Öl, Bitterstoff, Gerbstoff, ein chininähnlich wirkendes Alkaloid, Vitamin C.

Wirkung und Anwendung: Eberraute wirkt entzündungswidrig und fiebersenkend. In der Homöopathie wird die aus dem frischen Kraut bereitete Essenz bei Neigung zu Skrofulose und bei Anämie, Bauchdrüsentuberkulose, Lungenkatarrh und Gicht verwendet. Der Teeaufguß gilt innerlich als gutes Hausmittel zur Magenstärkung und gegen Würmer, äußerlich zu Bädern und zur Wundheilung. In der Branntweinherstellung wird Eberraute zur Aromatisierung benützt.

Ehrenpreis

(*Verónica officinális* L., Rachenblütler)

Beschreibung: Ausdauerndes Kraut mit niederliegenden, oft wurzelnden Stengeln und stark verzweigten aufsteigenden Ästen. Die kleinen Blätter sind kurz gestielt, gegenständig, elliptisch mit feingekerbtem Rand. Stengel und Blätter sind rauh behaart. Die hellblauen Blüten stehen in reichen Trauben in den Blattachseln. Blütezeit: Juni bis September. Das Kraut ist fast geruchlos und hat einen schwach bitteren Geschmack.

Vorkommen: In trockenen, lichten Wäldern, auf trockenen Wiesen- und Heideböden.

Verwendete Teile: Das blühende Kraut in frischem und getrocknetem Zustand.

Einsammeln und Trocknen: Während der Blütezeit werden die oberirdischen Teile gesammelt und auf schattigen, luftigen Dachböden getrocknet.

Inhaltsstoffe: Ein Glykosid, Bitterstoff, Gerbstoff.

Wirkung und Anwendung: Ehrenpreis wirkt schleimlösend und harntreibend. In der Homöopathie wird die aus der frischen, blühenden Pflanze gewonnene Essenz bei chronischer Bronchitis, Blasenkatarrh und bei chronischen Hautleiden verordnet. Als Hausmittel wird der Teeaufguß bei Bronchial- und Magenkatarrh, bei Gicht und Rheumatismus verwendet.

Eibe

(Táxus baccáta L., Eibengewächse)

Beschreibung: Immergrüner, zweihäusiger, bis zu 10 m hoher Strauch oder Baum. Die Rinde ist rötlich-braun und blättert stellenweise ab. Die tannenartigen Äste stehen gedrängt und teilen sich in viele Zweige. Die einfach zugespitzten Nadeln sind zweizeilig angeordnet und ähneln denen der Weißtanne. Die Blüten sind unscheinbar. Blütezeit: April/Mai. Reifezeit: August und September. Die gesamte Pflanze ist mit Ausnahme des fleischigen, roten Samenbechers sehr giftig.

Vorkommen: Angepflanzt in Mitteleuropa. Wildwachsende Eiben stehen unter Naturschutz.

Verwendete Teile: Die frischen Nadeln.

Inhaltsstoffe: Das stark giftige Alkaloidgemisch „Taxin", ein Glykosid Taxicatin.

Wirkung und Anwendung: In der Medizin wird Eibe nicht mehr verwendet. In der Homöopathie wird die aus den frischen Nadeln bereitete Essenz bei Gicht, Rheuma, Leber- und Blasenleiden verordnet.

Eibisch

(Althäea officinális L., Malvengewächse)

Beschreibung: Ausdauernde, filzig behaarte Pflanze mit starken, fleischigen Wurzeln. Im ersten Jahr entwickelt sich nur eine Blattrosette, im folgenden Jahr erscheint der behaarte, aufrechte, gering verzweigte Stengel. Die großen, spitzen, samthaarigen Blätter sind gestielt und 3—5 lappig. Die großen, weißen bis lilafarbigen Blätter stehen am Stengelende in den Blattachseln. Blütezeit: Juli bis August.

Vorkommen: Wildwachsend auf feuchten Wiesen, auf salzhaltigen, humusreichen Böden. Angebaut in Bauerngärten als Zierpflanze, in milden Gegenden feldmäßig zur Drogengewinnung kultiviert.

Anbau: Die Vermehrung geschieht durch Samen oder Wurzelschößlinge. Man sät im Frühjahr ins Frühbeet aus. Anfang Juni werden die Sämlinge im Abstand von 40×60 cm ausgepflanzt. Die Wurzelschößlinge werden im Winter sorgfältig in Sand eingeschlagen, die Spitzen müssen unbedeckt bleiben. Auspflanzung wie bei den Sämlingen. Eibisch ist mit sich selbst unverträglich und darf erst nach 5 Jahren an gleicher Stelle wieder angebaut werden.

Verwendete Teile: Die getrockneten Blüten und Blätter, hauptsächlich die getrockneten Wurzeln.

Ernte und Trocknen: Blüten und Blätter werden im Juli und August gesammelt und in dünner Schicht ausgebreitet getrocknet. Wurzelernte im Spätherbst. Die Wurzeln werden gewaschen, geschält und in geheizten Räumen sorgfältig getrocknet.

Inhaltsstoffe: Schleim, Zucker, Stärke, wenig ätherisches Öl, Pektin.
Wirkung und Anwendung: Eibisch wirkt schleimlösend, entzündungswidrig und reizmildernd. In der Heilkunde und als Hausmittel gleichermaßen als Tee bei Erkrankungen der oberen Luftwege, bei Magen-Darmkatarrh und bei übermäßiger Gallensekretion, äußerlich zum Gurgeln, bei Entzündungen der Mundhöhle, Entzündungen der Augen und als Umschlag bei Geschwüren verwendet.

Eiche, Sommer- oder Stieleiche, Winter- oder Steineiche
(Quércus róbur L. und *Quércus sessiliflóra* salist., Buchengewächse)
Beschreibung: Beide Eichenarten sind lichtbedürftige, bis zu 40 m hohe Bäume. Die Blätter der Sommereiche sind kurz gestielt, festsitzend, herzförmig, beiderseits kahl. Die Früchte (Eicheln) sitzen an einem langen Stiel. Die Borke ist rissig, dick, graubraun. Die Blätter der Wintereiche sind langgestielt, verkehrt eiförmig, oberseits glänzend dunkelgrün, unterseits mit kurzen Haaren bedeckt. Die Früchte sitzen zu mehreren zusammengedrängt in den Blattachseln. Die Borke ist heller und weniger rissig als die der Sommereiche.
Vorkommen: In Laub- und Kiefernwäldern.
Verwendete Teile: Die geschälte, getrocknete Rinde jüngerer Bäume.
Einsammeln und Trocknen: Im Frühjahr wird die Rinde der jungen Bäume, nicht älter als 20 Jahre, deren Aussehen noch silbergrau und glänzend ist, abgeschält und in einem luftigen, schattigen Raum getrocknet.
Inhaltsstoffe: Gerbstoff, Bitterstoff.
Wirkung und Anwendung: Eichenrinde ist eine der wichtigsten Gerbstoffdrogen. Innerlich wird ein Aufguß bei Magen-Darmkatarrhen, Durchfällen verwendet, ebenso zum Gurgeln und äußerlich zu Bädern und Umschlägen, gegen Frostbeulen und Fußschweiß. In der Homöopathie wird die aus der frischen Rinde junger Bäume bereitete Essenz bei chronischer Milz- und Gallenschwellung verordnet, außerdem soll sie bei Trinkern Widerwillen gegen alkoholische Getränke erregen. In der Gerberei ist Eichenrinde ein unentbehrlicher Grundstoff.

Eisenhut, Sturmhut
(Aconítum napéllus L., Hahnenfußgewächse)
Beschreibung: Ausdauernde, bis 1,5 m hohe Pflanze mit rübenartiger, fleischiger Wurzelknolle, die jedes Jahr eine oder mehrere Tochterknollen bildet, während die alte abstirbt. Die langen, wechselständigen Blätter sind handförmig, tief eingeschnitten, die unteren langgestielt, nach oben zu kleiner werdend, fast sitzend. Die dunkelblauen Blüten stehen in langen, lockeren Trauben am Stengelende und in den oberen Blattachseln. Blüte: Juli/September.
Vorkommen: In den Gebirgen Mitteleuropas, angepflanzt als Zierpflanze in Gärten, an Bachufern, an feuchten Waldstellen.
Verwendete Teile: Die getrockneten Tochterknollen; die gesamte blühende Pflanze.

Ernte und Trocknen: Am Ende der Blütezeit werden die Tochterknollen gesammelt, von den Wurzeln befreit und rasch getrocknet. Die vollständige Pflanze wird zur Blütezeit gesammelt.

Inhaltsstoffe: Das sehr giftige Alkaloid Aconitin, mehrere Nebenalkaloide, Zucker, Harz, Gerbstoff.

Wirkung und Anwendung: Eisenhut ist eine unserer giftigsten Pflanzen. Er wird nur noch selten in der Medizin als schmerzstillendes Mittel bei Neuralgien, Gelenkerkrankungen und fieberhaften Erkältungskrankheiten gegeben. In der Homöopathie wird die aus der gesamten blühenden Pflanze gewonnene Essenz bei fieberhaften Erkältungskrankheiten, akuter Bronchitis und Lungenentzündung, bei Gelenkschmerzen und Trigeminusneuralgie, Ischias und Blutungen innerer Organe verwendet. Wegen seines Giftgehalts darf Eisenhut nur unter ärztlicher Aufsicht angewendet werden.

Eisenkraut

(*Verbéna officinális* L., Eisenkrautgewächse)

Angaben über Beschreibung, Vorkommen und Anbau siehe „Unsere Küchen- und Gewürzkräuter".

Verwendete Teile: Die während der Blütezeit gesammelten, getrockneten Blätter und oberen Stengelabschnitte und das frische, blühende Kraut.

Inhaltsstoffe: Eisengrünender Gerbstoff, Bitterstoff, ein Glykosid, Schleim, äth. Öl.

Wirkung und Anwendung: Eisenkraut wirkt zusammenziehend, stärkend, belebend und entwässernd. In der Medizin wird es nur selten verwendet. In der Homöopathie wird die aus dem frischen, blühenden Kraut bereitete Essenz zum Entwässern des Körpers und zur Regulierung der Menstruation verordnet. Als Hausmittel dient ein Teeaufguß als entwässerndes, zusammenziehendes Bittermittel, bei Grieß- und Steinbildung, Erschöpfungszuständen und Schlaflosigkeit. Äußerlich wird Eisenkraut als Gurgelmittel und zu Umschlägen bei Hautkrankheiten angewendet.

Engelsüß

(*Polypódium vulgáre* L., Tüpfelfarne)

Beschreibung: Bis zu 40 cm hoher Farn mit braunrotem, dicht unter dem Boden kriechendem Wurzelstock. Die winterharten Wedel sind gestielt, tief fiederspaltig, mit lanzettlichen, ganzrandigen oder nur schwach gesägten Fiedern, an deren Unterseite im August beiderseits des Hauptnervs erst gelbe, später braune Fruchthäufchen erscheinen.

Vorkommen: Meist im Gebirge an schattigen Abhängen, an Felsen und Mauern, auf alten Baumstämmen.

Verwendete Teile: Der getrocknete Wurzelstock.

Sammeln und Trocknen: Im Frühjahr oder im

Herbst werden die Wurzelstöcke ausgegraben, von den anhängenden Wurzeln und den Wurzelschuppen befreit und in der Sonne oder im Schatten getrocknet.

Inhaltsstoffe: Bitter- und Süßstoff, äth. Öl, fettes Öl, Schleimstoffe, Zucker, Gerbstoffe.

Wirkung und Anwendung: Engelsüß wirkt auswurffördernd, wassertreibend und regt die Sekretion der Galle an. In der Heilkunde wird er als Teeaufguß oder in Pulverform als lösendes Mittel bei Katarrhen der oberen Luftwege und zur Anregung der Gallentätigkeit verordnet. Im Hause werden Tee und pulverisierte Droge zu den gleichen Zwecken, außerdem auch als abführendes und Wurmmittel sowie bei verschiedenen Frauenleiden genommen.

Engelwurz, Angelika

(Angélica archangélica L., Doldenblütler)

Angaben über Beschreibung, Vorkommen, Ernte und Trocknung siehe „Unsere Küchen- und Gewürzkräuter".

Verwendete Teile: Die frischen Blätter, der getrocknete Wurzelstock mit den Wurzeln, das Kraut (als Viehfutter).

Inhaltsstoffe: Die ganze Pflanze enthält ätherische Öle, Angelikasäure, Baldriansäure, Bitterstoffe.

Wirkung und Anwendung: Engelwurz wirkt hautreizend, appetitanregend, krampf- und schleimlösend, harn- und blähungtreibend. Das aus der Droge bereitete Öl bzw. die Tinktur wird als Einreibemittel bei Neuralgien und Rheumatismus, innerlich bei Erkrankungen des Magen-Darmkanals, bei Husten und Verschleimung angewendet. Als appetitanregendes, schweiß- und harntreibendes Hausmittel wird aus der Droge ein Tee bereitet. Engelwurz ist ein wichtiger Zusatz bei der Likörbereitung und ein Bestandteil des Schnupftabaks. In der Parfümerieindustrie wird das Öl zu besonderen Duftnoten verwendet.

Angélica silvéstris ähnelt *Angélica archangélica* stark und wird häufig mit ihr verwechselt. Abweichend sind die dunklere Blattoberseite, die deutlichen Rinnen auf der Blattstieloberseite und das wenig feine Aroma. In der Heilkunde findet Angélica sylvéstris hauptsächlich Verwendung als schleimlösendes Mittel.

Enzian, Gelber

(Gentiána lútea L., Enziangewächse)

Beschreibung: Ausdauernde Pflanze mit mehrköpfigem Wurzelstock und dicker Pfahlwurzel. Jahrelang treibt sie nur große, langgestielte, breit-ovale Blätter. Erst bei der älteren Pflanze erscheint der bis zu 1 m hohe Blütenstengel mit den langgestielten, gelben Blüten, die in Scheinquirlen in den oberen Blattachseln stehen. Blütezeit: Juni bis August. Geruch der Wurzel eigenartig, Geschmack anfangs süß, dann sehr bitter.

Vorkommen: In Gebirgen Mitteleuropas auf kalkhaltigem Boden. Die wildwachsende Pflanze steht unter Naturschutz.

Verwendete Teile: Die frische und getrocknete Wurzel.

Einsammeln und Trocknen: Die Wurzel wird im Herbst ausgegraben, meist in Stücke geschnitten und entweder an der Sonne oder bei künstlicher Wärme getrocknet.

Inhaltsstoffe: Bitterstoffe, Pektin, Gerbstoff, Schleim, Zucker.

Wirkung und Anwendung: Enzian wirkt verdauungsanregend und fördert die Magensekretion. In der Medizin wird er bei Verdauungsstörungen infolge chronischer Magen-Darmerkrankung und zur Anregung der Gallensekretion verordnet. In der Homöopathie wird die aus der frischen Wurzel bereitete Essenz bei entzündlichen Erkrankungen des Magens und bei Blähungen angewendet. Im Hause wird der Teeaufguß außer bei den obengenannten Beschwerden auch als Wurmmittel, bei Durchfällen und Sodbrennen gebraucht. In der Likörindustrie dient die Wurzel zur Zubereitung des Enzianbranntweins und zu Bitterlikören.

Die Wurzeln des **Purpurroten Enzians** *(Gent. purpúrea* L.), des **Getüpfelten** *(Gent. punctáta* L.) und des **Ungarischen Enzians** *(Gent. pannónica* Scop.) werden in gleicher Weise gebraucht wie die des Gelben Enzians.

Erdbeere, Walderdbeere

(Fragária vésca L., Rosengewächse)

Beschreibung: 20—25 cm hohe rosettenbildende Staude, mit Ausläufer bildendem, walzlichem Erdstock. Die Laubblätter sind 3-zählig, mit parallel laufenden Seitennerven. Die oberirdischen Pflanzenteile sind mit Drüsenhaaren bedeckt. Die Blüten sind in spärlichen Trugdolden angeordnet; Blütezeit Mai bis Juni, nicht selten im Herbst wiederholend.

Vorkommen: Überall in Europa verbreitet.. Häufig in Wäldern und auf Wiesen. Zur Fruchtgewinnung in vielen Arten und Sorten in Gärten kultiviert. Das kräftigere dunkelgrüne Laub der Gartenerdbeere ist zur Teebereitung im Vergleich zur Walderdbeere nicht als vollwertig anzusehen.

Verwendete Teile: Die während der Blütezeit gesammelten und getrockneten Blätter und die reifen Früchte. Die Blätter werden im Schatten getrocknet und vor Licht geschützt aufbewahrt.

Inhaltsstoffe: Die Blätter enthalten Gerbstoff und Vitamin C, die Früchte Zukker, Apfel- und Zitronensäure sowie Aromastoffe.

Wirkung und Anwendung: Erdbeerblätter wirken blutreinigend, harntreibend und schwach zusammenziehend. Sie werden allein oder mit anderen Kräutern zu Blutreinigungstee, Frühjahrsteemischung, als harntreibendes Mittel bei Gicht-, Stein- und Leberleiden oder als Haustee gebraucht. Zubereitung durch Aufguß.

Esche

(Fráxinus excélsior L., Ölbaumgewächse)

Beschreibung: 20—30m hoher Baum. Die Laubblätter sind unpaarig gefiedert, die Fiederblätter sind schmal, oval, zugespitzt, die Ränder sind feingesägt.

Vorkommen: In feuchten Gebirgswäldern, an Bach- und Flußufern.

Verwendete Teile: Die getrockneten Blätter ohne Stiele; die getrockneten Rindenstücke junger Zweige.

Einsammeln und Trocknen: Im Mai/Juni werden die Fiederblättchen abgestreift und in einem schattigen, luftigen Raum getrocknet. Die Rindenstücke werden im Frühjahr abgeschält und sorgfältig getrocknet.

Inhaltsstoffe: Gerbstoff, Vitamin C, Flavonglykoside, Cumaringlykoside, äth. Öl, Harz, in der Rinde außerdem viel Schleim, Mannit.

Wirkung und Anwendung: Eschenblätter wirken harntreibend, leicht abführend, die Rinde wirkt wundheilend. Der Teeaufguß aus den Blättern wird im Hause als harntreibendes Mittel bei Blasenleiden, Rheumatismus und Gicht getrunken, äußerlich zu Umschlägen bei Geschwüren verwendet. Die Abkochung aus der Rinde wird im Hause als Fieber- und Kräftigungsmittel gebraucht.

Estragon

(Artemísia dracúnculus L., Körbchenblütler)

Angaben über Beschreibung, Vorkommen und Anbau siehe „Unsere Küchen- und Gewürzkräuter“.

Verwendete Teile: Die während der Blütezeit gesammelten und getrockneten oberirdischen Teile und das frische Kraut.

Inhaltsstoffe: Viel äth. Öl, Bitterstoff, Gerbstoff.

Wirkung und Anwendung: Estragon regt die Magensekretion an und wird daher gern, mit anderen Kräuter gemischt, zu Salaten genommen. In der Lebensmittelindustrie gebraucht man ihn zu Kräuteressig, Senf und zum Einlegen von Gurken. In der Parfümindustrie wird das aus der frischen Pflanze gewonnene Öl zur Herstellung von Parfümen (Chypre, Fougère) verwendet.

Farn siehe Wurmfarn Seite 107.

Faulbaum

(Rhámnus frángula L., Kreuzdorngewächse)

Beschreibung: Bis zu 7 m hoher Strauch mit rutenförmigen Zweigen und dunkler, weißgetüpfelter Rinde. Die gestielten Blätter sind elliptisch, ganzrandig, oft leicht gewellt. Die kleinen grünlich-weißen Blüten stehen in achselständigen, 2—10 blütigen Trugdolden. Die Früchte sind kleine Beeren, zur Zeit der Reife glänzend schwarz. Blütezeit: Mai bis Juni, vereinzelt auch eine 2. Blüte im August. Die Beeren reifen im September. Der Geschmack der Rinde ist bitter, zusammenziehend.

Vorkommen: An feuchten Stellen, häufig in Wäldern als Unterholz.

Verwendete Teile: Die getrocknete und mindestens 1 Jahr gelagerte Rinde.

Ernte und Trocknen: Von Mai bis Juli wird die Rinde von den Seitenästen geschält, in Stücke geschnitten und im Schatten getrocknet. Sie muß 1 Jahr vor ihrer Verwendbarkeit lagern, da die frische Rinde einen starken Brechreiz und Leibschmerzen verursacht.

Inhaltsstoffe: Anthrachinon-Glykoside, Glucofrangulin, Frangulaemodin, Bitterstoffe, Gerbstoffe.

Wirkung und Anwendung: Faulbaumrinde wirkt abführend und wird in der Heilkunde bei chronischen Verstopfungen angewendet.

Fenchel

(Foeniculum vulgáre Mill., Doldenblütler)

Angaben über Beschreibung, Vorkommen und Anbau siehe „Unsere Küchen- und Gewürzkräuter".

Verwendete Teile: Die Früchte; seltener auch die im Herbst ausgegrabene, ältere, getrocknete Wurzel.

Inhaltsstoffe: In den Früchten viel äth. Öl, fettes Öl, Zucker, Stärke, Eiweiß.

Wirkung und Anwendung: Fenchel wirkt schleimlösend, krampfstillend, appetitanregend, harntreibend und fördernd auf die Milchsekretion. In der Heilkunde und im Hause wird der Tee innerlich als beruhigendes, blähungstreibendes und Magenmittel, bei Husten und Bronchialkatarrh und zur Anregung der Milchsekretion, äußerlich zum Gurgeln und zu Augenbädern verwendet. Außerdem dient Fenchel zur Herstellung von Fenchelhonig, von Likören und zur Parfümierung von Seifen.

Fingerhut, Roter

(Digitális purpúrea L., Rachenblütler)

Beschreibung: Zweijähriges Kraut, das im ersten Jahr nur eine dichte Grundrosette aus langgestielten, länglich-eiförmigen, behaarten, zusammengezogenen Blättern bildet. Im zweiten Jahr erscheint der meist unverzweigte, bis 1,5 m hohe Blühstengel, dessen wechselständige Laubblätter bis zur Stengelspitze immer kleiner werden. Die großen purpurroten, glockenförmigen Blüten stehen in einer dichten, von unten nach oben aufblühenden, einseitigen Traube am Stengelende. Blütezeit: Juni bis August.

Vorkommen: Auf Kahlschlägen, sonnigen Hängen und in lichten Wäldern in Mittelgebirgen mit kalkarmen Böden. Angebaut zur Drogengewinnung.

Verwendete Teile: Die getrockneten Blätter; in der Homöopathie die frischen, vor der Blüte gesammelten Blätter.

Einsammeln und Trocknen: Die Blätter werden im ersten Jahr im Spätsommer, im zweiten Jahr während der Blütezeit möglichst am Nachmittag gepflückt und auf warmen, luftigen Dachböden schnell getrocknet. Aufbewahrung am besten in Säcken.

Inhaltsstoffe: Glykoside, Saponine, Schleim, Säuren. Der Gehalt an Glykosiden schwankt je nach Standort und Sammelzeit.

Wirkung und Anwendung: Fingerhut ist ein wichtiges Herz- und Diuresemittel und darf wegen seines hohen Giftgehalts nur nach ärztlicher Vorschrift verwendet werden (siehe Seite 11 unter „Glykoside"). In der Medizin wird die auf bestimmten Gehalt eingestellte Droge, in der Homöopathie die aus den frischen Blättern gewonnene Essenz verordnet. In neuerer Zeit bevorzugt man vielfach isolierte Reinglykoside, die auch injiziert werden können.

Gelber Fingerhut *(Digitális lútea* L.) und **Wolliger Fingerhut** *(Digitális lanáta* Ehrh.) finden in der Heilkunde die gleiche Anwendung.

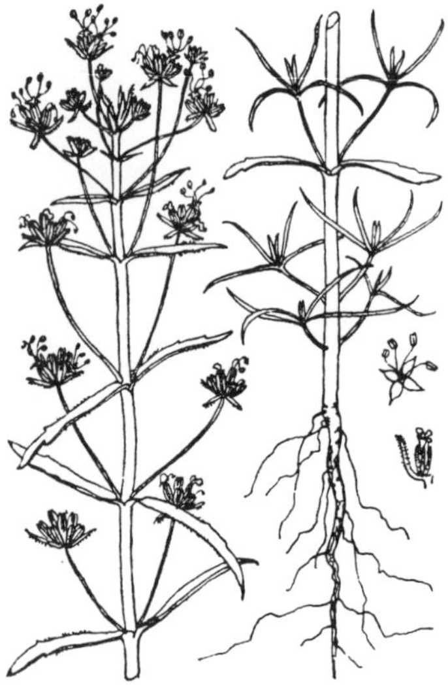

Flohsamenkraut

(Plantágo psýllium L., Flohwegerich, *P. ramósa* Gilib., Sandwegerich, Wegerichgewächse)

Beschreibung: Flohwegerich und Sandwegerich sind ein einjähriges, 10—40 cm hohes Kraut mit spindelförmiger Wurzel. Die Stengel sind aufrecht oder aufsteigend, oft verästelt. Die Laubblätter sind gegenständig, schmal, lineal, spitzig, gegen den Blattgrund flaumig, wollig. Die Blüten bilden ein kurzes, eiförmiges Köpfchen. Blütezeit: Juni bis September. Die Frucht ist eine eiförmige Kapsel, die zwei Samen enthält. Die Samen sind schiffchenförmig, oberseits glatt, glänzend, unterseits ausgehöhlt, in Form und Farbe an einen Floh erinnernd.

Vorkommen: Heimisch in Süd- und Mitteleuropa, besonders auf sandigen Stellen und Schuttplätzen weit verbreitet. Flohwegerich wird in Südfrankreich in größerem Umfang angebaut. Sandwegerich ist vorherrschend in Mitteleuropa anzutreffen.

Verwendete Teile: Die reifen Samen.

Inhaltsstoffe: Schleim.

Wirkung und Anwendung: Die Samen quellen im Wasser leicht auf, da sie in den äußeren Gewebezellen ihrer Schale viel Schleim enthalten, der bei der Wasseraufnahme die äußere Wand sprengt und frei heraustritt. Dabei quellen die Samen zu drei- bis vierfacher Größe auf. Der Magen- und Darminhalt wird dadurch mehr aufgefüllt und die Darmtätigkeit erhöht. Flohsamen ist ein harmloses, mildes Abführmittel, das gleichzeitig reizmildernd wirkt bei Entzündungen der Verdauungs- und Harnorgane. Er wird auch gegen Husten verwendet. Äußerlich wird er zu Umschlägen bei Rheumatismus usw. angewendet. In der Technik wird Flohsamen als Appreturmittel zum Steifen von weichen Stoffen, sowie zum Erzeugen von Hochglanz auf farbigen Papieren gebraucht.

Frauenmantel

(*Alchemílla vulgáris* L., Rosengewächse)

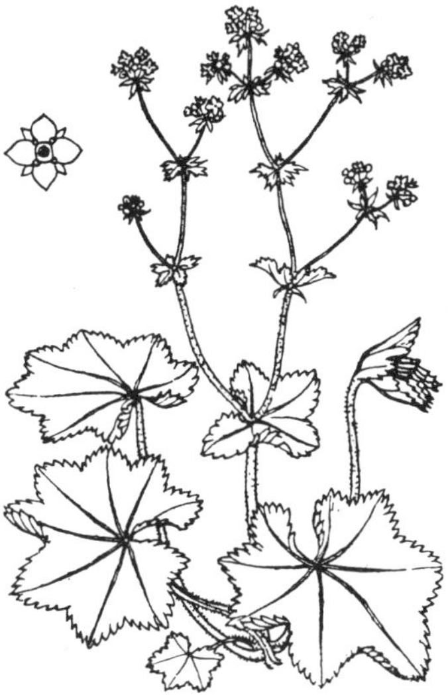

Beschreibung: Ausdauernde, bis zu 30 cm hohe Pflanze mit derben, meist etwas gefalteten, gelappten Grundblättern und etwas kleineren, feinbehaarten, langgestielten Stengelblättern. Die grünlichen, unscheinbaren Blüten stehen in Trugdolden. Blütezeit: Mai bis September.

Vorkommen: Auf feuchten Wiesen, in Wäldern und an Waldrändern.

Verwendete Teile: Die getrockneten Blätter ohne Blütenstände, in der Homöopathie das frische Kraut.

Einsammeln und Trocknen: Die Blätter werden im Hochsommer gesammelt und im Schatten getrocknet.

Inhaltsstoffe: Gerbstoff, Bitterstoff, Spur ätherischen Öles.

Wirkung und Anwendung: Frauenmantel wirkt zusammenziehend, blutreinigend und harntreibend. Der Teeaufguß wird bei inneren Blutungen, Magen-Darmerkrankungen, bei Durchfall und als Blutreinigungsmittel verordnet. In der Homöopathie wird die aus dem frischen Kraut bereitete Essenz bei gleichen Beschwerden angewendet. Im Hause wird der Teeaufguß außer bei obengenannten Erkrankungen auch bei Unterleibsbeschwerden der Frauen und äußerlich zu Umschlägen bei eiternden Wunden verwendet.

Gamander, Edel

(*Teúcrium chamaédrys* L., Lippenblütler)

Beschreibung: Ausdauernder, bis 30 cm hoher Halbstrauch mit unterirdischen Ausläufern. Die gegenständigen Blätter sind gestielt, länglich, grob gezähnt. Die rosafarbenen Blüten stehen in Scheinähren am Stielende. Blütezeit: Juni bis August.

Vorkommen: Auf mageren Wiesen, Schutt und an Wegrändern.

Verwendete Teile: Das getrocknete Kraut.

Einsammeln und Trocknen: Das Kraut wird zur Blütezeit gesammelt, von den Wurzeln befreit und in einem schattigen, luftigen Raum getrocknet.

Inhaltsstoffe: Äth. Öl, Bitterstoffe, Gerbstoffe.

Wirkung und Anwendung: Gamander regt die Magensekretion an und wirkt harntreibend. Der Teeaufguß wird im Hause als magenstärkendes Bittermittel und zur Entwässerung des Körpers getrunken.

Gänsefingerkraut

(*Potentílla anserína* L., Rosengewächse)

Beschreibung: Niedriges, kriechendes Kraut mit ausdauerndem, ästigem Wurzelstock, aus dem sich eine Blattrosette entwickelt. Aus den Knoten der wurzelschlagenden Ausläufer treiben die Blütenstengel. Die Rosettenblätter sind gestielt, unpaarig gefiedert, länglich-eiförmig. An den Stengelenden stehen die großen fünfzähligen, gelben Blüten. Blütezeit: Juni bis September. Die Pflanze ist geruch- und geschmacklos.

Vorkommen: Auf feuchten Böden, auf Wiesen, Brachland, an Wegrändern und Uferböschungen.

Verwendete Teile: Das vor oder während der Blütezeit gesammelte frische oder getrocknete Kraut.

Einsammeln und Trocknen: Das geschnittene Kraut wird in dünner Schicht ausgebreitet und in einem luftigen Raum getrocknet. Die Droge muß die Farbe des frischen Krautes behalten. Vor Licht geschützt aufbewahren.

Inhaltsstoffe: Wenig Gerbstoff, Flavone, Bitterstoff, Harz, Schleim.

Wirkung und Anwendung: Gänsefingerkraut wirkt schwach krampflösend und entzündungshemmend. In der Medizin hat es nur noch geringe Bedeutung. In der Homöopathie wird die Essenz aus dem frischen, blühenden Kraut bei schmerzhafter Menstruation verordnet. Als Hausmittel wird ein Tee aus dem frischen oder getrockneten Kraut bereitet und bei Galle- und Nierenkoliken und Menstruationsbeschwerden getrunken.

Gartenkresse

(Lepídium satívum L., Kreuzblütler)

Angaben über Beschreibung, Vorkommen und Anbau siehe „Unsere Küchen- und Gewürzkräuter“.

Im Hause dient der Teeaufguß als blutreinigendes und harntreibendes Mittel.

Geißraute

(Galéga officinális L., Schmetterlingsblütler)

Beschreibung: Ausdauernde, bis mannshohe Staude, im Aussehen der Luzerne ähnelnd. Die Stengel sind hohl, die Blätter lanzettlich-spitz, gefiedert. Die blaßvioletten Blüten sind in achselständigen Trauben geordnet. Blütezeit: Juli bis September.

Vorkommen: Teilweise verwildert, angebaut zur Drogengewinnung und als Futterpflanze.

Anbau: Vermehrt wird durch Samen oder Wurzelstecklinge. Sämlinge und Stecklinge werden im Frühjahr oder Herbst im Abstand von 50×50 cm ausgepflanzt.

Verwendete Teile: Das getrocknete, blühende Kraut; die Samen.

Ernte und Trocknen: Das Kraut wird zur Blütezeit geschnitten, die Samenernte ist im Frühherbst. An einem warmen, luftigen Ort trocknen, vor Licht geschützt aufbewahren.

Inhaltsstoffe: Ein Alkaloid, ein Glykosid, Gerbstoff, Bitterstoff, Saponin, fettes Öl.

Wirkung und Anwendung: Geißraute wirkt blutzuckersenkend, wasser- und schweißtreibend sowie fördernd auf die Milchsekretion. In der Medizin wird sie als Unterstützung bei der Insulinbehandlung verordnet. Als Hausmittel gibt man einen Teeaufguß ebenfalls zur Unterstützung bei der Behandlung von Zuckerkranken, als wasser- und schweißtreibendes Mittel und zur Anregung der Milchsekretion bei stillenden Frauen.

Germer, Nießwurz

(*Verátrum álbum* L., Liliengewächse)

Beschreibung: Ausdauernde, bis 1,5 m hohe Pflanze. Der knollige Wurzelstock hat zahlreiche Nebenwurzeln. Die lebhaft grünen Blätter sind oval bis lanzettlich, die unteren stengelumfassend, die oberen kleineren gestielt bis sitzend. Die weißen, grünlich überlaufenen Blüten sitzen in langen, aufrechten Trauben am Stengelende. Blütezeit Juli/August.

Vorkommen: In Alpengegenden auf feuchten Wiesen und Hängen.

Verwendete Teile: Der getrocknete Wurzelstock mit den Wurzeln.

Einsammeln und Trocknen: Der Wurzelstock wird im Herbst ausgegraben, gewaschen und sorgfältig getrocknet.

Inhaltsstoffe: Alkaloide, ein Bitterstoff, Harz, Fett.

Wirkung und Anwendung: Germer ist giftig und findet in der Heilkunde selten Anwendung, ausgenommen isolierte, eventuell chemisch veredelte Rein-Alkaloide. In der Tierheilkunde wird die Droge bei Verdauungsstörungen der Wiederkäuer und zur Ungezieferbekämpfung verwendet.

Goldmelisse

(*Monárda dídyma* L., Lippenblütler)

Beschreibung: Ausdauernde, bis 60 cm hohe Pflanze. Die kantigen, wenig verzweigten Stengel sind oft rot überlaufen. Die langgestielten Blätter sind oval zugespitzt, haben einen gezähnten Rand und parallellaufende Nebennerven. Die großen, purpurroten Blüten sitzen zu mehreren dichtgedrängt am Stengelende. Blütezeit: Juli bis August. Die gesamte Pflanze riecht minzeähnlich und schmeckt bitter.

Vorkommen: Heimisch in Nordamerika, in Mitteleuropa in Gärten als Zierpflanze angepflanzt, auch zur Drogengewinnung angebaut, nur selten verwildert.

Verwendete Teile: Die Blüten; das blühende, getrocknete Kraut.

Einsammeln und Trocknen: Die Blüten werden vorsichtig gesammelt und im Schatten getrocknet.

Inhaltsstoffe: Äth. Öl, Gerbstoff.

Wirkung und Anwendung: Goldmelisse wirkt wundheilfördernd, beruhigend, blähungtreibend, mild anregend auf die Magen-Darmtätigkeit und leicht menstruationsfördernd. Sie wird wie **Melisse** (*Melíssa officinális* L.) verwendet.

Goldrute, Heidnisch Wundkraut

(*Solidágo virgaúrea* L., Körbchenblütler)

Beschreibung: Ausdauernde, bis 1 m hohe Pflanze mit aufrechten, markigen, erst im oberen blütentragenden Teil verzweigten Stengeln. Die Blätter sind lanzettlich, sitzend und werden bis zum Stengelende immer kleiner. Die goldgelben Blüten sitzen in endständigen Traubenrispen. Blütezeit: Juli bis Oktober. Das Kraut ist geruchlos, der Geschmack schwach zusammenziehend.

Vorkommen: Auf trockenen Waldböden, an Bahndämmen, auf Schuttplätzen, in Schonungen und Gebüschen.

Verwendete Teile: Das getrocknete, blühende Kraut; in der Homöopathie die frischen Blüten.

Einsammeln und Trocknen: Während der Blütezeit werden die oberirdischen Teile etwa 30 cm tief abgeschnitten, gebündelt und auf luftigen Dachböden zum Trocknen aufgehängt.

Inhaltsstoffe: Saponine, Gerbstoff, Flavonoide, wenig äth. Öl.

Wirkung und Anwendung: Goldrute wirkt wassertreibend, schleimlösend und wundheilend. Sie wird in der Medizin bei Harn- und Nierenleiden, Gicht und Rheuma angewendet. In der Homöopathie wird die aus den frischen Blüten bereitete Essenz bei den gleichen Leiden verordnet. Im Haus wird Goldrute hauptsächlich innerlich zur Entwässerung des Körpers, äußerlich zu Bädern und Auflagen bei schlecht heilenden Wunden und Ekzemen verwendet.

Gottesgnadenkraut

(*Gratíola officinális* L., Rachenblütler).

Beschreibung: Ausdauernde, bis 30 cm hohe Pflanze mit fleischigem Wurzelstock. Die Stengel sind aufrecht, hohl, nur wenig verzweigt. Die gegenständigen Blätter sind lanzettlich, fein gesägt, halbstengelumfassend. Die hellgelben, kurzgestielten Blüten stehen einzeln in den Blattachseln. Blütezeit: Juni bis August. Geruchlos, Geschmack bitter.

Vorkommen: Auf Mooren, sumpfigen Wiesen, an Bachufern und Wassergräben.

Verwendete Teile: Die oberirdischen getrockneten Teile; in der Homöopathie das frische, noch nicht blühende Kraut.

Einsammeln und Trocknen: Während der Blütezeit wird das Kraut geschnitten und rasch getrocknet.

Inhaltsstoffe: Mehrere Glykoside, ein Triterpen „Gratiolon".

Wirkung und Anwendung: Gottesgnadenkraut wirkt stark abführend, schleimhautreizend, harntreibend und hat Einfluß auf die Herztätigkeit. In der Medizin wird es bei Gicht und Leberleiden und zum Entwässern des Körpers angewendet. In der Homöopathie wird die aus dem frischen Kraut bereitete Essenz bei Entzündungen des Magens, Koliken, Nieren- und Blasenkatarrh verordnet. Im Hause wird der Teeaufguß als abführendes, wurmtreibendes Mittel, seltener bei chronischen Hautleiden getrunken. Stillende und werdende Mütter dürfen Gottesgnadenkraut nicht nehmen.

Gundelrebe, Gundermann

(*Glechóma hederáceum* L., Lippenblütler)

Beschreibung: Ausdauernde, bis 20 cm hohe Pflanze mit langen Ausläufern. Die Hauptstengel und die kleineren Blühstengel sind vierkantig, oft blau überlaufen. Die Blätter sind gegenständig, nieren- und herzförmig, drüsig punktiert, grob runzlig. Die violetten, manchmal roten Blüten stehen einzeln oder zu mehreren in den Blattachseln. Blütezeit: April bis Juni. Fast geruchlos, Geschmack bitterlich.

Vorkommen: Auf Ödland, an Wegrändern, Gebüschen und Hecken.

Verwendete Teile: Die getrockneten oberirdischen Teile; in der Homöopathie das frische blühende Kraut.

Einsammeln und Trocknen: Das Kraut wird zur Blütezeit geschnitten und in schattigen, luftigen Räumen getrocknet.

Inhaltsstoffe: Äth. Öl, Gerbstoff, Bitterstoff, Harz, Saponin.

Wirkung und Anwendung: Gundelrebe wirkt zusammenziehend, entzündungswidrig, schleimlösend, harntreibend und fördert den Stoffwechsel. Der Teeaufguß wird im Hause innerlich bei Katarrhen der Atmungswege, Magen-Darmerkrankungen, äußerlich als Gurgelmittel und als Badezusatz bei schlecht heilenden Wunden verwendet. In der Homöopathie wird die aus dem frischen blühenden Kraut bereitete Essenz bei Hämorrhoiden verordnet.

Hagebutte, Heckenrose, Hundsrose

(*Rósa canína* L., Rosengewächse)

Beschreibung: Die Hagebutte ist die Frucht der Heckenrose. Diese ist ein bis 3 m hoher Strauch mit dornigen, meist überhängenden Zweigen. Die Laubblätter sind unpaarig gefiedert, am Grunde geflügelt, ihre Stiele sind mit Dornen besetzt. Die Blüten sind weiß bis rosarot, je nach Varietät. Im Herbst entwickeln sich die leuchtend roten, glänzenden Scheinfrüchte, Hagebutten genannt. Sie enthalten zahlreiche, kleine Kerne. Blütezeit: Juni bis Juli. Die Hagebutten sind geruchlos und schmecken säuerlich.

Vorkommen: Auf feuchten, lockeren Böden, an Wald- und Wegrändern, in Osteuropa zur Drogengewinnung kultiviert.

Verwendete Teile: Die von Ende September bis Ende Oktober gesammelten Hagebutten ohne Kerne in frischem oder getrocknetem Zustand; auch die getrockneten Kerne.

Einsammeln und Trocknen: Die Früchte werden der Länge nach halbiert, sorgfältig von den Kernen befreit, Früchte und Kerne gesondert in einem warmen, luftigen Raum getrocknet.

Inhaltsstoffe: Reichlich Vitamin C, Vitamin E, Karotin, Fruchtsäuren, Gerbstoff, Zucker. In den Kernen sind Vitamine nur in geringer Menge vorhanden.

Wirkung und Anwendung: Hagebutte wirkt harntreibend und blutreinigend. Der aus den Früchten oder den Kernen bereitete Tee wird in der gesamten Heilkunde und als Hausmittel bei Gallen-, Nieren- und Blasenleiden, zu blutreinigenden Frühjahrskuren und bei allgemeiner Erschöpfung verwendet. Als Vitamin C-Quelle dient Hagebuttenmus oder -mark.

Hanf

(*Cánnabis satíva* L., Maulbeergewächse)

Beschreibung: Einjähriges, zweihäusiges Kraut mit langer Pfahlwurzel. Die aufrechten Stengel sind behaart und im oberen Teil verzweigt. Die langgestielten

Blätter haben fingerartige, lanzettliche, grob gesägte Teilblättchen. Die gelblichen Staubblüten der männlichen Pflanzen stehen in Rispen am Stengelende, die unscheinbaren Stempelblüten der weiblichen Pflanzen sitzen zu mehreren in den Blattachseln. Die Frucht ist ein eiförmiges Nüßchen, das die Samen enthält.

Vorkommen: Beheimatet in Asien; in Europa zur Faser- und Drogengewinnung angebaut.

Verwendete Teile: Die Samen; das getrocknete Kraut; die frischen Stengelspitzen mit Blüten und Blättern.

Inhaltsstoffe: Im Samen reichlich fettes Öl, Eiweiß, Harz, äth. Öl, in den weiblichen Triebspitzen Harzstoffe mit Haschischwirkung.

Wirkung und Anwendung: In der Homöopathie wird die aus den frischen Spitzen bereitete Essenz bei Krampfzuständen, Leberschwellung, Koliken und Nierenentzündung verordnet. Das Kraut dient zur Gewinnung der Hanffaser. Haschisch und das ähnliche Marihuana, zwei Rauschgifte, werden in außereuropäischen Ländern aus den weiblichen Blütentrieben bereitet. Herstellung und Vertrieb sind verboten (Opiumgesetz)!

Die aus dem **Indischen Hanf** *(Cánnabis satíva* L. indica Lam.) gewonnene Tinktur wird als Mittel gegen Hühneraugen verwendet. Hanf enthält ferner antibiotische Stoffe.

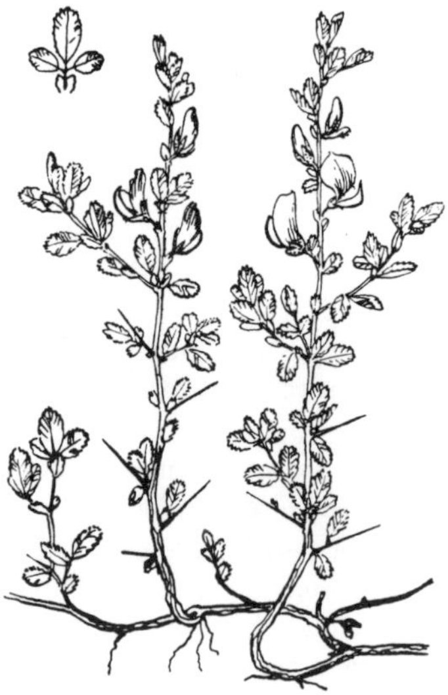

Hauhechel, Dornige -, Harnkraut, Hechelkraut, Ochsenbrech
(Onónis spinósa L., Hülsenfrüchtler)

Beschreibung: Ausdauernder Halbstrauch mit mehrköpfigem, lang und stark entwickeltem, holzigem Wurzelstock und tiefgehender Hauptwurzel. Die Stengel sind 40—60 cm hoch, aufrecht, behaart, verzweigt und zum Teil verholzt. Die Seitentriebe enden meist in Dornen. Größe und Form der Blätter sind untereinander sehr verschieden. Die unteren Blätter sind dreizählig, die oberen meist einfach, länglichoval. In den Blattachseln stehen meist Dornen. Die Blüten sind rosa, seltener bläulich und stehen einzeln oder in lockeren Trauben an den Seitentrieben. Blütezeit: Mai bis Herbst. Die Frucht ist eine aufrechte, 1—3 samige Hülse.

Hauhechel ist sehr formenreich und kommt in Europa in mehreren Unterarten vor, über deren Wirkung noch keine erschöpfenden Angaben gemacht wurden.

Vorkommen: Weit verbreitet auf mageren, trockenen, kalkhaltigen Böden, besonders an Acker- und Wegrändern, auf Wiesen und Ödland.

Verwendete Teile: Die getrocknete Wurzel mit dem Wurzelstock; seltener das frische oder das getrocknete Kraut.

Einsammeln, Trocknen, Aufbewahren: Die Wurzeln werden ab September bis Mitte November gesammelt. Sie müssen ausgegraben oder mit der Kreuzhacke herausgehoben, von den stacheligen Stengelresten befreit und gut gewaschen werden. Dann werden sie zum Trocknen auf luftigen Dachböden ausgebreitet oder an Bindfäden an Hauswänden aufgehängt. Wurzeln von größerer Dicke können in 2—4 Teile gespaltet werden. Da die gründliche Trocknung viel Zeit in Anspruch nimmt, kann sie zur Beschleunigung in geheizten Räumen oder im Trockenschrank vorgenommen werden. Aufbewahrung in Säcken.

Das Kraut wird im Juni/August geerntet. Die etwa 25 cm langen blühenden Stengel werden mit der Gartenschere abgeschnitten und in Körben gesammelt. Zum Trocknen werden sie in einfacher Lage auf luftigen, schattigen Dachböden ausgebreitet. Die fertige Droge muß die Farbe des frischen Krautes haben. Aufbewahrung in Säcken, wegen der Dornen Vorsicht beim Verpacken.

Inhaltsstoffe: Äth. Öl, mehrere Glykoside, Gerbstoff, Flavone.

Wirkung und Anwendung: Hauhechel wirkt harntreibend und wird in der Medizin bei Nierenerkrankungen verordnet. In der Homöopathie wird die aus der blühenden ganzen Pflanze gewonnene Essenz bei Nierengrieß und Nierensteinen verwendet.

Als Hausmittel wird Hauhechel bei Wasserstauungen, vor allem bei Wassersucht, zur Blutreinigung, gegen Gicht, Hautleiden, Rheumatismus, meist zusammen mit Wacholderbeeren, Petersilienfrüchten, Liebstöckel und Stiefmütterchen gebraucht.

Heidelbeere, Blaubeere
(*Vaccinium myrtillus* L., Erikagewächse)

Beschreibung: Kleiner Strauch mit kriechendem Wurzelstock und aufstrebenden, kantigen, grünen Zweigen. Die wechselständigen Blätter sind kurzgestielt, eiförmig, am Rande fein gekerbt. Die glockigen, ins Rötliche übergehenden Blüten hängen einzeln in den Blattachseln. Die Beeren sind erbsengroß, schwarzblau. Blütezeit April bis Juni. Die Beeren reifen von Juli bis September; sie sind fast geruchlos und schmecken säuerlichsüß.

Vorkommen: In lichten Wäldern und auf Heideböden.

Verwendete Teile: Die reifen Früchte in frischem und getrocknetem Zustand; die getrockneten Blätter.

Einsammeln und Trocknen: Die jungen Blätter werden im Juni/Juli gesammelt und in dünner Schicht an einem schattigen Ort getrocknet. Die reifen, sorgfältig gepflückten Beeren werden in dünner Schicht ausgebreitet, erst im Schatten oder in der Sonne, dann bei künstlicher Wärme fertig getrocknet.

Inhaltsstoffe: Gerbstoff, ein Glykosid, in den Früchten Pectin, Vitamin C, Zucker, Fruchtsäuren.

Wirkung und Anwendung: In der Homöopathie und als Hausmittel wird der Teeaufguß von Heidelbeerblättern gern zur Unterstützung bei der Behandlung von Zuckerkrankheit und bei Durchfällen gegeben. Die getrockneten Beeren wirken leicht stopfend, die frischen leicht abführend. Wegen ihres hohen Gehalts an Vitamin C werden sie gerne roh oder frisch ausgepreßt genossen.

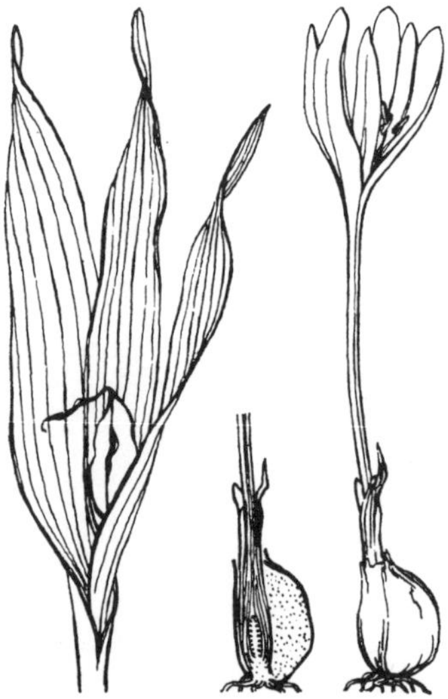

Herbstzeitlose
(Cólchicum autumnále L., Liliengewächse)

Beschreibung: Ausdauernde, bis zu 25 cm hohe Pflanze mit tief im Boden steckender Knolle. Sie hat keine Stengel. Der scheinbare Blütenstiel gehört zur Blüte selbst, die sich direkt aus der Knolle entwickelt. Sie ist trichterförmig, mit violetten Blütenblättern. Blütezeit: August bis Oktober. Die lanzettlichen Blätter erscheinen im Frühjahr, sie gleichen den Lilienblättern. In ihrer Mitte steht der Fruchtstengel mit den dreifächerigen Samenkapseln. Die Samen reifen im Juni. Sie sind kugelig, schwarzbraun, schmecken bitter, kratzend. Alle Teile der Pflanze wirken auf Mensch und Tier stark giftig.

Vorkommen: Auf feuchten Wiesen und an Waldrändern. Zierformen werden oft im Garten angebaut.

Verwendete Teile: Die Samen, seltener die Knollen.

Einsammeln und Trocknen: Die reifen Samenkapseln werden geschnitten und nachgetrocknet, dann aufgeschnitten. Der Samen wird ausgesiebt. Die Knollen werden im Frühjahr oder Herbst gesammelt.

Inhaltsstoffe: In allen Teilen der Pflanze stark giftige Alkaloide, auch Colchicin.

Wirkung und Anwendung: Herbstzeitlose wird in der Medizin bei akuten Gichtanfällen verordnet. In der Homöopathie werden sowohl die frische Knolle als auch der reife Samen bei Gicht, Rheumatismus, Athritis und Koliken verwendet. Ohne ärztliche Anordnung darf Herbstzeitlose wegen ihrer starken Giftwirkung nicht angewendet werden.

Heublumen
(Flóres gráminis)

Beschreibung: Als Heublumen bezeichnet man die getrockneten Blütenstände verschiedener Wiesenkräuter. Sie bleiben bei der Heulagerung zurück und werden durch Aussieben von Staub und groben Bestandteilen befreit. Diese Wiesenkräuter kommen wild in ganz Europa vor.

Inhaltsstoffe: Kieselsäure, Cumarin.

Wirkung und Anwendung: Heublumen, Bädern zugesetzt, wirken hautdurchblutend, krampflösend, beruhigend und entzündungswidrig. Auch Auflagen und heiße, gut abgetropfte Heublumenkissen wirken mildernd bei Gelenkschmerzen und Frostbeulen.

Himbeere
(Rúbus idáeus L., Rosengewächse)

Beschreibung: 1,5—2 m hoher Strauch mit ausdauerndem Wurzelstock und 2jährigen, überhängenden, mit Stacheln besetzten, rutenartigen Stengeln. Die großen

Blätter sind fünfzählig, an den Blütentrieben dreizählig. Die Unterseite ist weißfilzig. Die weißen Blüten stehen in den Blattachseln in einer Doldentraube. Blütezeit: Mai/Juni. Im Juli/August reifen die hängenden roten Früchte, die aus saftigen Steinfrüchten zusammengesetzt sind. Die fruchttragenden Schößlinge sind fast ausnahmslos die zweijährigen.

Vorkommen: Wildwachsend in lichten Wäldern und an Hecken, angebaut im Garten und auf dem Feld.

Verwendete Teile: Die getrockneten Blätter und die frischen Früchte.

Einsammeln und Trocknen: Die Blätter werden von Juni bis September gesammelt. Sie werden samt den Blattstielen abgeknickt. In dünner Schicht ausgebreitet werden sie auf luftigen Dachböden getrocknet. Damit die Droge nicht gedrückt wird, sollte sie möglichst in Säcken aufbewahrt werden. Die frischen Früchte werden bei voller Reife gepflückt und möglichst schnell verarbeitet.

Inhaltsstoffe: In den Blättern Gerbstoff, Säuren, Vitamin C. In den Früchten Zucker, Zitronen- und Apfelsäure, Farbstoff, Aromastoffe.

Wirkung und Anwendung: Die getrockneten Blätter werden hauptsächlich als Haustee gebraucht. Der von den Früchten eingekochte Himbeersirup wirkt durststillend und wird verdünnt als Hausmittel bei fieberhaften Erkrankungen gegeben. In der pharmazeutischen Industrie wird die Himbeere hauptsächlich als Färbemittel und als Geschmackkorrigens verwendet, in der Schnapsbrennerei zur Herstellung von Himbeergeist.

Hirtentäschel

(*Capsélla búrsa-pastóris* L., Kreuzblütler)

Beschreibung: Ein- bis zweijähriges, bis 40 cm hohes Kraut. Aus einer grundständigen Blattrosette entwickelt sich der feingerillte, wenig verzweigte Stengel. Die Rosettenblätter sind lanzettlich, ungeteilt oder fiederspaltig, die kleinen Stengelblätter sitzend, lanzettlich, mit eingerolltem Rand. Die weißen, gestielten Blüten stehen an den Stengelenden und deren Verzweigungen in lockeren Rispen. Die Frucht ist dreieckig, flachgedrückt und enthält viele kleine Samen. Blüte- und Fruchtzeit erstrecken sich vom Frühjahr bis Herbst. Das Kraut ist fast geruchlos und schmeckt scharf bitter.

Vorkommen: Weit verbreitet auf trockenen, kalkhaltigen Böden, an Wegrändern, Mauern und auf Schutthalden.

Verwendete Teile: Das im Sommer gesammelte, blühende, frische und getrocknete Kraut.

Einsammeln und Trocknen: Das blühende, geschnittene Kraut wird schnell getrocknet und vor Licht geschützt aufbewahrt.

Inhaltsstoffe: Cholin, Tyramin, wenig Gerbstoff, Harz.

Wirkung und Anwendung: Hirtentäschel wirkt blutstillend und harntreibend. In der Medizin nur vereinzelt angewendet bei Gebärmutterblutungen. In der Homöopathie wird eine aus der frischen, blühenden Pflanze bereitete Essenz bei Gebärmutter- und Nasenblutungen, ferner bei Entzündungen der Harnwege verordnet. Als Hausmittel wird ein Teeaufguß innerlich gegen obengenannte Beschwerden, äußerlich zu Umschlägen auf blutende Wunden verwendet.

Holunder, Flieder, Holder

(Sambúcus nígra L., Geißblattgewächse)

Beschreibung: Der schwarze Holunder wächst als Baum oder Strauch bis zu einer Höhe von 6—8 m. Der Stamm und die Zweige sind mit schneeweißem Mark gefüllt. Die Laubblätter sind unpaarig gefiedert. Sie bestehen aus kurzgestielten, länglich-eiförmigen, zugespitzten Fiederblättern mit gesägtem Rand. In flachen Doldenrispen sind die gelblich-weißen Blüten geordnet, aus denen sich die schwarzen, saftigen, kirschkerngroßen Beeren entwickeln. Mit zunehmender Reife neigen sich die schwer werdenden Dolden nach unten. Blütezeit: Juni—Juli. Die Blüten riechen süß aromatisch und schmecken schleimig-süß.

Vorkommen: Holunder ist in ganz Europa an Mauern und Hecken, auf Schutthalden, in Gebüschen, an Waldrändern als Untergehölz, auch angebaut in Gärten, zu finden.

Verwendete Teile: Rinde, Blüten, Blätter und Beeren in frischem oder getrocknetem Zustand.

Ernte und Trocknen: Die vollerblühten Dolden werden abgeschnitten und schnell und sorgfältig getrocknet. Die Beeren werden geerntet, wenn sie tiefschwarz sind, von den Stielen befreit und sehr gründlich getrocknet, da sie leicht schimmeln.

Inhaltsstoffe: In den Blüten und der Rinde äth. Öl, das Glykosid Sambunigrin, Gerbstoff, Flavon, Schleim; in den Früchten Säuren, Vitamine.

Wirkung und Anwendung: Holunderblüten haben schweißtreibende und blutreinigende Wirkung, regen die Tätigkeit der Nieren an und wirken auswurffördernd. In der Medizin wird der Tee aus den Blüten bei Erkältungen und fieberhaften Zuständen verordnet. Er soll möglichst heiß und in großen Mengen getrunken werden. Bei Halsentzündung wird er mit gutem Erfolg zum Gurgeln genommen. In der Homöopathie wird eine Essenz aus gleichen Teilen frischer Blätter und Blüten bei akuten Muskel- und Gelenkentzündungen, bei Fieber und Wallungen verschrieben. Holunder ist seit altersher ein unentbehrliches Hausmittel. Die frischen, zerdrückten Beeren, mehrmals am Tag eßlöffelweise genommen, dienen zur Blutreinigung und als Vitaminkur, auch sollen die reifen Beeren bei Neuralgien und Bronchialkatarrh eine heilende Wirkung haben. Holunderbeersaft wirkt günstig bei fieberhaften Erkältungskrankheiten. Rinde und Blätter sind harntreibend, ein Sud von ihnen ist ein vielverwendetes Mittel gegen Wassersucht.

Hopfen

(Húmulus lúpulus L., Hanfgewächse)

Angaben über Beschreibung, Vorkommen, Anbau und Ernte siehe „Unsere Küchen- und Gewürzkräuter“.

Verwendete Teile: Die Hopfenzapfen und die durch kräftiges Schütteln und Aussieben der getrockneten Fruchtstände gewonnenen Hopfendrüsen.

Inhaltsstoffe: Äth. Öl, Bitterstoffe, Harz, Gerbsäure, antibakterielle Stoffe.

Wirkung und Anwendung: Hopfen wirkt beruhigend, magenstärkend und wassertreibend. In der Medizin wird er als mildes Schlaf- und Beruhigungsmittel und als appetitförderndes Bittermittel gegeben. In der Homöopathie wird die aus den frischen Hopfenzapfen bereitete Essenz zur Beruhigung und Entwässerung verordnet. Der Teeaufguß ist ein beliebtes Hausmittel. Hauptverwendung der Hopfenzapfen ist die Aromatisierung und Haltbarmachung des Bieres.

Huflattich, Brustlattich

(*Tussilágo fárfara* L., Korbblütler)

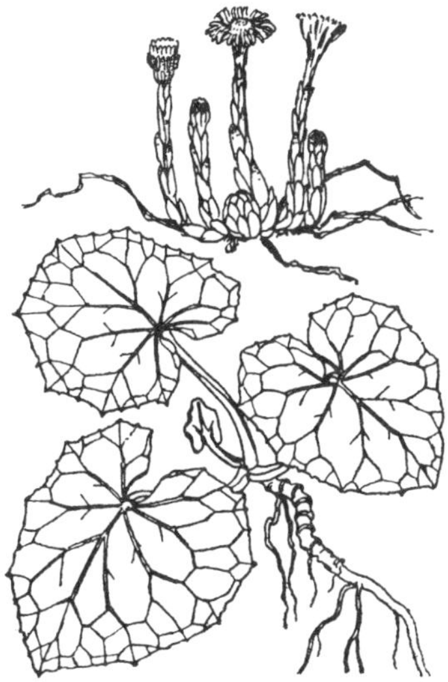

Beschreibung: Ausdauerndes, bis 30 cm hohes Kraut mit wurzelbildenden Ausläufern. Im zeitigen Frühjahr erscheinen an den braunschuppigen Blütenstengeln in endständigen Blütenköpfchen die goldgelben Blüten. Erst nach deren Abblühen entwickeln sich die gestielten Blätter. Die Laubblätter haben eine glatte grüne Oberseite, die Unterseite ist grau-filzig. Blütezeit: März—April. Die Blätter sind geruch- und geschmacklos, die Blüten leicht bitter.

Vorkommen: Auf lehmigen, kalkreichen Böden, an Wegrändern und Böschungen.

Verwendete Teile: Die jungen Blütenköpfe und die Blätter in getrocknetem Zustand; die frischen Blätter.

Einsammeln und Trocknen: Die Blütenköpfe werden im zeitigen Frühjahr, die Blätter im Mai gesammelt. Blüten und Blätter werden in dünner Schicht sorgfältig ausgebreitet und in einem warmen Raum getrocknet.

Inhaltsstoffe: Reichlich Schleim, Gerbstoff, Bitterstoff, Inulin.

Wirkung und Anwendung: Huflattich wirkt schleimlösend. In der Medizin findet die Droge bei Katarrhen der oberen Luftwege Anwendung. In der Homöopathie wird eine aus den frischen Blättern bereitete Essenz verwendet. Der aus der Droge bereitete Tee gilt als ein gutes Hausmittel bei Husten, Bronchitis und Magen-Darmkatarrhen.

Isländisches Moos

(*Cetrária islándica* [L.] Acharius, Strauchflechten)

Beschreibung: Bis zu 15 cm hohe, laubartige Flechte mit dünnen, unregelmäßig gegabelten und gelappten Trieben, die mit verschieden breiten, krausen Zipfeln versehen sind. Auf der einen Seite ist die Flechte grünlichbraun, auf der anderen grauweißlich. Geruch schwach eigenartig, Geschmack bitter, schleimig.

Vorkommen: Wildwachsend in der gesamten gemäßigten bis kalten Zone auf Heideböden, zwischen Moos und Gras, in Nadelwäldern, besonders Gebirgswäldern.

Verwendete Teile: Die getrocknete Flechte.

Einsammeln und Trocknen: Von Mai bis September wird die Flechte gesammelt, von der anhaftenden Erde gesäubert und auf luftigen Dachböden in dünner Lage ausgebreitet getrocknet. Die Droge ist sehr brüchig, wird aber nach Anfeuchten lederartig weich.

Inhaltsstoffe: Reichlich Polysaccharid-Schleim, eine den bitteren Geschmack verursachende Säure, Fett, Vitamin A, (Jod).

Wirkung und Anwendung: Isländisches Moos hat, bedingt durch seinen hohen Schleimgehalt, eine reiz- und hustenmildernde Wirkung, ferner wirkt es appetitanregend, verdauungsfördernd und kräftigend. Es wird in der Medizin zur Behandlung von Katarrhen der oberen Luftwege, chronischer Bronchitis, bei Entzündungen der Magenschleimhaut, zur Anregung des Appetits, der Verdauung und der Milchsekretion verordnet. In der Homöopathie wird die aus der getrockneten Flechte gewonnene Tinktur bei den gleichen Beschwerden verwendet. Der Tee ist im Hause sehr geschätzt bei den obengenannten Leiden, äußerlich findet er bei der Behandlung schlecht heilender Wunden Anwendung.

Ivakraut, Moschusschafgarbe

(Achilléa moscháta Wulfen, Korbblütler)

Beschreibung: Der Schafgarbe ähnelnde, bis 20 cm hohe, ausdauernde Pflanze mit kriechendem Wurzelstock, aus dem sich kleine Grundrosetten und aufrechte, behaarte Blühstengel entwickeln. Die länglich-eiförmigen Blätter sind kammartig tief eingeschnitten. Jeweils 5—10 Blütenköpfchen mit gelblichen Scheibenblüten und weißen, strahlenförmig angeordneten Zungenblüten stehen in einer Dolde am Stengelende. Blütezeit: Juli/August. Geruch der Pflanze würzig und beim Zerreiben moschusartig, Geschmack bitter.

Vorkommen: Auf kalkarmen Böden in alpinen Gebieten.

Verwendete Teile: Das frische oder getrocknete blühende Kraut.

Einsammeln und Trocknen: Während der Blütezeit wird das Kraut gesammelt und an einem schattigen, luftigen Ort getrocknet.

Inhaltsstoffe: Äth. Öl, Bitterstoffe, ein moschusartig riechender Stoff.

Wirkung und Anwendung: Iva wirkt harntreibend, appetit- und verdauungsfördernd, Hauptsächlich dient sie zur Bereitung des Ivalikörs, eines ausgezeichneten Bittermittels bei Magen-Darmstörungen. Der Teeaufguß ist ein gutes Hausmittel bei den gleichen Beschwerden, bei Blutungen verschiedener Art, Leber- Nierenleiden und Menstruationsstörungen. Das aus dem getrockneten Kraut gewonnene **Ivaöl** wird in der Parfümerie verwendet.

Johanniskraut, Johannisblut, Hartheu
(*Hypericum perforatum* L., Johanniskrautgewächse)

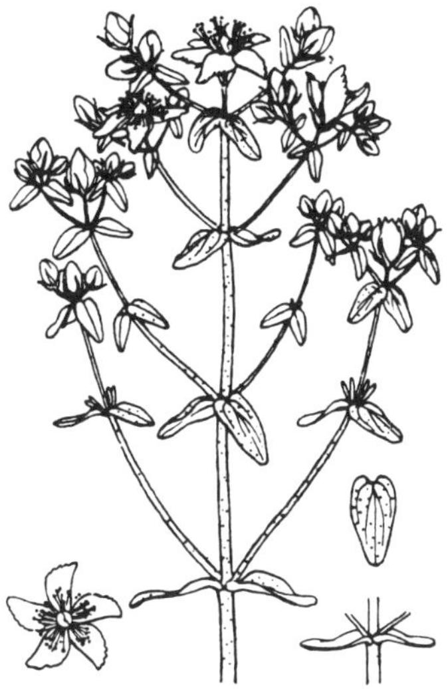

Beschreibung: Ausdauernde, bis 70 cm hohe Pflanze mit stark verästelter Wurzel. Sie treibt aufrechte, zweikantige, im oberen Teil verästelte Stengel. Die Laubblätter sind gegenständig, sitzend, eiförmig, mit durchscheinenden Öldrüsen. Die gelben Blüten stehen in endständigen Trugdolden. Die zerquetschten Blütenknospen geben einen dunkelroten, öligen Saft, das sogenannte Johannisblut. Blütezeit: Juli bis September. Das Kraut ist fast geruchlos und schmeckt zusammenziehend bitter.

Vorkommen: Wildwachsend in ganz Europa auf sonnigem, kalkhaltigem Boden, an sonnigen Wald- und Wegrändern.

Verwendete Teile: Das blühende frische Kraut. Frische Blüten (für Johanniskraut-Öl).

Einsammeln und Trocknen: Das Kraut wird kurz vor oder während der Blütezeit ungefähr 25 cm tief abgeschnitten, in dünnen Sträußen gebündelt und in luftigen, schattigen Räumen getrocknet. Vor Licht geschützt aufbewahren.

Inhaltsstoffe: Gerbstoff, äth. Öl, Farbstoff Hyperizin, verschiedene Säuren.

Wirkung und Anwendung: Johanniskraut wirkt nervenberuhigend, entzündungswidrig und regulierend auf die Verdauungsorgane. Es wird in der Heilkunde als Teeaufguß bei Depressionszuständen, Schlaflosigkeit, Magen-, Darm-, Gallen- und Nierenleiden, bei Wassersucht und Bettnässen der Kinder angewendet. In der Homöopathie wird die aus der frischen, blühenden Pflanze bereitete Essenz bei nervöser Schlaflosigkeit, Koliken und Blasenleiden gegeben. Im Hause wird Johanniskraut äußerlich zur Wundheilung, innerlich als wassertreibendes, verdauungsregulierendes Mittel und Wurmmittel verwendet.

Zur Herstellung von Johanniskraut-Öl übergießt man 1 Teil frischer Blüten mit 10 Teilen Sonnenblumenöl (o. ä. Pflanzenöl) und läßt diesen Ansatz in einem Einkochglas etwa 4 Wochen an hellem, aber trockenen Ort, möglichst im Sonnenlicht, stehen, bis das Öl tiefrote Farbe hat. Dann seiht man das Öl klar ab und bewahrt es in trockener, dunkler Flasche verschlossen auf.

Kalmus
(*Acorus calamus* L., Aronstabgewächse)

Angaben über Beschreibung, Vorkommen, Anbau und Ernte siehe „Unsere Küchen- und Gewürzkräuter".

Verwendete Teile: Der im September/Oktober gesammelte, geschälte, der Länge nach gespaltene, getrocknete Wurzelstock.

Inhaltsstoffe: Äth. Öl, ein Bitterstoff, Gerbstoff, Cholin, Harz, Stärke, Zucker.

Wirkung und Anwendung: Kalmus wirkt appetitanregend, verdauungsfördernd und magenstärkend, anregend auf die Gallensekretion und hautreizend. In der Medizin wird er innerlich als magenstärkendes appetitförderndes Bittermittel, bei Sodbrennen, Störungen der Gallensekretion und als krampflösendes und blähungstreibendes Mittel, äußerlich zu Bädern und Umschlägen mit hautreizender Wirkung und zu Mundspülungen bei Zahnfleischentzündung verwendet. In der Homöopathie wird die aus dem getrockneten, geschälten Wurzelstock bereitete Tinktur bei den gleichen Beschwerden verordnet, auch im Hause wird Kalmus gleichermaßen gebraucht. In der Tierheilkunde ist er ein wertvolles Magenmittel für Pferde und Rinder. In der Likörindustrie dient er als Zusatz zu Likören und Bitterschnäpsen.

Kamille, Echte

(Matricária chamomílla L., Korbblütler)

Beschreibung: Die echte Kamille ist einjährig und wird ca. 50 cm hoch. An den vielverzweigten Stengeln sitzen wechselständig die 2—3fach fiederspaltigen Laubblätter. Die dünnen Seitentriebe enden in Einzelblüten, deren gelber, hochgewölbter Blütenkorb von 12—18 weißen, abwärts zeigenden Zungenblüten umgeben ist. Der Geruch der Blüten ist kräftig aromatisch, der Geschmack schwach bitter. Blütezeit: Mai bis September.

Vorkommen: Ursprünglich in Süd-Osteuropa beheimatet, heute in fast ganz Europa, Nordamerika und Australien wildwachsend auf sandigen, lehmigen Böden, Äckern, Schuttplätzen und an Wegrändern anzutreffen. Wird in Mitteleuropa auch kultiviert.

Verwendete Teile: Die getrockneten Blüten; das frische, blühende Kraut.

Einsammeln und Trocknen: Von Mai bis August werden die Blüten möglichst bei trockenem Wetter gesammelt und an einem schattigen, luftigen Ort, nicht in der Sonne, schnell getrocknet.

Inhaltsstoffe: Äth. Öl mit Bisabolol und blauem Azulen, Gykoside, Cumarine, Flavone.

Wirkung und Anwendung: Kamille wirkt schweiß- und blähungstreibend, krampfstillend, entzündungswidrig und wundheilfördernd. In der Medizin, Homöopathie und als Hausmittel ist sie von altersher bekannt und unentbehrlich und auch bei häufigem Gebrauch ohne nachteilige Wirkung. Als Tee innerlich genommen gegen Störungen des Magen-Darmtraktes und bei Koliken, äußerlich bei Haut- und Schleimhautentzündungen. Feuchtwarme Umschläge mit Kamillentee wirken schmerzstillend und beruhigend.

Kamille, Römische

(*Ánthemis nóbilis* L., Korbblütler)

Beschreibung: Ausdauernde, bis 30 cm hohe Pflanze mit aufsteigenden Stengeln und wechselständigen, fiederteiligen Blättern. Die zahlreichen, weißen Blütenköpfchen stehen an den Stengelenden und deren Verzweigungen. Blütezeit: Juni bis Herbst. Die ganze Pflanze riecht aromatisch.

Vorkommen: Wildwachsend in warmen, sonnigen Lagen. Angebaut wird eine Art mit gefüllten Blüten, die auch die Droge liefert.

Anbau: Auf mittleren Böden in sonniger Lage. Die Vermehrung geschieht durch Teilung alter Pflanzen, da die Aussaat oft nur einfach blühende Pflanzen ergibt. Ausgepflanzt wird im April in einem Abstand von 20×25 cm. Die Kultur kann 3 Jahre lang genützt werden. Die für die Homöopathie benötigten vollständigen Pflanzen können auch durch Samen vermehrt werden.

Verwendete Teile: Die getrockneten Blütenköpfe; die ganze frische Pflanze.

Einsammeln und Trocknen: Die Blütenköpfchen werden ohne Stengel vom Juli ab gesammelt. Die Einsammlung muß unbedingt bei trockenem Wetter geschehen, und es muß schnell getrocknet werden, da die Droge sonst an Wert verliert. Die vollständige Pflanze wird kurz vor der Blüte gesammelt.

Inhaltsstoffe: Äth. Öl, Bitterstoffe, Zucker, Harz.

Wirkung und Anwendung: Die Römische Kamille findet in der Medizin ähnliche Anwendung wie die Echte Kamille. Sie gilt als beruhigendes, schmerzstillendes Mittel und wird bei krampfartigen Zuständen des Magen-Darmtrakts sowie bei unregelmäßiger und schmerzhafter Menstruation verordnet. In der Homöopathie wird die Essenz aus der frischen Pflanze innerlich bei Kopfschmerzen und Verdauungsbeschwerden gegeben. Als Hausmittel wird die Römische Kamille wie die Echte verwendet, hat aber längst nicht deren Wert. Ein starker Teeaufguß wirkt als Spülung aufhellend auf blondes Haar.

Katzenpfötchen

(*Antennária dioíca* Gaertner, Korbblütler)

Beschreibung: Ausdauernde, bis 20 cm hohe Pflanze mit wurzelnden Ausläufern, aus denen sich zahlreiche Grundrosetten und weißfilzige, unverzweigte Blütenstengel entwickeln. Die Rosettenblätter sind spatenförmig, die Stengelblätter lanzettlich, beide unterseits weiß-filzig. Die weißen oder roten Blütenköpfchen sitzen in Dolden am Stengelende. Blütezeit: Mai bis Juli.

Vorkommen: Auf Waldwiesen, sonnigen Heiden und Hügeln.

Verwendete Teile: Die getrockneten Blüten.

Einsammeln und Trocknen: Die noch nicht voll entfalteten Blüten werden gesammelt und sorgfältig im Schatten getrocknet.

Inhaltsstoffe: Gerbstoff und ätherisches Öl.

Wirkung und Anwendung: Katzenpfötchen wirkt stopfend, harntreibend und regt den Gallenfluß an. Der Teeaufguß wird im Hause bei Durchfall, Blasen- und Gallenleiden und als wurmtreibendes Mittel getrunken.

Kiefer, Föhre
(Pínus sylvéstris L., Nadelhölzer)

Beschreibung: Einhäusiger, bis 30 m hoher Nadelbaum mit tief in den Boden reichender Pfahlwurzel und kegelförmiger Krone. Die blaugrünen, steifen Nadeln sitzen zu zwei gebündelt an den kurzen Trieben. Die langgestielten Zapfen sind rötlich braun, kugelig.

Vorkommen: In Nord- und Mitteleuropa auf vorwiegend sandigen Böden.

Verwendete Teile: Die jungen Triebe frisch oder getrocknet.

Sammeln und Trocknen: Die jungen Sprossen werden im Frühjahr gesammelt und sorgfältig im Schatten getrocknet.

Inhaltsstoffe: Äth. Öl, Harz, Bitterstoff, Gerbstoff, Säuren.

Wirkung und Anwendung: Kiefernsprossen wirken wundheilend, hautreizend, blutreinigend, harntreibend und auswurffördernd. In der Medizin werden sie in Salben- und Pflasterform als Hautreizmittel bei neuralgischen und rheumatischen Schmerzen, als Badezusatz zur Förderung der Durchblutung, als Teeaufguß bei Bronchialleiden und zur Entwässerung des Körpers verwendet. In der Homöopathie wird die aus den frischen Trieben gewonnene Essenz äußerlich zu hautreizenden Einreibungen, innerlich bei Lungen- und Bronchialleiden, Rachitis und Nierenentzündung verordnet. Im Hause wird der Teeaufguß bei Luftröhren- und Bronchialkatarrhen, Asthma, Gicht, Rheumatismus und Wasserstauungen getrunken. In der pharmazeutischen Industrie dienen Kiefernsprossen zur Herstellung von verschiedenen Präparaten.

Klatschmohn, Feldmohn
(Papáver rhoéas L., Mohngewächse)

Beschreibung: Einjährige, bis über 50 cm hohe Pflanze mit aufrechten, behaarten, verästelten Stengeln. Die wechselständigen Laubblätter sind sitzend, fiederspaltig. Die Blüten haben 4 leuchtend rote, zarte, leicht abfallende Kronenblätter. Blütezeit: Mai/Juni.

Vorkommen: In Europa beheimatetes Ackerunkraut, vielfach auch an Wegrändern und auf Schuttplätzen.

Verwendete Teile: Die getrockneten Blütenblätter.

Einsammeln und Trocknen: Die Blütenblätter werden möglichst bei trockenem Wetter vorsichtig gesammelt und rasch in der Sonne oder in warmen, luftigen Räumen getrocknet.

Inhaltsstoffe: Schleimstoffe, Gerbstoff, Alkaloidspuren.

Wirkung und Anwendung: Klatschmohn wirkt schleimlösend. Der Teeaufguß wird im Hause bei Husten getrunken. In der pharmazeutischen Industrie dienen die Blätter als Teeverschönerungsmittel.

Klette, Große
(*Árctium láppa* L., Korbblütler)

Beschreibung: Zweijähriges, bis 1,5 m hohes Kraut mit langer, spindelförmiger Wurzel. Im ersten Jahr bildet sich nur eine Grundrosette aus großen, herzförmigen Blättern, im zweiten Jahr erscheint der aufrechte ästige, kräftige Stengel. Die Stengelblätter sind gestielt, etwas gewellter und werden nach dem Stengelende hin kleiner. Die kugeligen, rot-violetten Blütenköpfe sind in endständigen Doldentrauben geordnet. Blütezeit: Juli bis September.

Vorkommen: An Wegrändern, auf Schuttplätzen und Uferböschungen.

Verwendete Teile: Die Wurzel in frischem und getrocknetem Zustand.

Einsammeln und Trocknen: Die im Herbst des ersten oder im Frühjahr des zweiten Wachstumsjahres ausgegrabenen, gewaschenen, gespaltenen und sorgfältig getrockneten Wurzeln.

Inhaltsstoffe: Äth. Öl, ein Glykosid, Schleim, Zucker, Gerbstoff, Mineralstoffe.

Wirkung und Anwendung: Klette wirkt blutreinigend, abführend, harn- und schweißtreibend, gallensekretionsfördernd. In der Medizin wird sie bei Gicht, Rheumatismus, Ekzemen, schlecht heilenden Wunden und Geschwüren, Furunkulose, Gallen- und Steinleiden angewendet. In der Homöopathie wird die aus der frischen Wurzel bereitete Essenz bei Hautleiden (Akne, Furunkulose, Ekzeme) verordnet. Im Hause wird Klette innerlich als Abkochung als wassertreibendes und blutreinigendes Mittel, bei chronischen Katarrhen und Hautleiden, äußerlich zu Umschlägen bei schlecht heilenden Wunden und Geschwüren gebraucht.

Knabenkraut, Manns-Knabenkraut, Stattliches Knabenkraut
(*Órchis máscula* L., Knabenkrautgewächse)

Beschreibung: Ausdauerndes, bis 60 cm hohes Kraut mit zwei Knollen, deren eine schlaffe und geschrumpfte den beblätterten Blühstengel trägt. Aus der zweiten, prallen, entwickelt sich der nächstjährige Blütensproß. Die Laubblätter sind lanzettlich, ungeteilt. Die purpurfarbenen, seltener hellvioletten bis weißen Blüten stehen in aufrechten Ähren am Stengelende. Blütezeit: Juni bis Juli. Die Knollen sind geruchlos und schmecken schleimig.

Vorkommen: Auf Wiesen und in lichten Wäldern. Sie stehen in Mitteleuropa unter Naturschutz. Zur Drogengewinnung hauptsächlich in Jugoslawien, Griechenland und in der Türkei angebaut.

Verwendete Teile: Die importierte, während der Blütezeit ausgegrabene, pralle Knolle (Salepknolle).

Einsammeln und Trocknen: Die Knolle wird gewaschen, mit kochendem Wasser überbrüht, wobei sich die äußere Haut ablöst, auf Fäden gezogen und in einem warmen, luftigen Raum getrocknet.

Inhaltsstoffe: Viel Schleim, Stärke, Eiweiß, Zucker.

Wirkung und Anwendung: Die pulverisierte Knolle hat wegen ihres hohen Schleimgehalts eine heilende und beruhigende Wirkung. Bei Erkrankungen des Darmes und bei Durchfällen gelegentlich noch in der Kinderpraxis angewendet. Als Hausmittel wird die Droge in Pulverform innerlich bei Durchfall und zu mildernden Klistieren verwendet.

Knoblauch
(*Állium satívum* L., Liliengewächse)

Angaben über Beschreibung, Vorkommen und Anbau siehe „Unsere Küchen- und Gewürzkräuter".

Verwendete Teile: Die im Sommer nach dem Verdorren der Blätter geernteten Zwiebeln.

Inhaltsstoffe: Äth. Öl, als dessen Vorstufe ein Glykosid, Vitamin A, B, C, Jod, Kieselsäure, antibiotische Stoffe.

Wirkung und Anwendung: Knoblauch wirkt anregend auf den gesamten Organismus, sekretionsfördernd auf Magen, Darm und Galle, beruhigend und anregend, keimtötend, blutdrucksenkend und schleimlösend. Er wird in der Medizin bei Arteriosklerose, chronischen Magen-Darmkatarrhen, Gallenleiden, Blähungen, zur Anregung des Appetits und bei Bronchialkatarrhen verordnet. In der Homöopathie wird die aus der frischen Knoblauchzwiebel bereitete Essenz bei Verdauungsstörungen, Sodbrennen, chronischer Bronchitis und bei Lungentuberkulose angewendet. Im Hause wird Knoblauch bei den obengenannten Erkrankungen, als Blutreinigungsmittel und die Abkochung als Klistier gegen Würmer verwendet. In der pharmazeutischen Industrie dient er zur Herstellung vieler Knoblauchpräparate.

Königskerze, Kerzenkraut, Großblumiges Wollkraut
(*Verbáscum thapsifórme* Schrad, Rachenblütler)

Beschreibung: Zweijährige Pflanze, die im ersten Jahr nur eine Blattrosette mit großen, behaarten Blättern bildet. Im zweiten Jahr entwickelt sich der bis zu 3 m hohe Stengel, an dem die wollig-behaarten Laubblätter sitzen, die nach dem Stengelende hin immer kleiner werden. Die goldgelben Blüten stehen in hohen, schlanken Blütenkronen. Blütezeit: Juli bis September. Die Blüten riechen kräftig mandelartig.

Vorkommen: An Wegrändern, sandigen Hängen, Bahndämmen, auf Kahlschlägen.

Verwendete Teile: Das frische, zu Beginn der Blütezeit gesammelte Kraut; die getrockneten Blüten; selten auch die getrockneten Blätter.

Einsammeln und Trocknen: Die Blüten müssen während der warmen Mittagszeit gesammelt und schnell im Schatten getrocknet werden, da sie sonst an Farbe, Aroma und Wirksamkeit einbüßen. Sie müssen vor Licht geschützt aufbewahrt werden. Das frische, noch nicht aufgeblühte Kraut wird geschnitten und muß sorgfältig vor Druck bewahrt werden.

Inhaltsstoffe: Reichlich Schleimstoffe, Saponine, Bitterstoff, Farbstoff.

Wirkung und Anwendung: Königskerze wirkt schleimlösend, harn- und schweißtreibend. In der Medizin wird der Tee aus den getrockneten Blüten hauptsächlich als lösendes und auswurfförderndes Mittel bei Husten verordnet. In der Homöopathie wird die aus den frischen Pflanzen bereitete Essenz bei Gastritis, rheumatischen und neuralgischen Beschwerden und äußerlich zur Behandlung eiternder Wunden angewendet.

Die **Filzkönigskerze** *(Verbáscum phlomoídes* L.) und die **Schwarze Königskerze** *(Verbáscum nígrum)* ähneln im Aussehen der Großblütigen Königskerze, sind aber für die Heilkunde ohne Bedeutung.

Koriander

(Coriándrum satívum L., Doldenblütler)

Angaben über Beschreibung, Vorkommen, Anbau, Ernte und Trocknung siehe „Unsere Küchen- und Gewürzkräuter".

Verwendete Teile: Die reifen, getrockneten Körner.

Inhaltsstoffe: Äth. Öl, fettes Öl, Eiweiß, Gerbstoff, Zucker.

Wirkung und Anwendung: Koriander wirkt magenstärkend, appetitfördernd, blähungstreibend und krampflösend. In der Heilkunde wird er innerlich als Teeaufguß bei Magen-Darmkatarrhen, Blähungen und Durchfällen verordnet. Außerdem dient er zur Likör- und Gewürzherstellung. Das aus den Körnern gewonnene Öl wird bei der Herstellung von Kölnisch Wasser und feinen Parfüms verwendet.

Krapp, Färberwurzel

(Rúbia tinctórum L., Krappgewächse)

Beschreibung: Ausdauernde, krautartige Pflanze mit weitkriechendem, gelben Wurzelstock, an dessen Knotenpunkten hellrote, lange Wurzelfasern sitzen. Die Stengel sind aufrecht, vierkantig, vielfach verästelt. Die in Quirlen stehenden Blätter sind eiförmig. Die kleinen gelben Blüten stehen in Trugdolden in den Blattachseln. Blütezeit: Juni/Juli. Geschmack streng und bitter. Krapp ist eine der ältesten bekannten Färberpflanzen.

Vorkommen: Heimisch in Südosteuropa, in Mitteleuropa verwildert auf humusreichen, sandigen Lehmböden in feuchter Lage, gelegentlich angebaut zur Drogengewinnung.

Verwendete Teile: Die getrockneten Wurzeln und der getrocknete Wurzelstock.

Einsammeln und Trocknen: Die Wurzeln und der Wurzelstock der zwei- und mehrjährigen Pflanzen werden im Herbst ausgegraben. Sie müssen schnell getrocknet werden, da sie leicht schimmeln und faulen.

Inhaltsstoffe: Glykoside, Gerbstoffe, Zucker, Säuren, etwas fettes Öl.

Wirkung und Anwendung: Früher wurde Krapp zur Farbgewinnung angebaut, jetzt nur noch als Heilpflanze. In der Medizin wird ein Teeaufguß innerlich als harntreibendes Mittel bei Nieren- und Blasensteinen, Gicht, Gelbsucht und bei Rachitis, äußerlich als Umschlag auf Wunden und Geschwüre verwendet. In der Homöopathie wird die aus dem getrockneten Wurzelstock bereitete Tinktur bei Anämie, Unterernährung, Ausbleiben der Menstruation und bei Milzbeschwerden verordnet.

Kreuzblume, Bittere Kreuzblume
(Polýgala amára L., Kreuzblumengewächse)

Beschreibung: Zierliches Kraut mit oberflächlichem, vielköpfigem Wurzelstock. Die einfachen Blühstengel stehen in einer grundständigen Blattrosette. Die Laubblätter sind elliptisch. Die kleinen hellblauen, manchmal rötlichen Blüten stehen in einseitswendigen, auseinandergezogenen Trauben am Stengelende. Blütezeit: Mai bis Juli. Geruchlos, Geschmack bitter.

Vorkommen: Zerstreut auf sumpfigen, moorigen Wiesen.

Verwendete Teile: Das blühende, getrocknete Kraut.

Einsammeln und Trocknen: Zur Blütezeit wird das Kraut gesammelt und rasch an der Sonne oder im Schatten getrocknet.

Inhaltsstoffe: Saponin, Bitterstoff, Gerbstoff, ein Glykosid, äth. Öl.

Wirkung und Anwendung: Kreuzblume wirkt schleimlösend, harntreibend und abführend. Der Teeaufguß dient als Bittermittel bei Magenstörungen, als wassertreibendes Mittel bei Nieren- und Blasenleiden, Rheumatismus und Gicht.

Kreuzkraut, Gemeines
(Senécio vulgáris L., Korbblütler)

Beschreibung: Einjähriges oder überwinternd einjähriges Kraut. Die 20—30 cm hohen Stengel sind stark verzweigt und rötlich unterlaufen. Die Blätter sind gezähnt, die oberen stengelumfassend. Die gelben Blüten blühen von März bis November.

Vorkommen: Auf Schutthalden, Äckern und an Wegrändern weitverbreitet.

Verwendete Teile: Das blühende frische oder getrocknete Kraut.

Einsammeln und Trocknen: Während der Blütezeit wird die ganze Pflanze gesammelt, sorgfältig ausgeschüttelt und an einem warmen, luftigen Ort getrocknet.

Inhaltsstoffe: Die Alkaloide Senecionin und Senecin, Inulin.

Wirkung und Anwendung: Kreuzkraut wirkt schwach blutstillend und wurde früher in der Medizin bei Ausbleiben und Unregelmäßigkeit der Menstruation sowie bei Nasenbluten angewendet. Jetzt wird nur noch in der Homöopathie die aus frischen Pflanzen bereitete Essenz verordnet. Größere Mengen (z. B. in Tee) sind leberschädigend.

Kümmel
(Cárum cárvi L., Doldenblütler)

Angaben über Beschreibung, Vorkommen, Anbau, Ernte und Trocknung siehe „Unsere Küchen- und Gewürzkräuter".

Verwendete Teile: Die reifen Spaltfrüchte.

Inhaltsstoffe: ca. 5 % äth. Öl, fettes Öl, Eiweiß, Zucker.

Wirkung und Anwendung: Kümmel wirkt krampflösend, regulierend auf Magen und Darm, blähungs- und harntreibend und anregend auf die Milchsekretion. Er wird in der Heilkunde innerlich bei Magen-Darmbeschwerden, Koliken, Appetitlosigkeit und zur Förderung der Milchsekretion angewendet. Äußerlich wird das aus den Früchten gewonnene ätherische Öl, vermischt mit fettem Öl, zu Einreibungen bei Erkältungskrankheiten und Rheumatismus genommen. Auch in der Tierheilkunde ist Kümmel ein oft gebrauchtes Mittel.

Labkraut, Echtes L. (1), Klebendes L. (2)
(1: *Gálium vérum* L., 2: *Gálium aparíne* L., Krappgewächse)

Beschreibung: Ausdauernde, bis 50 cm hohe Pflanze mit aufrechtem, vierkantigem Stengel. Die schmalen, zugespitzten, am Rande eingerollten Blätter stehen in Quirlen. Die kleinen gelben Blüten sind in dichten, endständigen Trugdolden geordnet. Blütezeit: Ende Mai bis August. Die Blüten duften honigartig.

Vorkommen: Auf Wiesen, an Wegrändern und Gebüschen.

Verwendete Teile: Das getrocknete Kraut.

Einsammeln und Trocknen: Das Kraut wird während der Blütezeit geschnitten, gebündelt und aufgehängt, an der Sonne oder im Schatten getrocknet.

Inhaltsstoffe: Kieselsäure, Glykoside, Gerbstoffe, Farbstoff, Spur äth. Öles; im Echten Labkraut ca. 1 mg % Labferment.

Wirkung und Anwendung: Labkraut bringt Milch zum Gerinnen, wirkt harntreibend, krampflösend und wundheilend. Der Teeaufguß wird innerlich bei Magen-Darmkatarrhen, Nieren- und Blasenleiden und bei Wassersucht, äußerlich als Badezusatz bei schlecht heilenden Wunden und Hautleiden verwendet. In der Tierheilkunde wird die Abkochung bei Durchfall der Kälber verordnet.

Lavendel
(Lavándula latifólia L. und *L. officinális* Chaix, Lippenblütler)

Angaben über Beschreibung, Vorkommen, Anbau und Ernte siehe „Unsere Küchen- und Gewürzkräuter".

Verwendete Teile: Die vor der völligen Entfaltung gesammelten Blüten in frischem und getrocknetem Zustand.

Inhaltsstoffe: Äth. Öl, Gerbstoff, ein Glykosid, Saponin

Wirkung und Anwendung: Lavendel wirkt beruhigend, krampflösend und hautreizend. In der Medizin wird er innerlich bei nervöser Unruhe und Schlaflosigkeit,

Migräne und Magen- Gallenleiden, äußerlich als Hautreizmittel zu Einreibungen und Kräuterkissen, Bädern und Breiumschlägen bei neuralgischen und rheumatischen Schmerzen verordnet. In der Homöopathie dient die aus den frischen Blüten gewonnene Essenz zur Behandlung der gleichen Beschwerden. Lavendel wird bei der Herstellung von Likören, zur Aromatisierung von Pfeifentabak und hauptsächlich in der kosmetischen Industrie zum Parfümieren von Seifen, Puder, Cremen und Haarwässern und als besondere Duftnote bei Kölnisch Wasser verwendet.

Lein, Flachs

(*Línum usitatíssimum* L., Leingewächse)

Beschreibung: Einjährige, bis 70 cm hohe, zierliche Pflanze mit dünner Pfahlwurzel. Es entwickelt sich nur ein runder, aufrechter Stengel, der oben rispenartig verzweigt ist. Der Stengel ist dicht mit wechselständigen, schmal-lanzettlichen Blättern besetzt. Die zartblauen Blüten stehen einzeln in den Stengelverzweigungen. Blütezeit: Juni bis Juli. Die Frucht ist eine kugelige Kapsel mit braunglänzenden, länglichen, flachen Samen. Diese sind fast geruchlos und schmecken öligschleimig.

Vorkommen: Lein wird seit altersher als Öl-, Faser- und Futterpflanze feldmäßig angebaut.

Verwendete Teile: Die Samen; in der Homöopathie das frische, blühende Kraut.

Ernte: Lein wird von August bis September geschnitten und ausgedroschen.

Inhaltsstoffe: Fettes Öl, Eiweiß, ein Glykosid, Schleim.

Wirkung und Anwendung: Leinsamen hat eine entzündungshemmende, schleimlösende, schmerz- und krampfstillende, leicht abführende Wirkung. In der Medizin wird er bei Katarrhen der oberen Luftwege, Magen-Darmkatarrhen, Magenschleimhautentzündung (Gastritis), chronischer Verstopfung verwendet. Man läßt frisch geschroteten Samen (eine Woche nach dem Zerkleinern wird der Geschmack bitter) mit Wasser aufquellen und trinkt das Ganze oder auch nur den abgepreßten Schleim. Äußerlich dient er zu Breiauflagen als erweichendes und schmerzstillendes Mittel bei Geschwüren. In der Homöopathie wird die aus dem frischen, blühenden Kraut bereitete Essenz bei allergischen Erkrankungen (Heufieber, Nesselfieber) angewendet. Leinsamen ist ein beliebtes Hausmittel bei allen obengenannten Erkrankungen.

Liebstöckel

(*Levísticum officinále* Koch, Doldenblütler)

Angaben über Beschreibung, Vorkommen, Anbau und Ernte siehe „Unsere Küchen- und Gewürzkräuter".

Verwendete Teile: Die während der Blütezeit geschnittenen und sorgfältig getrockneten Blätter und zarten Zweige; die im Frühjahr oder Herbst gegrabenen, getrockneten Wurzeln 2—3 jähriger Pflanzen.

Inhaltsstoffe: Äth. Öl, Harz, Gummi, Zucker, Angelikasäure.

Wirkung und Anwendung: Liebstöckel wirkt harntreibend, schleim- und auswurffördernd, blähungstreibend und menstruationsfördernd. Es wird in der Heilkunde und im Hause bei Blasenleiden, Wassersucht, Verdauungsbeschwerden und Husten angewendet. In der Likörindustrie wird es zur Herstellung von Kräuter- und Bitterschnäpsen, in der Lebensmittelindustrie zu Gewürzextrakten und in der Parfümerie zur Erzielung süßer Nuancen verwendet.

Linde, Winter- oder Steinlinde und Sommer- oder Silberlinde
(*Tília cordáta* Mill. und *Tília platyphýllus* Scop., Lindengewächse)

Beschreibung: Hoher Baum mit herzförmigen, gesägten Blättern. Die langgestielten Blüten sind mit einem zungenförmigen, halbangewachsenen, kahlen Hochblatt versehen. Sie stehen in Trugdolden. Die Frucht ist eine erbsengroße, kantige Nuß. Die Blätter der Winterlinde sind kleiner als die der Sommerlinde. Blütezeit der Sommerlinde Mai, die der Winterlinde einige Wochen später. Die Lindenblüten riechen und schmecken angenehm aromatisch.

Vorkommen: In Laubwäldern, gepflanzt in Dörfern und Grünanlagen.

Verwendete Teile: Die getrockneten Blüten.

Einsammeln: In voller Blüte mit dem Hochblatt sammeln, in dünner Schicht ausbreiten und an einem schattigen, luftigen Ort trocknen.

Inhaltsstoffe: Wenig äth. Öl, Glykoside, Saponin, Schleim, Gerbstoff, Zucker.

Wirkung und Anwendung: Lindenblüten wirken schweißtreibend und krampfstillend. In der Heilkunde und im Hause wird der Teeaufguß innerlich bei Erkältungskrankheiten und Durchfällen, äußerlich zu Spülungen und Gurgelwässern verwendet.

Lobelie
(*Lobélia infláta* L., Glockenblumengewächse)

Beschreibung: Bis 80 cm hohe, ein- oder zweijährige Pflanze. Die kantigen Stengel sind behaart, hohl oder mit Mark gefüllt. Die Laubblätter sind wechselständig, gesägt, fiedernervig, länglich-stumpf bis lanzettlich, dem Stengelende zu kleiner werdend. Die hellblauen bis violetten Blüten sind in beblätterten Trauben geordnet. Blütezeit: August/September. Geruch schwach, Geschmack kratzend. Die ganze Pflanze ist stark giftig.

Vorkommen: In Nordamerika beheimatet, in Mitteleuropa angebaut zur Drogengewinnung und als Zierpflanze im Garten.

Verwendete Teile: Die oberirdischen, getrockneten Teile.

Einsammeln und Trocknen: Am Ende der Blütezeit werden die oberirdischen Teile abgeschnitten und in einem luftigen Raum rasch getrocknet.

Inhaltsstoffe: Alkaloide, Fett, Harz, Säure.

Wirkung und Anwendung: Lobelie wird als Räucherpulver oder Zigarette zur Linderung bei Asthma verwendet. In der Homöopathie wird die aus der frischen blühenden Pflanze bereitete Essenz zum selben Zweck, seltener als Brechmittel, verordnet. Das Alkaloid Lobelin wird zur Anregung der Atmung als Injektion ärztlich verabreicht und ist Bestandteil vieler „Tabak-Entwöhnungsmittel".

Lorbeer, Echter
(*Laúrus nóbilis* L., Lorbeergewächse)

Angaben über Beschreibung, Vorkommen, Anbau und Ernte siehe „Unsere Küchen- und Gewürzkräuter".

Verwendete Teile: Die frischen oder getrockneten Blätter und die getrockneten Steinfrüchte.

Inhaltsstoffe: In den Blättern äth. Öl, Bitterstoff, Gerbstoff. In der Frucht äth. Öl, fettes Öl, Zucker, Stärke.

Wirkung und Anwendung: In der Homöopathie wird eine aus dem frischen Blatt von Lorbeer bereitete Essenz als regulierendes Magenmittel verordnet. Im Haus wird ein Teeaufguß aus den getrockneten Blättern bei Magenstörungen getrunken. In der Tierheilkunde wird das aus den Früchten gepreßte Öl als Freßlust erzeugendes Bittermittel gegeben, in der Likörindustrie findet es bei der Herstellung von Bitterschnäpsen Verwendung. Lorbeeröl ruft bei manchen Menschen allergische Ekzeme hervor; in der Tierpflege dient es als Eutersalbe.

Löffelkraut, Echtes
(*Cochleária officinális* L., Kreuzblütler)

Angaben über Beschreibung, Vorkommen, Anbau und Ernte siehe „Unsere Küchen- und Gewürzkräuter".

Verwendete Teile: Das zur Blütezeit gesammelte frische, seltener das getrocknete Kraut.

Inhaltsstoffe: Ein Senföl-Glykosid, Bitterstoff, Gerbstoff, Vitamin C.

Wirkung und Anwendung: Löffelkraut wirkt blutreinigend, harndesinfizierend und wassertreibend, außerdem ist es als Vitamin C-Träger ein ausgezeichnetes Mittel bei Vitaminmangelerscheinungen. In der Homöopathie und im Hause wird es als Teeaufguß zur Blutreinigung, bei Skrofulose, Rachitis, Gicht, Wassersucht und chronischen Hautleiden genommen. Äußerlich wird das zerquetschte, frische Kraut zu Auflagen auf schlecht heilende Geschwüre verwendet.

Löwenzahn, Kuhblume
(*Taráxacum officinále* Weber, Korbblütler)

Beschreibung: Bis zu 30 cm hohes Kraut mit kurzem Wurzelstock und fleischiger Pfahlwurzel. Beide enthalten wie die Blütenstengel reichlich Milchsaft. Die Blätter bilden eine grundständige Rosette mit länglich-lanzettlichen, grobgesägten Blättern. Die gelben Zungenblüten stehen am Ende der unbeblätterten Blütenstengel in einem dicken Blütenkopf. Aus ihm entwickelt sich der kugelige, federige Fruchtstand. Blütezeit: Mai bis Juli. Die ganze Pflanze ist geruchlos, Blätter und Wurzel schmecken leicht bitter.

Vorkommen: Auf Wiesen, Ödland und an Wegrändern.

Verwendete Teile: Das junge, vor der Blüte geerntete Kraut; die ganze noch nicht blühende, getrocknete Pflanze; die frischen und getrockneten Wurzeln.

Einsammeln und Trocknen: Die frisch gestochene, ganze Pflanze wird in einem luftigen, warmen Raum getrocknet. Die Wurzeln werden im Herbst gesammelt, gesäubert, (nicht gewaschen!), gespalten und in einem warmen Raum getrocknet.

Da die Droge leicht von Insekten befallen wird, muß sie in dichtschließenden Blechdosen aufbewahrt werden.

Inhaltsstoffe: Inulin, Bitterstoff „Taraxacin", Schleim, Gerbstoff, Vitamin C hauptsächlich in den Blättern.

Wirkung und Anwendung: Löwenzahn wirkt harntreibend und blutreinigend und fördert die Gallensekretion. In der Medizin findet der Tee aus der Droge Anwendung zur Anregung des Stoffwechsels und der Gallensekretion. In der Homöopathie wird eine Essenz aus der frischen, vor der Blüte gesammelten Pflanze bei Rheuma, Neuralgien und Störungen des Magen-Darmkanals verordnet. Seine häufigste Anwendung findet Löwenzahn als altbewährtes und hochgeschätztes Hausmittel. Der aus den jungen Blättern bereitete Salat und der ausgepreßte Saft sind die wichtigsten Bestandteile von Blutreinigungs- und Entwässerungskuren.

Lungenkraut

(Pulmonária officinális L., Boretschgewächse)

Beschreibung: Ausdauerndes, bis 20 cm hohes, borstig behaartes Kraut mit kantigen Stengeln. Die grundständigen Blätter sind länglich-eiförmig und gestielt, die Stengelblätter herablaufend oder wechselständig sitzend. Die am Stengelende in kleinen Dolden geordneten, röhrenförmigen Blüten sind anfangs rosa, später blauviolett gefärbt. Blütezeit: März bis April. Das Kraut ist geruchlos und schmeckt schleimig.

Vorkommen: An schattigen, feuchten Stellen, in Laubwäldern.

Verwendete Teile: Die getrockneten Blätter und oberen Pflanzenteile; das frische blühende Kraut.

Sammeln und Trocknen: Die getrockneten Blätter und oberen Pflanzenteile werden nach der Blüte gesammelt und vorsichtig in dünner Schicht an einem schattigen Ort getrocknet. Das frische blühende Kraut wird kurz vor dem Gebrauch geschnitten.

Inhaltsstoffe: Kieselsäure, Schleim, Gerbstoffe, Saponin.

Wirkung und Anwendung: Lungenkraut wirkt schleimlösend, auswurffördernd und stopfend bei Durchfall. Es ist ein wichtiger Bestandteil von Hustenteemischungen. In der Homöopathie und als Hausmittel wird neben dem Tee aus getrockneten Pflanzenteilen eine Essenz aus dem frischen, blühenden Kraut bei Katarrhen der oberen Luftwege und bei Durchfällen verwendet.

Lungenmoos

(Lobária pulmonária [L.] Hoffmann, Blattflechten)

Beschreibung: Niederliegende, lederartige Flechte mit tief gelappten Verzweigungen. Die Oberseite ist olivgrün, von grubenartigen Vertiefungen durchzogen, die Unterseite gelb. Geruchlos, Geschmack etwas bitter.

Vorkommen: An Laubbäumen (Buchen und Eichen), auf moosbewachsenen Felsen.

Verwendete Teile: Die frische oder getrocknete Flechte.

Einsammeln und Trocknen: Die Einsammlung ist nicht an die Jahreszeit gebunden. Im Schatten trocknen.

Inhaltsstoffe: Schleimstoffe, bitter schmeckende Flechtensäuren, Gerbstoffe.

Wirkung und Anwendung: Lungenmoos wirkt zusammenziehend antibiotisch, appetit- und verdauungsfördernd. In der Homöopathie wird die aus der frischen Flechte bereitete Essenz bei Nasen- Rachenkatarrhen und Rheumatismus verordnet. Im Hause wird der Teeaufguß bei Reizhusten, Asthma, Bronchialleiden, Nieren- und Blasenleiden, zur Blutreinigung und Förderung des Appetits getrunken.

Mädesüß, Spierstaude, Bocksbart, Johanniswedel
(Filipéndula ulmária [L.] Maxim, Rosengewächse)

Beschreibung: Ausdauerndes, bis 1,5 m hohes Kraut mit knolligem Wurzelstock. Die Blätter sind gefiedert, die Fiederblättchen verschieden groß, oval, zugespitzt, mit gesägtem Rand. Die kleinen weißen Blüten stehen in großen Trugdolden. Blütezeit: Juni bis August. Die Blüten duften angenehm.

Vorkommen: Auf nassen Wiesen, an Bachrändern und feuchten Uferböschungen.

Verwendete Teile: Die getrockneten Blüten; in der Homöopathie die frische Wurzel.

Einsammeln und Trocknen: Die Blüten werden abgestreift oder abgekämmt und in einem schattigen, luftigen Raum getrocknet. Die Wurzeln werden im Frühjahr oder Herbst ausgegraben.

Inhaltsstoffe: Vorstufen ätherischen Öls, besonders Salizylsäure- methylester als Glykosid, Salizylaldehydglykosid, wenig äth. Öl, Farbstoff; in der Wurzel Gerbstoff.

Wirkung und Anwendung: Mädesüß wirkt wassertreibend, antirheumatisch und fieberwidrig. Der Teeaufguß wird bei fiebrigen Erkrankungen, Rheumatismus, Gicht, Blasen- und Nierenleiden verwendet. In der Homöopathie wird die aus der frischen Wurzel bereitete Essenz bei Gicht, Rheumatismus, Hautausschlägen, Magenschleimhautentzündung, Nieren- und Blasenleiden verordnet.

Maiglöckchen
(Convallária majális L., Liliengewächse)

Beschreibung: Bis 30 cm hohes, ausdauerndes Kraut mit kriechendem, verzweigtem Wurzelstock, aus dessen vorderem Ende 2 langgestielte, ovale, zugespitzte Blätter und 1 Blütenstengel treiben. Die weißen, nickenden Blüten sind kurzgestielt, glockenförmig, mit gezipfeltem Rand versehen. Sie stehen in einseitswendigen Trauben. Die Frucht ist eine rote Beere, Blütezeit: Mai/Juni. Die Blüten riechen angenehm, betäubend. Alle Teile der Pflanze sind stark giftig.

Vorkommen: In Laubwäldern und Gebüschen; angebaut im Garten als Zierpflanze.

Verwendete Teile: Das während der Blütezeit geschnittene und getrocknete Kraut; in der Homöopathie das frische blühende Kraut.

Einsammeln und Trocknen: Die Blüten oder das gesamte blühende Kraut werden gesammelt und rasch im Schatten getrocknet.

Inhaltsstoffe: Alle Pflanzenteile enthalten starkwirkende Glykoside und Saponine, sowie Harz u. a. Die Blüten haben zusätzlich ätherisches Öl.

Wirkung und Anwendung: Maiglöckchen beeinflußt die Herztätigkeit und wirkt harntreibend. Maiglöckchenpräparate dürfen nur unter ärztlicher Aufsicht angewendet werden. In der Homöopathie wird die aus dem frischen blühenden Kraut bereitete Essenz bei verschiedenen Herzleiden verordnet.

Majoran

(*Majorána horténsis* Moench, Lippenblütler)

Angaben über Beschreibung, Vorkommen, Anbau, Ernte und Trocknung siehe „Unsere Küchen- und Gewürzkräuter".

Verwendete Teile: Das während der Blütezeit geschnittene und getrocknete Kraut; weniger das blühende frische Kraut.

Inhaltsstoffe: Äth. Öl, Gerbstoff, Bitterstoff.

Wirkung und Anwendung: Majoran wirkt magenstärkend, verdauungsfördernd, blähungs-, wasser- und schweißtreibend, schleim- und krampflösend und entzündungswidrig. In der Heilkunde wird er als appetitanregendes, regulierendes Magenmittel, bei Magen- und Darmkrämpfen, Wassersucht, Menstruationsstörungen und Erkältungskrankheiten angewendet. Im Haus dient er als Heilmittel innerlich bei den gleichen genannten Beschwerden, äußerlich zu Kräuterkissen und als Badezusatz. In der Lebensmittelindustrie wird das aus dem blühenden Kraut gewonnene ätherische Öl als Gewürz, in der Parfümerie als Duftnote von Seifen und als Zusatz zu aromatischen Mundwassern verwendet.

Malve, Wilde -, Roßpappel, Käsepappel

(*Málva sylvéstris* L., Malvengewächse)

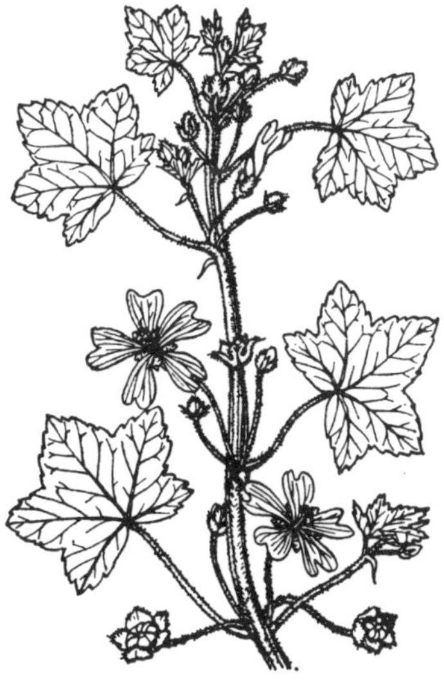

Beschreibung: Zweijährige, selten ausdauernde Pflanze mit langer, spindelförmiger Wurzel und bis über 1 m hohem, behaartem, aufsteigendem, ästigem Stengel. An langen Stielen stehen die behaarten, runden, 3—7 lappigen Blätter mit gesägtem Rand. Die Blüten sind rosarot bis violett. Sie stehen in Büscheln in den Blattachseln. Blütezeit: Anfang Juli bis September. Die Früchtchen sind scheibenförmig, kleine „Käschen". Die Blüten sind geruchlos und schmecken schleimig.

Vorkommen: An trockenen, sonnigen Orten, an Acker- und Wegrändern. In Ungarn und den Balkanländern wird eine Abart der **Wilden Malve** (*Málva sylvéstris* L. subspec. *mauritiána*), die wesentlich größere Blüten hat, zur Drogengewinnung angebaut.

Verwendete Teile: Die Blüten und Blätter in getrocknetem Zustand. In der Homöopathie die frischen Blüten und Blätter.

Einsammeln und Trocknen: Die Blüten dürfen nur bei trockenem Wetter, am besten in der Mittagsstunde, wenn sie weit geöffnet sind, gesammelt werden. Sie werden im Schatten in dünner Schicht getrocknet. Die Blätter werden im Juni/Juli gesammelt und an einem schattigen, luftigen Ort getrocknet. Es werden auch die Blätter der **Kleinen Malve** *(Málva neglécta* Wallroth) gesammelt und in der Heilkunde verwendet.

Inhaltsstoffe: Schleim, wenig Gerbstoff, ein Farbstoff.

Wirkung und Anwendung: Malve wirkt schleimlösend, entzündungswidrig, erweichend. In der Medizin wird sie innerlich bei Katarrhen der oberen Luftwege, Angina und Entzündung der Magenschleimhaut angewendet. In der Homöopathie wird die Essenz aus den frischen Blüten und Blättern bei den gleichen Erkrankungen verordnet. Im Hause wird ein Sud als Badezusatz bei eiternden Wunden, innerlich ein Teeaufguß bei Husten und zum Gurgeln bei Entzündungen der Mundhöhle gebraucht.

Mariendistel

(Silybum mariánum [L.] Gaertn., Korbblütler)

Beschreibung: Einjähriges oder einjährig überwinterndes, bis zu **1,5** m hohes, distelartiges Kraut mit aufrechtem, verästeltem Stengel. Die Blätter sind glänzend-grün, an den Nerven weißgefleckt, an den Rändern mit Dornen besetzt. Die unteren Blätter sind länglich-elliptisch, die mittleren fiederspaltig. Die purpurroten Blüten stehen in endständigen, nickenden Blütenköpfen. Die Früchte sind länglich-eiförmige Nüßchen. Blütezeit: Juli/August.

Vorkommen: Im Mittelmeergebiet heimisch, in Mitteleuropa als Zierpflanze in Gärten oft als undurchdringliche Einzäunung angebaut, manchmal auch verwildert, besonders an sonnigen, geschützten Standorten.

Verwendete Teile: Die getrocknete Frucht.

Ernte und Trocknen: Mitte August, sobald die Hüllblätter trocknen und die Blütenköpfe beginnen, weißen Flaum anzusetzen, muß mit der Ernte begonnen werden, da die Früchte sonst leicht ausfallen. Hände und Arme müssen bei der Erntearbeit vor den Dornen geschützt werden. Die Blütenköpfe werden zum Nachtrocknen auf einem Holzboden in dünner Schicht ausgebreitet. Nach vollständiger Trocknung werden sie ausgedroschen. Vor Licht geschützt aufbewahren.

Inhaltsstoffe: Leberschutzstoff „Silybin", biogene Amine, äth. und fettes Öl, Flavone.

Wirkung und Anwendung: In der Medizin hat die Mariendistel als Leberschutzmittel neue Bedeutung gewonnen. In der Homöopathie wird die aus der Frucht bereitete Tinktur bei Erkrankungen der Leber und Galle, bei Husten und Unterleibsbeschwerden verordnet.

Medizinalrhabarber

(Rhéum palmátum L. var. *palmátum,* Knöterichgewächse)

Beschreibung: Bis zu 2 m hohe Staude mit dickem, verästeltem Wurzelstock, aus dem sich zahlreiche lange Nebenwurzeln und neue Wurzelstöcke entwickeln. Die großen Blätter sind herzförmig, gelappt, die Grundblätter langgestielt, die Stengelblätter kleiner und kurzgestielt. Die weißen Blüten stehen in lockeren Ähren. *Rhéum palmátum* L. ist nicht mit unserem einheimischen Gemüse-Rhabarber zu verwechseln.

Vorkommen: Heimisch in China und Tibet; in Mitteleuropa zur Drogengewinnung; angebauter sog. Medizinalrhabarber ist häufig nicht der echte.

Verwendete Teile: Die geschälten, getrockneten Wurzelstöcke und Wurzeln.

Inhaltsstoffe: Anthrachinon-Glykoside, Harz, Pektin, Oxalsäure, Stärke, Farbstoff.

Anwendung und Wirkung: Medizinalrhabarber wirkt abführend und magenstärkend. Er wird in der Heilkunde als Abführmittel (besonders für Kinder) und als Bittermittel bei Magenbeschwerden verordnet.

Meerrettich

(Cochleária armorácia L., Kreuzblütler)

Angaben über Beschreibung, Vorkommen, Anbau und Ernte siehe „Unsere Küchen- und Gewürzkräuter".

Verwendete Teile: Die Wurzeln (Stangen)

Inhaltsstoffe: Ein Senföl-Glykosid, Senföl, Asparagin, Glutamin.

Wirkung und Anwendung: Meerrettich wird frisch gerieben sehr geschätzt als hustenreizmilderndes, verdauungsförderndes, blähungs- und harntreibendes Mittel. Äußerlich wird er gerieben zu Breiumschlägen bei Nerven-, Kopf- und Zahnschmerzen, Gicht, Rheuma und Ischias verwendet.

Meisterwurz

(Peucédanum ostrúthium Koch, Doldenblütler)

Beschreibung: Ausdauernde, bis 1 m hohe Pflanze mit Milchsaft enthaltendem Wurzelstock, von dem zahlreiche Nebenwurzeln und Ausläufer abzweigen. Die Ausläufer bilden wiederum neue Pflanzen. Die Stengel sind hohl, im oberen Teil verästelt. Die wechselständigen Blätter sind derb, grobgesägt, die unteren gestielt, doppelt dreizählig. Die kleinen Blüten sind weiß oder rötlich überlaufen und stehen in großen, flachen Dolden am Stengelende.

Vorkommen: Verwildert auf feuchten Gebirgswiesen, an Bachufern; angepflanzt im Garten.

Verwendete Teile: Der getrocknete Wurzelstock; in der Homöopathie der frische Wurzelstock.

Einsammeln und Trocknen: Im Frühjahr oder Herbst wird der Wurzelstock ausgegraben, Nebenwurzeln und Ausläufer werden entfernt. Trocknung in schattigen, luftigen Räumen.

Inhaltsstoffe: Äth. Öl, Bitterstoff, Gerbstoff, Harz.

Wirkung und Anwendung: Meisterwurz wirkt appetit- und verdauungsfördernd, wassertreibend und beruhigend. In der Homöopathie wird die aus dem frischen Wurzelstock bereitete Essenz bei Magenleiden und Hautkrankheiten verordnet. Im

Hause wird der Kaltauszug oder der Teeaufguß aus der pulverisierten Droge bei Bronchialkatarrh, zur Förderung des Appetits und der Verdauung, zur Beruhigung und Entwässerung, auch als Mittel gegen Blutungen verwendet. In der Likörindustrie wird Meisterwurz als Zusatz zu Bitterschnäpsen genommen.

Melisse, Zitronenmelisse
(Melíssa officinális L., Lippenblütler)

Angaben über Beschreibung, Vorkommen und Kultur siehe „Unsere Küchen- und Gewürzkräuter".

Verwendete Teile: Die kurz vor oder nach der Blüte gesammelten frischen oder getrockneten Blätter.

Ernte und Trocknen: Die Blätter werden kurz vor und nach der Blüte geschnitten. Sie sind sehr druckempfindlich und müssen sorgfältig in dünner Schicht ausgebreitet im Schatten rasch bei einer Temperatur von nicht über 35 ^{0} getrocknet werden.

Inhaltsstoffe: Äth. Öl, Bitterstoff, Gerbstoff, Schleim, Harz.

Wirkung und Anwendung: Melisse wirkt belebend und magenstärkend, beruhigend, krampflösend und schweißtreibend. Die getrockneten Blätter werden bei krampfartigen Magen- und Darmschmerzen auf nervöser Grundlage und als leicht beruhigendes Mittel verwendet; in der Homöopathie die Essenz aus frischen Blättern bei den gleichen Beschwerden. Äußerlich dient Melisse zu belebenden Bädern und zu Kräuterkissen. Ätherisches Melissenöl dient als Badezusatz, zu Einreibungen und als Bestandteil des „Melissengeistes".

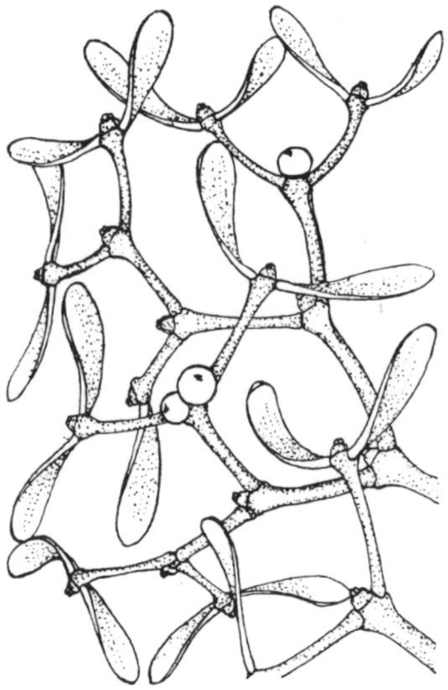

Mistel
(Víscum álbum L., Mistelgewächse)

Beschreibung: Nest- oder buschartiger, auf Bäumen wachsender, 30—100 cm hoher Strauch. Die Mistel ist ein Halbschmarotzer und entzieht die zu seinem Leben notwendigen Nährstoffe aus der Wirtspflanze. Stamm kurz, verdickt, grünbraun, in den Gelenken leicht abbrechend. Die Blätter sind parallelnervig, breit zungenförmig, lederartig. Sie sitzen an gabelig verzweigten, knotigen Stengeln und sind wintergrün. Sie leben bis anderthalb Jahre. Misteln sind zweihäusig. Im März bis April erscheinen in den Verzweigungen in gedrängten Trugdolden die männlichen oder die weiblichen Blüten, aus denen sich die weißen kugelförmigen Beeren entwickeln. Das Kraut riecht eigenartig und schmeckt bitter.

Vorkommen: In ganz Europa auf verschiedenen Laub- und Nadelhölzern. Besonders häufig auf Apfelbäumen.

Verwendete Teile: Die frischen oder getrockneten jungen Zweige und Blätter, ohne Beeren.

Ernte, Trocknen, Aufbewahren: Mistel kann das ganze Jahr hindurch gesammelt werden. Praktisch wird das Einsammeln im Spätherbst oder Winter vorgenommen. Sie muß an einem luftigen Ort, nicht über 45° C getrocknet und vor Licht geschützt aufbewahrt werden.

Inhaltsstoffe: Cholin und Acetylcholin, Viscotoxin, Alkohole, ein klebriges Weichharz, Zucker, Stärke, fettes Öl u. a. Die Wirkstoffzusammensetzung hängt auch von der Wirtspflanze ab.

Wirkung und Anwendung: Mistel wirkt blutdrucksenkend, harntreibend und krampflösend. Am wirksamsten ist das frische Kraut. Beim Kochen werden die Wirkstoffe teilweise zerstört. Es ist besser, das Mittel direkt pulverisiert einzunehmen oder einen kalten wässerigen Auszug zuzubereiten (6—8 Stunden in kaltem Wasser ziehen lassen). Die Mistel wird auch anderen Teemischungen zugesetzt. Ihre Wirkung tritt erst bei längerer Kurdauer ein.

Mohn, Schlafmohn (siehe auch Klatschmohn, Seite 66)
(Papáver somníferum L., Mohngewächse)

Beschreibung: Einjährige, bis über 1 m hohe Pflanze mit runden, blaugrün überlaufenen Stengeln. Die unteren Blätter sind sitzend, gezähnt, die oberen stengelumfassend und ganzrandig. Die großen Blüten haben einen 2 blättrigen Kelch, der beim Aufblühen abfällt, und 4 weiße oder violette, schnell abfallende Kronenblätter. Sie stehen auf schlanken, behaarten Stielen. Die kugeligen Fruchtkapseln bergen zahlreiche weißliche bis braune Samen. Die Stengel und die unreifen Fruchtkapseln enthalten Milchsaft (Opium liefernd). Blütezeit: Juni bis August.

Vorkommen: In Asien beheimatet, in Europa zur Öl- und Opiumgewinnung angebaut.

Verwendete Teile: Die unreifen und die reifen Fruchtkapseln; der Samen; das getrocknete Kraut.

Inhaltsstoffe: In den Milchsaft enthaltenden Teilen Opium-Alkaloide; in den Samen fettes Öl, Eiweiß, keine Alkaloide.

Wirkung und Anwendung: Der Samen wird zur Herstellung von Speiseöl und als Zutat in der Küche und Bäckerei verwendet. Die Gewinnung des Milchsaftes zur Opiumherstellung, ebenso die Gewinnung von Opium aus Mohnstroh und die Verarbeitung von Opium und seinen Alkaloiden, erfordern eine besondere Erlaubnis gemäß Opiumgesetz. Opium und seine Alkaloide sind wertvollste Arzneimittel. Sie dürfen aber nur auf ärztliche Verordnung genommen werden.

Da auch die reifen Mohnkapseln noch wechselnde Mengen von Alkaloiden enthalten, wird vor ihrem Gebrauch gewarnt.

Mutterkorn
(Secále cornútum)

Beschreibung: Mutterkorn wird durch einen auf Getreidearten, vorzugsweise auf Roggen vorkommenden Schmarotzerpilz *(Claviceps purpurea)* hervorgerufen. Unter dem Fruchtknoten entwickelt sich ein verhärtetes, fleischiges, zylindrisches Gebilde, das im Herbst abfällt und am Boden überwintert, um im folgenden Frühjahr wieder die Pilzfäden auszutreiben. Aus dem Getreide, das Mutterkorn enthält, müssen vor dem Mahlen die Fruchtkörper des Pilzes entfernt werden, da sonst durch das Mehl Gesundheitsschädigungen auftreten können (das sog. Antoniusfeuer, schwerste Störung der Blutzirkulation [Gangrän], die zum Absterben von Gliedmaßen führt. Im Mittelalter starben daran viele Tausende. Leichte Formen sind bekannt als Kriebelkrankheit).

Vorkommen: In Getreide-, vor allem in Roggenfeldern, besonders in feuchten Jahren. Wird in Roggenfeldern künstlich infiziert zur Gewinnung von Secále cornútum, da das natürliche Vorkommen nicht ausreicht.

Verwendete Teile: Das im Herbst gesammelte, bei mäßiger Wärme getrocknete Mutterkorn *(Secále cornútum)*, das über gebranntem Kalk aufbewahrt werden muß.

Inhaltsstoffe: Alkaloide, die sich beim Lagern bildenden Amine Tyramin und Histamin, Cholin, fettes Öl, Eiweiß.

Wirkung und Anwendung: Ein Teil der Mutterkornalkaloide wirkt auf die Gebärmutter zusammenziehend und blutstillend. Andere Mutterkornalkaloide beeinflussen die Muskulatur der Blutgefäße und anderer Organe. Die Behandlung mit Mutterkorn darf nur auf ärztliche Anweisung geschehen.

Der Pilz hat mehrere Stämme (Rassen) mit verschiedenem Alkaloidgemisch und dementsprechend unterschiedliche Wirkung.

Odermennig

(Agrimónia eupatória L., Rosengewächse)

Beschreibung: Ausdauernde, bis zu 90 cm hohe Pflanze mit kurzem Wurzelstock und ästiger Pfahlwurzel. Der aufrechte Stengel ist behaart, oben verzweigt. Die wechselständigen Blätter sind unpaarig gefiedert. Die kleinen, gelben Blüten sind kurzgestielt und stehen in endständigen Trauben. Blütezeit: Juni bis August. Die ganze Pflanze riecht angenehm aromatisch und schmeckt gewürzhaft-bitter.

Vorkommen: An Wegrändern, Hecken, auf Schutthalden.

Verwendete Teile: Das getrocknete Kraut.

Ernte und Trocknen: Das kurz vor oder zum Anfang der Blüte getrocknete Kraut wird kurz über dem Erdboden abgeschnitten. Nach Ansatz der ersten Früchte dürfen nur noch die Blätter gesammelt werden. Dicke Stengelteile müssen ausgelesen werden. Das Kraut wird in dünner Lage ausgebreitet an einem luftigen, schattigen Ort getrocknet. Vor Licht geschützt aufbewahren.

Inhaltsstoffe: Gerbstoff, Bitterstoff, wenig äth. Öl, Nicotinsäureamid.

Wirkung und Anwendung: Odermennig wirkt zusammenziehend, entzündungswidrig, leicht stopfend. In der Medizin wird er selten bei Leber- und Gallenleiden, Magen-Darmkatarrhen, Nieren- und Harnleiden und Hauterkrankungen angewendet. Im Hause wird ein Teeaufguß bei den gleichen Beschwerden gebraucht.

Pastinake

(Pastináca satíva L., Doldenblütler)

Angaben über Beschreibung, Vorkommen, Anbau und Ernte siehe „Unsere Küchen- und Gewürzkräuter".

Verwendete Teile: Die reifen Früchte.

Inhaltsstoffe: Äth. Öl, fettes Öl und Fettsäuren.

Wirkung und Anwendung: Im Hause wird Pastinake als Teeaufguß zum Entwässern des Körpers und als schmerzstillendes Mittel bei Magen-, Stein- und Blasenleiden getrunken. Das aus den samentragenden Dolden gewonnene ätherische Öl wird hauptsächlich in der Lebensmittelindustrie, in geringerem Maße in der Parfümindustrie verwendet.

Petersilie

(Petroselínum críspum Mill., Doldenblütler)

Angaben über Beschreibung, Vorkommen, Anbau und Ernte siehe „Unsere Küchen- und Gewürzkräuter".

Verwendete Teile: Die reifen Samen, die getrockneten Wurzeln und das frische Kraut.

Inhaltsstoffe: In den Samen äth. Öl, fettes Öl, ein Glykosid, Apiin, Schleim, Zucker. Im Kraut viel Vitamin C.

Wirkung und Anwendung. Petersilie wirkt stark harntreibend, schleimlösend und menstruationsfördernd. In der Heilkunde wird sie innerlich zur Entwässerung und als Vitamin C-Träger verordnet. Im Hause wird der Teeaufguß aus den Wurzeln oder dem Kraut bei Blähungen und zur Entwässerung des Körpers getrunken. Das aus den reifen Samen gewonnene ätherische Öl wird in kleinen Mengen in der Parfümindustrie verwendet. Größere Mengen des ätherischen Öls (Samen!) wirken stark nierenreizend.

Pfefferminze

(Méntha piperíta L., Lippenblütler)

Angaben über Beschreibung, Vorkommen, Anbau und Ernte siehe „Unsere Küchen- und Gewürzkräuter".

Verwendete Teile: Die kurz vor oder nach der Blüte geschnittenen Blätter; in der Homöopathie das frische, blühende Kraut.

Inhaltsstoffe: Äth. Öl mit über 50 % Menthol, Gerbstoff, Bitterstoff, Nicotinsäure.

Wirkung und Anwendung: Pfefferminze gehört zu unseren wichtigsten Heilpflanzen. Sie wirkt regulierend auf Magen, Darm und Galle, schmerzstillend und krampflösend. In der Medizin wird sie bei akuten und chronischen Magenleiden, Gallen-, Magen- und Darmkoliken, Blähungen und Durchfällen angewendet. In der Homöopathie wird die aus der frischen, blühenden Pflanze bereitete Essenz bei Halsschmerzen, trockenem Husten und Gallenkoliken verordnet. Im Hause wird ein Teeaufguß aus den Blättern innerlich bei den gleichen obengenannten Beschwerden, äußerlich zu Umschlägen bei schlecht heilenden Wunden und Ekzemen genommen. Das aus den Blättern gewonnene ätherische Öl wird zum Einreiben bei Kopfschmerzen, in der pharmazeutischen Industrie zu Mundwassern, Zahnpasten und Pfefferminzplätzchen und in geringen Mengen in der Likör- und Süßwarenindustrie verwendet.

Die Blätter der **Krauseminze** *(Méntha spicáta* Hudson var. *crispáta)* finden in der Heilkunde die gleiche Anwendung wie die der Pfefferminze. Vor allem aber werden sie zu Teemischungen und in der Likör- und Süßwarenindustrie gebraucht. Ihr Geschmack ist rauher und geht mehr in Richtung Eucalyptus.

Preiselbeere

(Vaccínium vítis-idáea L., Heidekrautgewächse)

Beschreibung: Niedriger, 15—30 cm hoher Halbstrauch mit unterirdischen, wurzelnden Kriechtrieben. Die Blätter sind lederartig, kurzgestielt, verkehrt eiförmig mit leicht eingekerbter Spitze. Blattrand wird umgebogen, oberseits glänzend braungrün, unterseits matt, hellgrau mit deutlicher Aderung. Blüte schwach duftend, in hängenden Trauben angeordnet, weiß-rötlich angelaufen. Das Kraut ist geruchlos, Geschmack bitter, zusammenziehend.

Vorkommen: In ganz Europa verbreitet als Unterwuchs in trockenen Wäldern, Heideflächen, auf kiesigen, humusreichen aber nährstoffarmen sauren Böden.

Verwendete Teile: Im Herbst (September) werden die Blätter gesammelt und bei Zimmertemperatur getrocknet.

Inhaltsstoffe: Arbutin, Gerbstoff, Vitamin C, Flavonglykoside.

Wirkung und Anwendung: Preiselbeerblätter werden wie Bärentraubenblätter gegen Erkrankungen der Harnorgane, besonders gegen chronischen Blasenkatarrh verwendet. Sie besitzen zugleich eine antiseptische Eigenschaft und wirken gegen Gicht, Rheumatismus, Zuckerkrankheit und Durchfall. Als Haustee ist er gut brauchbar, nur soll er wegen des Arbutingehalts nicht andauernd benützt werden. Teezubereitung: Kalt ansetzen und 10—20 Minuten kochen lassen. Die reifen Beeren als Wildobst und getrocknet gegen Durchfälle.

Quecke, Ackergras, Hundsgras

(Agropýrum répens [L.] Pal., Grasgewächse)

Beschreibung: Quecke ist ein Gras mit ausdauerndem, unterirdisch weit kriechendem Wurzelstock mit Ausläufern. An den 1,5 m hohen, knotig gegliederten Halmen sitzen lanzettliche, rauhe Blättchen. Die hellgrünen, kleinen Blüten sitzen in aufrechten Ähren. Blütezeit: Juni bis Juli. Die Graswurzel ist geruchlos und schmeckt süßlich.

Vorkommen: Auf Äckern, in Gärten und an Wegrändern als schwer zu bekämpfendes Unkraut.

Verwendete Teile: Der getrocknete Wurzelstock. In der Homöopathie der frische Wurzelstock.

Einsammeln und Trocknen: Im Frühjahr und Herbst werden die Wurzelstöcke ausgegraben oder beim Umpflügen des Ackers gesammelt, von den Nebenwurzeln befreit, gründlich gewaschen und in einem gut durchlüfteten Raum getrocknet. Vor Licht geschützt aufbewahren.

Inhaltsstoffe: Kohlehydrate, Schleim, Saponin, Kieselsäure, fettes und wenig äth. Öl.

Wirkung und Anwendung: Quecke wirkt blutreinigend, wassertreibend und schleimlösend. In der Medizin wird ein Teeaufguß von der getrockneten Wurzel bei Katarrhen der Atmungswege und des Magens, bei Gicht, Rheumatismus und Blasenleiden angewendet. Im Haus wird der getrocknete Wurzelstock zu blutreinigenden Teemischungen genommen.

Quendel, Feldthymian, Wilder Thymian

(*Thýmus serpýllum* L., Lippenblütler)

Beschreibung: Bis zu 20 cm hoher, rasenbildender Halbstrauch mit niederliegenden oder leicht aufsteigenden, wurzelnden Zweigen, aus denen die Stengel treiben. Die eiförmigen Blätter sind klein, derb und kurzstielig. Die rötlichen bis violetten Blüten sitzen in gedrängten, quirligen Blütenständen an den Stengelenden. Blütezeit: Juni bis August. Quendel riecht und schmeckt würzig-aromatisch.

Vorkommen: Wildwachsend an Feld- und Wegrändern in trockenen, sonnigen Lagen. In Italien angebaut in größeren Kulturen. Es gibt viele schöne, polsterbildende Gartenformen, die für den Steingarten bevorzugt werden. Mit dem Gartenthymian ist er nicht zu verwechseln.

Verwendete Teile: Das blühende frische und getrocknete Kraut ohne die verholzten Stengelteile.

Einsammeln und Trocknen: Gesammelt wird von Anfang Juli bis August an trockenen, sonnigen Tagen. Getrocknet wird im Schatten.

Inhaltsstoffe: Äth. Öl, Bitterstoff, Gerbstoff.

Wirkung und Anwendung: Quendel wirkt schleimlösend und auswurffördernd und regt die Hautdurchblutung an. In der Medizin wird er als lösendes und reizmilderndes Mittel bei Husten, wegen seiner krampflösenden und blähungstreibenden Wirkung bei chronischen Magenleiden und äußerlich als Gurgelmittel und nervenstärkender Badezusatz verordnet. In der Homöopathie wird die aus dem frischen, blühenden Kraut bereitete Essenz zur allgemeinen Nervenstärkung gegeben. Im Haus wird Quendel innerlich bei Magenstörungen, äußerlich als Badezusatz und zu Kräuterkissen verwendet.

Quitte

(*Cydónia oblónga* Miller, Rosengewächse)

Beschreibung: Bis zu 5 m hoher Strauch oder Baum mit dornenlosen Zweigen. Die Laubblätter sind eiförmig, ganzrandig, die jungen Blätter graufilzig. Die großen weißen oder rötlichen Blüten stehen einzeln an den Triebspitzen. Die birnenförmige Frucht ist gelb und hat einen filzigen Belag. Die Fruchtfächer des pergamentartigen Kerngehäuses enthalten je 8—16 Samen. Blütezeit: Mai. Die Früchte schmecken säuerlich, der Geruch ist eigenartig angenehm.

Vorkommen: In Asien heimisch, angebaut in Europa in wärmeren Lagen.

Verwendete Teile: Die getrockneten Samen.

Inhaltsstoffe: Viel Schleim, Gerbstoff, Vitamin C, fettes Öl, Pektin.

Wirkung und Anwendung: Der Schleim des mit Wasser angesetzten, unzerkleinerten Samens wirkt einhüllend, erweichend und beruhigend. Er wird innerlich bei Husten und Magen-Darmkatarrhen genommen, äußerlich zu Umschlägen bei aufgesprungener, rissiger Haut und Verbrennungen. In der pharmazeutischen und kosmetischen Industrie wird Quittensamen bei der Herstellung verschiedener Präparate verwendet. Aus den frischen Früchten werden Marmelade, Gelee und Sirup bereitet. In Scheiben geschnittenes und dann luftgetrocknetes Fruchtfleisch wirkt gut gekaut gegen Durchfall.

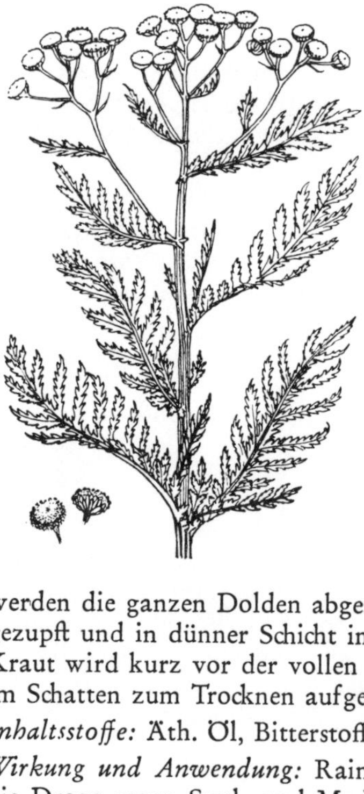

Rainfarn, Wurmkraut

(Tanacétum vulgáre L., Korbblütler)

Beschreibung: Ausdauernde, bis 1,5 m hohe Pflanze mit dickem, verästeltem Wurzelstock. Aus ihm treiben die aufrechten, holzigen, im oberen Teil verzweigten Stengel. Die wechselständigen Blätter sind doppelt gefiedert, an den Zipfeln feingesägt. Die gelben Blütenköpfchen stehen in einer Trugdolde am Stengelende. Blütezeit: Juli/August. Geruch aromatisch, Geschmack bitter.

Vorkommen: Auf Schuttplätzen, an Bahndämmen und Wegrändern, an Hecken und Gebüschen.

Verwendete Teile: Die getrockneten Trugdolden oder die abgezupften Blütenköpfchen; das ganze blühende Kraut getrocknet oder ungetrocknet.

Einsammeln und Trocknen: Im Juli und August werden die ganzen Dolden abgeschnitten oder die Blütenköpfchen ohne Stiele abgezupft und in dünner Schicht in einem luftigen, schattigen Raum getrocknet. Das Kraut wird kurz vor der vollen Blüte ca. 30 cm tief abgeschnitten, gebündelt und im Schatten zum Trocknen aufgehängt.

Inhaltsstoffe: Äth. Öl, Bitterstoffe, Harz, Gerbstoff.

Wirkung und Anwendung: Rainfarn wirkt wurmtreibend. In der Medizin wird die Droge gegen Spul- und Madenwürmer verordnet, ist aber nicht ungefährlich. In der Homöopathie wird die aus den frischen Blüten und Blättern bereitete Essenz als Wurmmittel und bei Unregelmäßigkeit der Menstruation verwendet. Im Haushalt wird der kalte Auszug bei Magenkrämpfen, Blasenleiden und Menstruationsschwierigkeiten sowie als Wurmmittel (Klistier) gebraucht. Das frische, zerquetschte Kraut wird bei Quetschungen und Krampfadern aufgelegt.

Das aus dem frischen, blühenden Kraut gewonnene ätherische Öl wird in der Parfümerie verwendet.

Rettich, Schwarzer und weißer Rettich

(Ráphanus satívus L., Kreuzblütler)

Beschreibung: Ein- bis zweijährige, bis 60 cm hohe Pflanze mit spindelförmiger, fleischiger Wurzel. Die grundständigen Blätter sind fiederspaltig, die oberen Blätter ungeteilt. Die Blüten sind weiß oder hellviolett. Blütezeit: Juni bis August.

Vorkommen: Heimisch in Asien, in Mitteleuropa als Gemüsepflanze angebaut.

Verwendete Teile: Die frische Wurzel.

Inhaltsstoffe: Schwefelhaltiges äth. Öl, Vitamin C.

Wirkung und Anwendung: Der aus der frischen Wurzel gepreßte Saft wirkt anregend auf Galle und Leber. Im Hause wird er, vermischt mit Kandiszucker, gern als Hustenmittel genommen. In der Homöopathie wird die aus der frischen Wurzel bereitete Essenz bei Neuralgien, Schlaflosigkeit, Leberleiden und nervöser Unruhe verordnet.

Rhabarber siehe Medizinalrhabarber, Seite 70.

Ringelblume

(Caléndula officinális L., Korbblütler)

Beschreibung: Einjähriges, bis 50 cm hohes Kraut mit spindelförmiger Wurzel und aufrechtem, im oberen Teil verästeltem Stengel. Die behaarten Blätter sind sitzend, wechselständig, verkehrt eiförmig. Die Blütenköpfe bestehen aus orangegelben, dichtgedrängten Zungenblüten. Die ganze Pflanze fühlt sich klebrig an. Blütezeit: Juni bis Oktober. Der Geruch ist eigenartig aromatisch, der Geschmack bitter, zusammenziehend.

Vorkommen: Heimisch in Südeuropa, in Mitteleuropa verwildert an sonnigen Plätzen, angebaut zur Drogengewinnung, im Garten häufig als Zierpflanze.

Verwendete Teile: Die völlig entfalteten Blütenköpfe in frischem oder getrocknetem Zustand. Das frische, blühende Kraut.

Ernte und Trocknen: Die Blütenköpfe werden gepflückt und in einem schattigen Raum bei mäßiger Temperatur getrocknet. Um eine feine Droge zu erzielen, werden nach der Trocknung die Zungenblüten vom Blütenboden abgezupft.

Inhaltsstoffe: Wenig äth. Öl, protocide Terpenalkohole und -lactone, Carotine, Saponin.

Wirkung und Anwendung: Ringelblume wirkt entzündungswidrig, krampflösend und schweißtreibend. In der Medizin wird sie hauptsächlich in Salbenform bei schlecht heilenden Wunden oder als Auszug zu Bädern, Umschlägen und Spülungen gebraucht. Innerlich wird sie seltener bei Magen- und Leberleiden und zum Entwässern des Körpers angewendet. In der Homöopathie wird die aus dem frischen blühenden Kraut bereitete Essenz innerlich bei Entzündungszuständen des Magens und der Leber, äußerlich zur Wundbehandlung verordnet. Als Hausmittel dient ein Teeaufguß zur Entwässerung des Körpers, zur Linderung krampfartiger

Zustände des Verdauungstraktes und als Wurmmittel. In der kosmetischen Industrie wird Ringelblume zu heilenden Salben, in der pharmazeutischen als Teeverschönerungsmittel verwendet.

Rittersporn, Feld-Rittersporn, Acker-Rittersporn, Hafergiftblume

(Delphínium consólida L., Hahnenfußgewächse)

Beschreibung: Einjähriges oder überwinternd einjähriges Kraut mit kräftiger Pfahlwurzel. Die Stengel sind 30—50 cm hoch, dünn und verzweigt. Die Blätter sind dreizeilig und laufen in lange, schmale Zipfel aus. Die großen Blüten sind gestielt und in Trauben geordnet. Sie bestehen aus blumenblattartigen, blauvioletten, selten roten oder weißen Kelchblättern. Die Kronblätter sind unscheinbar. Blütezeit: Ende Mai bis Juli. Die Früchte sind Balgkapseln, die viele kleine, braune Samen enthalten.

Vorkommen: In Getreidefeldern und auf Brachäckern häufig anzutreffen.

Inhaltsstoffe: Das Kraut und der Samen enthalten Alkaloide. Die Blüten führen keine Alkaloide, aber enthalten das blaue Anthocyanglykosid Delphinin und das gelbe Kämpferol (ein Flavonolglykosid).

Wirkung und Anwendung: Rittersporn bewirkt Verlangsamung der Herztätigkeit und senkt den Blutdruck. In größeren Mengen führt es zu Herz- und Atemlähmung. In der Homöopathie wird Feld-Rittersporn heute noch gelegentlich verwendet.

Rizinus, Wunderbaum

(Rícinus commúnis L., Wolfsmilchgewächse)

Beschreibung: Zweihäusiges, nördlich der Alpen bis 4 m hohes, buschiges Kraut, das im Mittelmeergebiet ausdauernd ist. Wurzel stark verzweigt. Die großen, langgestielten Blätter sind wechselständig, handförmig, tief eingeschnitten. Blätter und Stengel sind häufig bereift. Die männlichen Blüten stehen am Grunde in Büscheln, die weiblichen in Rispen am Stengelende. Die Frucht ist eine dreiteilige Kapsel, die den gesprenkelten, giftigen Samen enthält.

Vorkommen: Heimisch in den Tropen, wo er einen bis 12 m hohen Baum bildet. Im Garten als Zierpflanze kultiviert. Angebaut zur Drogengewinnung in Südeuropa und Ungarn.

Verwendete Teile: Der geschälte Samen.

Inhaltsstoffe: Fettes Öl, Ricin, Bitterstoff.

Wirkung und Anwendung: Zur Verwendung gelangt das aus dem Samen gepreßte, fette Öl, das nach geeigneter Vorbehandlung den giftigen Stoff Ricin nicht mehr enthält. Es ist ein verläßliches, mildes Abführmittel, auch für Kinder geeignet. In der Kosmetikindustrie wird das Öl zur Herstellung von Haarölen, Haarwässern und Lippenstiften gebraucht.

Rose, Gartenrose
(Rósa centifólia L. und *Rósa gállica* L., Rosengewächse)

Beschreibung: Bis zu 2 m hoher Strauch mit unpaarig gefiederten, feingesägten Laubblättern. Die Blüten sind hellrosa bis rot.

Vorkommen: In vielen Formen in Gärten als Zierpflanze angepflanzt, auf dem Balkan feldmäßig zur Gewinnung des Rosenöls angebaut.

Verwendete Teile: Die getrockneten Blütenblätter; in der Homöopathie die frischen Blütenblätter.

Einsammeln und Trocknen: Die Blütenblätter werden kurz vor dem völligen Aufblühen gesammelt und rasch im Schatten getrocknet. Sie müssen in gut schließenden Gefäßen über Kalk aufbewahrt werden.

Inhaltsstoffe: Äth. Öl, Gerbstoffe, Zucker, Farbstoff.

Wirkung und Anwendung: Rosenblätter wirken zusammenziehend und stopfend. Im Hause wird der Teeaufguß bei Durchfall getrunken. Das aus den Blütenblättern gewonnene Rosenöl wird in der kosmetischen Industrie zur Erzielung besonderer Duftnoten, in der pharmazeutischen Industrie zum Verschönern von Teemischungen, und in der Bäckerei und Zuckerwarenindustrie als Geruchszusatz verwendet. Die aus den frischen Blütenblättern bereitete Essenz wird in der Homöopathie bei Heufieber verordnet.

Rosmarin
(Rosmarínus officinális L., Lippenblütler)

Angaben über Beschreibung, Vorkommen, Anbau, Ernte und Trocknung siehe „Unsere Küchen- und Gewürzkräuter".

Verwendete Teile: Die während der Blütezeit gesammelten, getrockneten Blätter; seltener die frischen Blätter.

Inhaltsstoffe: Äth. Öl = Rosmarinöl, Gerbstoffe, Saponin, Ursolsäure, Rosmarinsäure.

Wirkung und Anwendung: Rosmarin wirkt hautreizend, nervenberuhigend, magenstärkend, wasser-, schweiß- und blähungstreibend. In der Medizin wird das ätherische Öl hauptsächlich in Salbenform zu Einreibungen bei Gelenkrheumatismus, Nerven- und Muskelschmerzen gebraucht. In der Homöopathie wird die aus den getrockneten Blättern bereitete Tinktur bei Unregelmäßigkeit der Menstruation und bei Magenbeschwerden (auch auf nervöser Grundlage) verordnet. Im Haus wird der Teeaufguß innerlich bei Magen-Darm-Beschwerden, nervöser Unruhe, als wasser- und wurmtreibendes Mittel und bei Menstruationsbeschwerden, äußerlich zu Umschlägen bei Hautleiden genommen. Beliebt zur Entwässerung des Körpers und zur Kreislaufanregung ist auch Rosmarinwein (1 Handvoll Rosınarinblätter auf 1 l Weißwein, 7 Tage stehen lassen). Rosmarinöl wird bei der Herstellung von Rosmarinspiritus, zum Parfümieren von Seife und Badeessenzen und als Zusatz zu Kölnisch Wasser und Lavendelwasser verwendet.

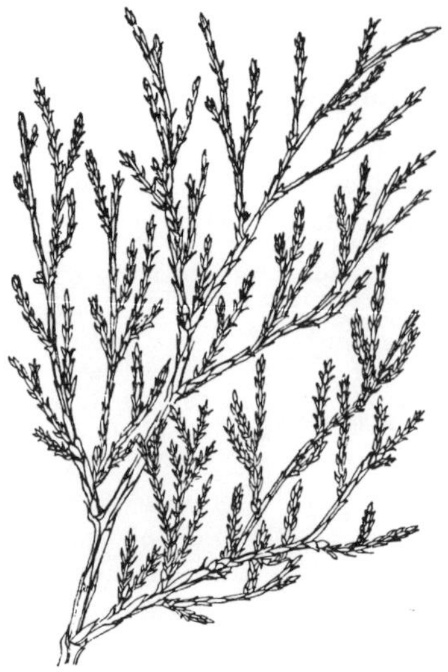

Sadebaum, Sevibaum
(Juniperus sabína L., Nadelhölzer)

Beschreibung: Baum oder buschiger Strauch mit niederliegendem Stamm und aufsteigenden Ästen. Die Blätter sind in den ersten Jahren nadelförmig, abstehend, später schuppenförmig, anliegend. Aus den kleinen gelben Blüten entwickeln sich erst grüne, dann blauschwarz bereifte Beeren. Die Blätter riechen stark würzig und schmecken widerlich bitter.

Vorkommen: In den Alpen verwildert; angepflanzt in Gärten, auf Friedhöfen.

Verwendete Teile: Die jungen getrockneten Zweigspitzen.

Einsammeln und Trocknen: Im Frühjahr werden die jungen Zweigspitzen gesammelt und sorgfältig getrocknet.

Inhaltsstoffe: Giftiges äth. Öl, Gerbstoff, Harz, ein Bitterstoffglykosid.

Wirkung und Anwendung: Sadebaumspitzen werden in der Heilkunde nur selten in Salbenform bei Hautleiden verwendet. In der Tierheilkunde dienen sie als Freßlust erzeugendes Mittel und zur Entfernung der Nachgeburt.

Safran

(Crócus satívus L., Schwertliliengewächse)

Beschreibung, Vorkommen, Anbau und Ernte siehe „Unsere Küchen- und Gewürzkräuter“.

Verwendete Teile: Die getrockneten Narbenschenkel.

Inhaltsstoffe: Farbstoffglykoside, Bitterstoff, äth. Öl, Fett.

Wirkung und Anwendung: In der Homöopathie wird die aus den getrockneten Narbenschenkeln bereitete Tinktur zur Nervenberuhigung, bei Wechselfieber, Gicht und Blutungen verordnet. Im Hause, in der Lebensmittel- und Likörindustrie wird Safran als Gewürz und Färbemittel, in der Kosmetik als Farbzusatz zu Haarwässern verwendet.

Salbei

(Sálvia officinális L., Lippenblütler)

Angaben über Beschreibung, Vorkommen, Anbau, Ernte und Trocknung siehe „Unsere Küchen- und Gewürzkräuter“.

Verwendete Teile: Die vor der Blüte gesammelten, getrockneten Blätter; in der Homöopathie die frischen Blätter.

Inhaltsstoffe: Äth. Öl mit Thujon, Cineol, Terpenen, Kampfer; Gerbstoff, Saponin.

Wirkung und Anwendung: Salbei wirkt keimtötend und entzündungswidrig, schmerzstillend, krampflösend, zusammenziehend, schweißhemmend und leicht blutzuckersenkend. In der Medizin wird sie zum Mundspülen und Gurgeln bei Zahnfleisch- und Halsentzündungen, innerlich gegen Nachtschweiß und bei Magenbeschwerden verordnet. In der Homöopathie wird die aus dem frischen Blatt bereitete Essenz bei Husten, Beschwerden in den Wechseljahren und zur Anregung der Blutzirkulation angewendet. Salbei ist ein sehr geschätztes Hausmittel und wird als Teeaufguß wie in der Heilkunde, außerdem noch als Unterstützung bei der Behandlung von Zuckerkrankheit verwendet. Salbeiöl wird in der kosmetischen Industrie zur Aromatisierung von Zahnpasten und Mundwässern gebraucht.

Muskateller-Salbei *(Sálvia sclárea* L.) wird im Hause ähnlich wie *Sálvia officinális* verwendet, hauptsächlich aber in der Kosmetikindustrie.

Sanddorn, Sandbeer, Griesbeer
(Hippóphae rhamnoídes L., Ölweidengewächse)

Beschreibung: Stark verästelter, dorniger Strauch oder bis 6 m hoher Baum mit tiefgehenden Hauptwurzeln und weitkriechenden Wurzelausläufern. Blätter sind kurz gestielt, wechselständig, schmallanzettlich, ganzrandig. Die Blattoberseite mit Haaren bedeckt und silberglänzend, unterseits wegen der dichtstehenden Schildhaare weißgrau. Im Herbst verfärben sich die Blätter kupferrot. Sanddorn ist zweihäusig. Die männlichen Blüten sind klein, grüngelb, in den Achseln der Hochblätter zu viert- bis sechst stehend. Die weiblichen Blüten bilden eine ährenförmige Traube. Die Frucht ist eine kugelig- bis eiförmige Scheinbeere, die aus dem Blütenbecher hervorgeht. Reifezeit: August bis Ende September.

Vorkommen: In ganz Europa vorkommend. Besonders im Alpengebiet und an der Ostseeküste verbreitet, wo er zur Befestigung von losen Böden, wie Dünen und felsige Gebirgshänge auch angepflanzt wird.

Verwendete Teile: Die reifen gelb- bis orange-roten Scheinbeeren.

Inhaltsstoffe: Viel Apfelsäure, ein gelber Farbstoff, fettes Öl, Mannit, sehr reich an Vitamin C.

Wirkung und Anwendung: Wegen des hohen Vitamingehaltes wirkt Sanddorn kräftigend und stärkend. Er wird zur Herstellung von vitaminangereicherten Arzneimitteln, Vitaminkonzentraten, Nähr- und Kräftigungsmitteln verwendet. In der kosmetischen Industrie wird er zur Herstellung vitaminhaltiger Hautcremes- und Zahnpasten zugezogen, in der Lebensmittelindustrie zur Vitaminisierung und Aromatisierung von Konserven, Suppenwürzen, in der Getränkeindustrie zu erfrischenden Getränken und zu Likören beigegeben. Bei der Verarbeitung von Sanddorn muß darauf geachtet werden, daß das Vitamin C gegen Metalle, sowie gegen Luft und höhere Temperaturen sehr empfindlich ist und leicht zerstört wird. Deswegen müssen sämtliche Werkzeuge und Maschinen, die mit der Frucht in Berührung kommen, aus rostfreiem Stahl oder Steingut oder fehlerlos emailliert sein.

Sanikel
(*Sanícula europáea* L., Doldenblütler)

Beschreibung: Ausdauerndes, bis 50 cm hohes Kraut mit braunem Wurzelstock und Faserwurzeln. Die zahlreichen, langgestielten, 3—5 teiligen Grundblätter sind glänzend dunkelgrün. Der hohe Stengel ist aufrecht, meist blattlos. Die kleinen rötlichen oder weißen Blüten stehen in kleinen Dolden am Stengelende. Blütezeit: Mai/Juni.

Vorkommen: In schattigen, feuchten Laubwäldern, hauptsächlich in Gebirgsgegenden.

Verwendete Teile: Das getrocknete Kraut und der getrocknete Wurzelstock.

Einsammeln und Trocknen: Die Blätter werden zur Blütezeit gesammelt, der Wurzelstock im Herbst. Blätter und Wurzelstock werden in einem schattigen, luftigen Raum getrocknet.

Inhaltsstoffe: Wenig äth. Öl, Bitterstoff, Gerbstoff, Saponine, Mineralsalze.

Wirkung und Anwendung: Sanikel wirkt schleimlösend und entzündungswidrig. Die Droge dient hauptsächlich als Hausmittel in Form von Aufguß oder als abgekochtes Kraut bei Erkrankungen der Luftwege, als schleimlösendes Mittel bei Erkältungskrankheiten, zu Mundspülungen bei Entzündungen des Zahnfleisches, Gaumens, oder Rachens. Äußerlich wird Sanikel zu Umschlägen bei Wunden und eitrigen Geschwüren verwendet. Ein Tee aus der Wurzel wird gern als zusammenziehendes Mittel bei Magenleiden oder zu Teemischungen genommen.

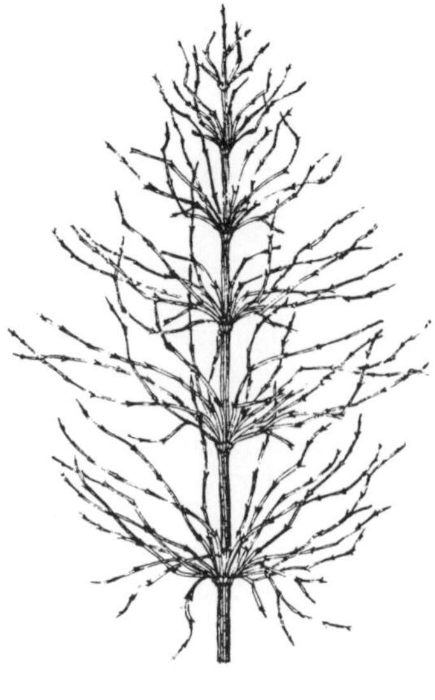

Sauerampfer siehe Ampfer, Seite 16.

Schachtelhalm, Acker-Schachtelhalm, Zinnkraut, Scheuerkraut, Katzenwedel
(*Equisétum arvénse* L., Schachtelhalmgewächse)

Beschreibung: Ausdauernde, krautige Pflanze mit dünnem, bis 1 m tief im Boden kriechendem, braunem Wurzelstock. Dieser ist reichlich verzweigt und bildet zuweilen Knollen. Im zeitigen Frühjahr entwickeln sich zuerst die ungefähr 20 cm hohen, hellgelb-blaßrötlichen, unverzweigten fruchtbaren Sprosse, an deren Ende sich der walzenförmige Sporangienstand befindet. Die Sporen sind schon im April/Mai reif. Bald danach sterben die Triebe ab. Anschließend erscheinen dann büschelweise die 30—50 cm hohen, federkieldicken, lebhaft grünen unfruchtbaren Sprosse. Sie sind verzweigt, ihre astlosen Spitzen überragen weit die Äste.

Der Wurzelstock und die oberirdischen Sprosse bestehen aus ineinandergeschachtelten, röhrenartigen Gliedern, die an den Knoten durch eine Querwand voneinander getrennt sind.

Vorkommen: Auf Äckern und an Wegrändern, besonders auf lehmigen Sandböden.

Verwendete Teile: Die unfruchtbaren Sommertriebe.

Einsammeln, Trocknen, Aufbewahren: Nur die grünen Sommertriebe werden gesammelt. Im Juli/August werden sie dicht über der Erde abgeschnitten oder abgerissen. Teile des braunen Wurzelstocks dürfen dabei nicht mit in das Sammelgut gelangen.

Trocknung sofort nach dem Sammeln, am besten auf dem Dachboden ausbreiten. Es muß rasch getrocknet werden, sonst färbt sich das Kraut leicht gelb. Getrocknet muß es die frische, grüne Farbe behalten. Das völlig trockene Schachtelhalmkraut wird, in Säcken verpackt, an einem luftigen Ort aufbewahrt. Die trockenen Stengel zerbröckeln leicht, deshalb müssen sie vorsichtig behandelt werden.

Inhaltsstoffe: Saponin, Bitterstoff, Harz, Aconitsäure, viel Kieselsäure, Flavonglykoside.

Wirkung und Anwendung: Ackerschachtelhalm wirkt harntreibend und fördert die Blutgerinnung. Wegen seines hohen Gehalts an Kieselsäure schreibt man ihm eine günstige Wirkung bei der Behandlung von Lungentuberkulose zu. In der Medizin wird er bei einigen Formen der Lungentuberkulose, bei Erkrankungen der Harnorgane, besonders bei Blasen- und Nierenentzündung und als blutstillendes Mittel angewendet.

In der Homöopathie wird eine aus den frischen unfruchtbaren Trieben bereitete Essenz vor allem bei Blasenkatarrh, Bettnässen und Lungenerkrankungen angewendet.

Im Hausgebrauch gilt Schachtelhalm als ein wirksames Mittel äußerlich zu Auflagen, Wickeln und Bädern bei schlecht heilenden Wunden, zum Spülen und Gurgeln bei Mund- und Rachenerkrankungen, innerlich gegen Blutungen von Nase, Lunge, Magen, Blase und Gebärmutter.

Andere Schachtelhalmarten werden seltener verwendet, doch findet z. B. auch in der Homöopathie und als Hausmittel der **Winterschachtelhalm** *(Equisétum hiemále* L.) bei Blasenschmerzen, Blasenkatarrh, Harndrang, Harnverhaltung und Bettnässen Anwendung.

Schafgarbe

(*Achilléa millefólium* L., Korbblütler)

Beschreibung: Ausdauerndes, 50—80 cm hohes Kraut mit kriechendem, verästeltem Wurzelstock. Die aufrechten, behaarten Stengel sind nur wenig verzweigt. Die Laubblätter sind feingefiedert. An den Stengelenden stehen die kleinen, weißen, seltener rosafarbenen Blüten in Trugdolden. Blütezeit: Juni bis Oktober. Schafgarbe riecht würzig und schmeckt bitter.

Vorkommen: An Wegrändern, auf Wiesen und Geröllhalden.

Verwendete Teile: Das blühende Kraut; die getrockneten Blätter und Blüten.

Einsammeln und Trocknen: Die Blätter werden zu Beginn der Blütezeit gesammelt, das blühende Kraut und die Blüten vom Juli bis September handhoch über dem Boden geschnitten. Blätter und Blüten werden in dünner Schicht ausgelegt, das ganze Kraut wird gebündelt und aufgehängt. In luftigem Raum trocknen, vor Licht geschützt aufbewahren.

Inhaltsstoffe: Äth. Öl, der Bitterstoff Achillein, Gerbstoff, Harz, Akonitsäure.

Wirkung und Anwendung: Schafgarbe wirkt blutreinigend, regulierend auf die Magen- und Darmtätigkeit und lindert Menstruationsbeschwerden. Äußerlich angewendet als Auflage und Badezusatz hat sie eine gute Heilwirkung bei Wunden und Geschwüren. Meist findet sie Verwendung als Hausmittel, sollte aber wegen ihrer starken Reizwirkung maßvoll angewendet werden. Schafgarbe ist vorzüglich zum Inhalieren bei Erkrankungen der Atemwege (Kraut mit Wasser kochen und den Dampf einatmen).

Schlüsselblume, Himmelsschlüsselchen, Frühlings-Schlüsselblume, Arzneiprimel (*Prímula véris* L., syn. *Prímula officinális* L., Primelgewächse)

Beschreibung: Ausdauernde, bis 20 cm hohe Pflanze mit kurzem Wurzelstock, aus dem sich eine Blattrosette und die Blütenstengel entwikkeln. Die Laubblätter sind sehr verschieden geformt, meist eiförmig oder länglich-elliptisch, vorn abgerundet und in einen kurzen, geflügelten Blattstiel verschmälert. Die Blätter sind leicht filzig mit starker Nervatur an der Oberfläche. Die aufrechten Blütenstengel tragen die in Dolden geordneten, dottergelben Blüten. Diese sind von einem kurzen, weißlichen Kelch umschlossen und breiten sich dann zu einer fünfzipfligen Rosette aus. Blütezeit: April bis Mai. Die Blüten sind wohlriechend.

Vorkommen: Fast überall in Europa auf Wiesen und in lichten Wäldern.

Verwendete Teile: Die getrockneten Blüten mit und ohne Kelch; Wurzel und Wurzelstock in getrocknetem Zustand; selten die ganze blühende Pflanze.

Einsammeln und Trocknen: Die Blüten werden gesammelt, sobald sie völlig aufgeblüht sind, und im Schatten getrocknet. Vor Licht geschützt aufbewahren. Die Wurzeln werden im zeitigen Frühjahr oder im Herbst ausgegraben, gewaschen und in einem luftigen Raum oder an der Sonne sorgfältig getrocknet.

Inhaltsstoffe: Saponine, Primulasäure, Glykoside.

Wirkung und Anwendung: Schlüsselblume wirkt schleimlösend und harntreibend. In der Medizin finden Extrakte Verwendung. In der Homöopathie wird eine aus den frischen Blüten oder aus der gesamten blühenden Pflanze bereitete Essenz bei Erkrankungen der Nieren und als schleimlösendes Mittel bei Katarrhen der oberen Luftwege verordnet. Im Hause ist ein gesüßter Tee aus Blüten oder Wurzeln, eßlöffelweise genommen, ein beliebtes, mildes Hustenmittel. Auch wird die Droge häufig, vermischt mit Baldrian, Kamille und Engelwurz, bei nervöser Schlaflosigkeit genommen.

Schöllkraut, Warzenkraut

(Chelidónium május L., Mohngewächse)

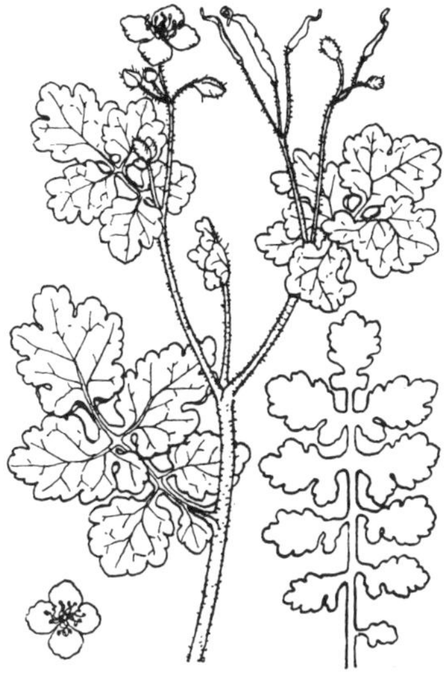

Beschreibung: Ausdauernde, bis zu 80 cm hohe Pflanze mit hohlem, behaartem, ästigem Stengel. Die wechselständigen Blätter sind behaart und fiederspaltig, der Rand ist gekerbt. Die goldgelben Blüten stehen in end- und seitenständigen, langgestielten Dolden. Die Früchte sind schotenförmige, aufspringende Kapseln. Blütezeit: Mai bis September. Das frische Kraut riecht beim Zerreiben unangenehm und schmeckt scharf und bitter. Die ganze Pflanze enthält reichlich gelben Milchsaft.

Vorkommen: Weit verbreitet an Wegrändern und Mauern, auf Ödland und unter Gebüschen.

Verwendete Teile: Das frische oder getrocknete blühende Kraut; die frische oder getrocknete Wurzel.

Sammeln und Trocknen: Das Kraut wird im Mai geschnitten und rasch getrocknet. Gegen den Milchsaft sind die Hände mit Handschuhen zu schützen. Die Wurzel wird von August bis Oktober gesammelt und an einem schattigen, warmen Ort getrocknet. Die Droge muß vor Licht geschützt aufbewahrt werden.

Inhaltsstoffe: Mehrere Alkaloide, darunter Chelidonin, wenig äth. Öl.

Wirkung und Anwendung: Schöllkraut wirkt beruhigend, krampflösend und schmerzstillend. In der Medizin wird es als krampflösendes Mittel bei Erkrankungen des Magen-Darmkanals, bei Gallen- und Leberleiden angewendet. In der Homöopathie wird die aus dem frischen, vor Beginn der Blüte gesammelten Wurzelstock bereitete Essenz bei Leber- und Magenentzündungen, Gicht, Rheumatismus, Menstruationsbeschwerden und Hautleiden verordnet. Als seit altersher bekanntes Hausmittel wird der frische Milchsaft auf Warzen getupft.

Schwertlilie, Veilchenwurzel, Zahnwurzel

(Iris germánica L., Schwertliliengewächse)

Beschreibung: Ausdauernde Pflanze mit kriechendem, fleischigem, knollig verdicktem Wurzelstock. Aus ihm entwickeln sich die schwertförmig zugespitzten, graugrünen Blätter und der kräftige, aufrechte, im oberen Teil verzweigte Blütenstengel. Die dunkelvioletten Blüten sind fast sitzend. Blütezeit: Mai bis Juni. Die Blüten haben einen schwachen, angenehmen Duft. Der frische Wurzelstock ist geruchlos, der getrocknete riecht angenehm veilchenartig.

Vorkommen: Angebaut im Garten, gelegentlich auch verwildert an warmen, geschützten Stellen. In Italien werden *Íris germánica* und einige ihr, verwandte Arten zur Drogengewinnung für die pharmazeutische und die Parfümindustrie angebaut.

Anbau: Die Vermehrung erfolgt meist durch Wurzelstockteile, die bei der Wurzelernte abfallen. Am vorteilhaftesten ist es, die Stecklinge im September in einem Abstand von 20×25 cm auszupflanzen. Die Samen keimen nur schwer und unregelmäßig. Schwertlilie verlangt kalkhaltigen, lehmigen Boden. Der Duftgehalt des Wurzelstocks ist von der Bodenbeschaffenheit abhängig.

Verwendete Teile: Die getrockneten fleischigen Wurzelstöcke. In der Homöopathie und als Hausmittel auch die frischen Wurzelstöcke.

Ernte und Trocknen: Im 2. und 3. Wachstumsjahr werden die Pflanzen mit der Kreuzaxt ausgehoben, möglichst nach Regen, da dann die Wurzelstöcke aufgequollen sind und sich leichter schälen lassen. Nach dem Ausgraben werden sie erst in Wasser gelegt, geschält und möglichst im Freien bei voller Sonne getrocknet. Erst in völlig trockenem Zustand entwickeln sie ihren vollen Duft.

Inhaltsstoffe: Stärke, Schleim, wenig äth. Öl, fettes Öl, Zucker.

Wirkung und Anwendung: Die Wurzelstöcke der Schwertlilie wirken schleimlösend, entwässernd und abführend. In der Medizin werden sie meist als Geschmackskorrigens von Pillen und Zahnpasten, seltener als schleimlösendes Mittel bei Husten gebraucht. In der Homöopathie wird eine aus den frischen Wurzelstöcken bereitete Essenz bei Migräne und Magenschleimhautentzündung verordnet. Im Hause wird der getrocknete Wurzelstock zu Riechkissen verwendet und der Teeaufguß als wassertreibendes und abführendes Mittel. Früher wurden die geschälten Wurzelstöcke den Kindern zum Beißen beim Zahnen gegeben, heute ist es aus hygienischen Gründen nicht mehr gebräuchlich.

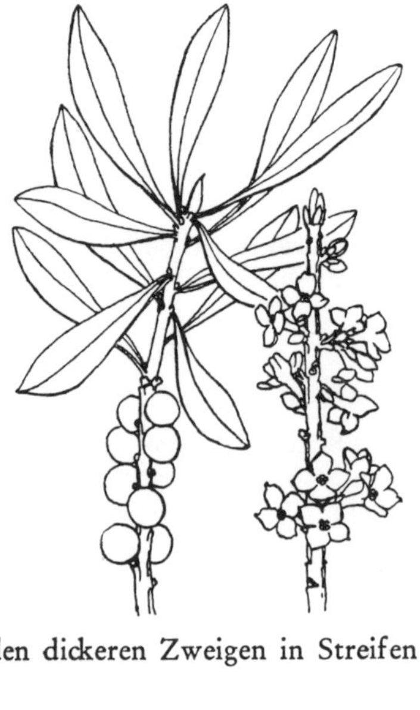

Seidelbast

(Dáphne mezeréum L., Seidelbastgewächse)

Beschreibung: Ausdauernder, bis 1 m hoher Strauch mit rutenförmigen, nur an den Spitzen beblätterten Zweigen. Die kleinen Laubblätter sind verkehrt-eiförmig, ganzrandig. Die vor den Blättern erscheinenden, rosaroten Blüten haben keinen Kelch. Sie sitzen zu mehreren in den Achseln der im vorjährigen Herbst abgefallenen Blätter. Die leuchtend rote Frucht ist eine erbsengroße, saftige Beere. Blütezeit: Ende Februar/März.

Vorkommen: In schattigen, feuchten Laubwäldern, an Bachufern und Wassergräben. Naturschutz!

Verwendete Teile: Die getrocknete Rinde; in der Homöopathie die frische Rinde.

Sammeln und Trocknen: Im zeitigen Frühjahr. kurz vor Beginn der Blüte, wird die Rinde von den dickeren Zweigen in Streifen abgezogen und im Schatten getrocknet.

Inhaltsstoffe: Mezerein, ein Glykosid, Harz, fettes Öl.

Wirkung und Anwendung: Seidelbast ist giftig. Er wirkt stark hautreizend, blasenziehend und wird in Salbenform bei Hautleiden und Geschwüren verwendet. In der Homöopathie wird die aus der frischen Rinde gewonnene Essenz bei Hautleiden, Entzündungen der Schleimhäute der Atmungs-, Verdauungs- und Harnwege, Rheumatismus und Gicht verordnet. Seidelbast darf wegen seiner Giftigkeit nur unter ärztlicher Aufsicht angewendet werden.

Seifenkraut

(Saponária officinális L., Nelkengewächse)

Beschreibung: Ausdauerndes, bis 80 cm hohes Kraut mit bleistiftdicker, stark verästelter Wurzel. Die Stengel sind einfach oder im oberen Teil verzweigt. Die Laubblätter sind lanzettlich, spitz. Die kurzgestielten, rosa Blüten sind mit einem walzenförmigen Kelch versehen. Sie stehen in Büscheln am Stengelende. Blütezeit: Juni bis September. Die Blüten duften angenehm.

Vorkommen: An Böschungen, in Gebüschen, lichten Wäldern, an Hecken und auf Schuttplätzen; angebaut zur Drogengewinnung.

Verwendete Teile: Die getrockneten Wurzeln; das blühende, getrocknete Kraut.

Einsammeln und Trocknen: Das blühende Kraut wird geschnitten, gebündelt und zum Trocknen aufgehängt. Die Wurzeln werden im Spätsommer ausgegraben und schnell bei künstlicher Wärme getrocknet.

Inhaltsstoffe: Saponine, Kohlehydrate.

Wirkung und Anwendung: Seifenkraut wirkt blutreinigend, schleimlösend, auswurffördernd und harntreibend. In der Medizin wird die Wurzeldroge hauptsächlich als lösendes Mittel bei Bronchialleiden und als Badezusatz bei Ekzemen und Flechten verwendet. In der Homöopathie wird die aus der getrockneten Wurzel bereitete Tinktur bei Erkältungskrankheiten verordnet. Im Hause dient der Teeaufguß aus Wurzeln oder Kraut zur Förderung der Gallensekretion, zur Entwässerung des Körpers und als Abführmittel.

Sellerie

(Ápium gravéolens L., Doldenblütler)

Angaben über Beschreibung, Anbau, Ernte und Trocknung siehe „Unsere Küchen- und Gewürzkräuter".

Verwendete Teile: Die Wurzel; der Samen; das frische oder getrocknete Kraut.

Inhaltsstoffe: Äth. und fettes Öl, Vitamin C, Asparagin, Schleim, Stärke.

Wirkung und Anwendung: Sellerie wirkt appetitanregend und harntreibend. In der Homöopathie wird die Tinktur aus dem reifen Samen bei Harnverhaltung, nervöser Unruhe, Sodbrennen und Nesselsucht verordnet. Im Haus wird Sellerie zur Entwässerung des Körpers und zu Teemischungen genommen. Das aus den Samen gepreßte Öl wird in der Lebensmittel- und Parfümindustrie verwendet, der gepulverte Samen zu „Selleriesalz".

Senf, Schwarzer S. (1), Weißer S. (2)
(1: *Brássica nígra* [L.] Koch, 2: *Sinápis álba* L.; Kreuzblütler)

Angaben über Beschreibung, Vorkommen, Anbau und Ernte siehe „Unsere Küchen- und Gewürzkräuter".

Verwendete Teile: Die reifen Samen.

Inhaltsstoffe: Ein Senföl-Glykosid, fettes Öl, Fettsäuren, Eiweiß, Schleim.

Wirkung und Anwendung: Senf wirkt stark hautreizend und wird in der Heilkunde äußerlich zu Senfmehl-Umschlägen, Wickeln, Pflastern oder als Badezusatz bei Kreislaufstörungen, Gelenkentzündungen, Rheumatismus und Bronchitis verordnet. In der Lebensmittelindustrie wird das aus dem Samen gepreßte Öl zur Herstellung von Speiseöl verwendet. Das ätherische Senföl (zu Einreibungen, z. B. als Senfspiritus) wird heute praktisch nur noch synthetisch gewonnen. Weißer Senf hat eine schwächere Wirkung, wird jedoch in der Heilkunde wie der Schwarze Senf angewendet.

Silberdistel, Eberwurz
(*Carlína acaúlis* L., Korbblütler)

Beschreibung: Ausdauernde Pflanze mit bis zu 30 cm langer Pfahlwurzel. Die fiederspaltigen, wenig gezähnten Blätter bilden eine Rosette. In ihrer Mitte steht der sehr kurze Blühstengel, der den Blütenkopf aus zahlreichen, gelblichweißen Röhrenblüten, die von einem Kranz silbrigweißer Hüllblätter umgeben sind, trägt. Blütezeit: Juli bis August.

Vorkommen: Auf kalkhaltigen Böden, an steinigen Hügeln und Abhängen. Naturschutz!

Verwendete Teile: Die getrocknete Wurzel.

Sammeln und Trocknen: Im September und Oktober werden die Wurzeln ausgestochen, gesäubert und an der Sonne oder im Schatten getrocknet.

Inhaltsstoffe: Äth. Öl, Gerbstoff, Harz, Inulin.

Wirkung und Anwendung: Silberdistel wirkt

harn- und schweißtreibend, auch antibiotisch. In der menschlichen Heilkunde wird sie nur selten verwendet, in der Tierheilkunde ist sie sehr geschätzt. Im Hause wird ein Teeaufguß aus der getrockneten Wurzel als harn- und schweißtreibendes Mittel und gegen Würmer angewendet. Bei der Herstellung von Likören dient Silberdistel in kleinen Mengen als Aromaticum.

Sonnenblume

(*Heliánthus ánnuus* L., Korbblütler)

Beschreibung: Einjährige, bis 3 m hohe Pflanze mit sich nach oben hin verdikkenden Stengeln. Die gestielten Blätter sind wechselständig, beiderseits behaart, herzförmig. Die großen, endständigen, nickenden Blüten haben einen Durchmesser bis zu 40 cm. Sie haben zahlreiche, grüne, borstige Hüllblätter, braune, röhrige Scheibenblätter und am Scheibenrand goldgelbe, strahlenförmig angeordnete Zungenblüten. Die Früchte sind schwarzbraun. Blütezeit: Juli/September.

Vorkommen: Die Sonnenblume wird in Südosteuropa zur Ölgewinnung angebaut, in Westeuropa wird sie meist nur als Zierpflanze in Gärten gezogen.

Verwendete Teile: Die reifen Früchte.

Inhaltsstoffe: Fettes Öl, Eiweiß, Cholin, Lecithin, Gerbstoff.

Wirkung und Anwendung: Die zerstoßenen Früchte wirken schleimlösend und wassertreibend und werden als Hausmittel angewendet. Das ausgepreßte Öl gibt ein wertvolles Speiseöl. Die Rückstände der Früchte (Preßkuchen) werden als leichtverdauliches Viehfutter verwendet.

Sonnenhut, Schmalblättriger

(*Echinácea angustifólia* DC., *Braunéria angustifólia* [DC.] Heller, Korbblütler)

Beschreibung: Ausdauernde, 40—60 cm hohe Pflanze mit kräftig entwickeltem pfahlartigem Wurzelstock. Stengel einfach, kahl, im oberen Teil hohl, unter dem Blütenkopf verdickt. Blätter länglich-lanzettlich oder elliptisch, auf beiden Seiten höckerig und rauhhaarig, dunkelgrün. Die Grundblätter sind langgestielt, die oberen Blätter nur kurz oder fast sitzend. Blütenköpfe 2—3 cm hoch, kegelförmig emporgewölbt. Sie bestehen aus einem Kranz von Strahlenblüten, die meist zurückgeschlagen oder herabhängend sind, und zahlreichen Scheibenblüten. Blütezeit: Juli bis Oktober. Andere Echinaceaarten, wie *E. pállida* Natt. (**Blaßfarbener Sonnenhut**) und *Echinácea purpúrea* Moench (**Purpurfarbener Sonnenhut**) werden auch gelegentlich zur Heilmittelbereitung verwendet.

Vorkommen: Stammt aus Nordamerika, in Europa verwildert. In Gärten sind häufig die sog. gefüllten Formen anzutreffen. Für Heilzwecke wird meist angebaut.

Verwendete Teile: Das blühende Kraut; der Wurzelstock; die frische Pflanze einschließlich der Wurzel.

Ernte und Trocknen: Geerntet wird das blühende Kraut. Im Herbst oder im zeitigen Frühling wird der Wurzelstock ausgegraben. Getrocknet wird selten, da die Verarbeitung hauptsächlich im frischen Zustand erfolgt.

Inhaltsstoffe: Ätherisches Öl, Inulin, das Glykosid Echinacosid; im Kraut ätherisches Öl und Harz.

Wirkung und Anwendung: Auszüge aus der frischen Pflanze hemmen die Wirkung eines in vielen Organen des menschlichen Körpers vorhandenen Fermentkomplexes (Hyaluronidase), der die Durchlässigkeit des Bindegewebes und der Blutgefäße steigert. Sonnenhut wirkt entzündungswidrig, blutreinigend und wundheilfördernd. Anwendung innerlich und äußerlich bei Infektionen des Körpers mit eiterbildenden Bakterien, insbesondere bei Furunkeln, Karbunkeln und eitrigen Entzündungen, ferner bei Hämorrhoiden.

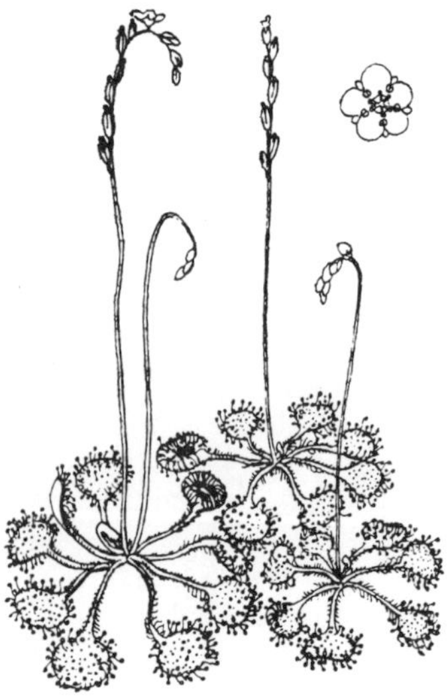

Sonnentau

(Drósera rotundifólia L., Sonnentaugewächse)

Beschreibung: Ausdauernde, kleine Pflanze mit zarten, kahlen Stengeln. Die Blätter bilden eine grundständige Rosette. Sie sind langgestielt und mit Drüsenhaaren versehen, die klebrige Tröpfchen absondern. Insekten bleiben an den Blättern kleben, werden von dem schleimigen Sekret umhüllt und ersticken. Die kleinen weißen Blüten stehen in langgezogenen Wickeln am Stengelende.

Vorkommen: Auf Torf- und Sumpfboden.

Verwendete Teile: Die während der Blütezeit gesammelte und getrocknete Pflanze ohne Wurzel. Sonnentau steht in Mitteleuropa unter Naturschutz. Die Droge stammt aus Osteuropa.

Inhaltsstoffe: Gerbstoff, Fermente, Farbstoff, wenig äth. Öl, Drosera-Saponin.

Wirkung und Anwendung: Sonnentau wirkt hustenreizmildernd, krampflösend und Harntreibend. In Form von Präparaten oder als Tee wird er bei Keuchhusten, Husten und Asthma, Blasenkatarrh und Wassersucht verwendet. In der Homöopathie wird die aus der ganzen, vor Beginn der Blüte gesammelten Pflanze bereitete Essenz bei Augen- und Ohrenschmerzen auf nervöser Grundlage, Gliederschmerzen und Keuchhusten verordnet. Im Hause wird der ausgepreßte Saft auf Warzen und Sommersprossen gestrichen, der Teeaufguß wird bei Husten, zum Entwässern des Körpers und bei Leberleiden getrunken.

Spitzwegerich (1), **Breitwegerich** (2)

(1: *Plantágo lanzeoláta* L., 2: *Plàntágo májor,* Wegerichgewächse)

Beschreibung: Spitzwegerich ist ein ausdauerndes, bis 40 cm hohes Kraut. Die Blätter sind lanzettlich und bilden eine grundständige Rosette. Der Stengel ist aufrecht, gefurcht. An seiner Spitze befinden sich die kleinen, weißlichen Blüten in einer Ähre geordnet. Blütezeit: Mai bis September. Das Kraut ist fast geruchlos und schmeckt herb-bitter.

Vorkommen: Auf trockenen Böden, auf Wiesen, Weiden und an Wegrändern.

Verwendete Teile: Die getrockneten Blätter ohne Stengelteile.

Einsammeln und Trocknen: Die Blätter werden von Mai bis August in Körbe gepflückt, jeder Druck ist zu vermeiden. In dünner Schicht in einem luftigen, trockenen, warmen Raum ausbreiten. Die Blätter trocknen nur langsam, schwarz verfärbte müssen ausgelesen werden. Die Droge muß lose in Säcken, die man am zweckmäßigsten aufhängt, aufbewahrt werden.

Inhaltsstoffe: Gerbstoff, ein Glykosid, Schleim, Bitterstoff, Vitamin C.

Wirkung und Anwendung: Spitzwegerich wirkt schleimlösend, auswurffördernd, blutreinigend und wassertreibend. In der Heilkunde findet er hauptsächlich Anwendung bei Erkrankungen der Atmungsorgane. Im Hause wird Teeaufguß zu Blutreinigungskuren, als wassertreibendes Mittel bei Blasenleiden, bei Durchfall und Leberleiden gebraucht.

Breitwegerich ist ebenfalls ein ausdauerndes bis 40 cm hohes Kraut, das eine grundständige Rosette bildet. Die langgestielten Blätter sind breit-elliptisch, zugespitzt und ganzrandig. Die kleinen, gelblichweißen Blüten sitzen in langgezogenen Ähren an den Blütenschäften. Blütezeit: Juni bis Oktober. Vorkommen, verwendete Teile, Sammlung und Trocknung, Inhaltsstoffe, Wirkung und Anwendung wie bei Spitzwegerich.

Stechapfel

(Datúra stramónium L., Nachtschattengewächse)

Beschreibung: Einjährige, bis über 1 m hohe Pflanze mit kahlen, gegabelten Stengeln. Die langgestielten Laubblätter sind eiförmig bis dreieckig, der Blattrand ist grob gezähnt. Die großen langgestielten, in den Astgabeln stehenden Blüten haben einen langen grünen Kelch und weiße, trichterförmige Kronen. Die mit derben Stacheln besetzten, kugeligen Kapseln springen bei der Reife vierklappig auf. Sie enthalten schwarze, nierenförmige Samen. Blütezeit Juni bis Oktober. Die gesamte Pflanze hat einen unangenehm betäubenden Geruch, der beim Trocknen verschwindet; sie schmeckt bitterlich.

Vorkommen: Heimisch in Südosteuropa, in Mitteleuropa angebaut zur Drogengewinnung, verwildert auf Schuttplätzen, an Feldrändern, in Gärten und Weinbergen.

Verwendete Teile: Die getrockneten Blätter; das frische Kraut; der getrocknete Samen.

Einsammeln und Trocknen: Die Blätter werden zur Blütezeit gesammelt und vorsichtig in einem luftigen, warmen Raum getrocknet. Die Fruchtkapseln werden von Ende August bis Oktober abgeschnitten und zum Nachreifen in einfacher Schicht ausgelegt. Sie springen dann auf, und der Samen kann ausgesiebt werden.

Inhaltsstoffe: Alkaloide, Gerbstoff, äth. Öl.

Wirkung und Anwendung: Stechapfel wirkt ähnlich wie Tollkirsche auf das Nervensystem. Als Giftpflanze darf er nur unter ärztlicher Aufsicht angewendet werden. Er dient zum Räuchern bei Asthma, auch in Form von Asthmazigaretten. In der Homöopathie werden die aus dem frischen Kraut bereitete Essenz und die aus dem Samen gewonnene Tinktur bei Erregungszuständen und Neuralgien verordnet. In der pharmazeutischen Industrie werden die Samen zur Herstellung von Betäubungs- und Nervenmitteln verwendet.

Stechpalme

(*Ílex aquifólium* L., Stachelpalmengewächse)

Beschreibung: Immergrüner Strauch oder Baum. Die dunkelgrünen, glänzenden Laubblätter sind eiförmig bis lanzettlich, entfernt gezähnt, mit stacheliger Spitze. Die kleinen weißen Blüten stehen zu mehreren in den Blattachseln. Die Frucht ist eine erbsengroße, rote Beere. Blütezeit: Mai/Juni.

Vorkommen: In Laub- und Mischwäldern als Unterholz.

Verwendete Teile: Die frischen oder getrockneten Blätter.

Einsammeln und Trocknen: Die Blätter können jederzeit gesammelt werden. Im Schatten trocknen.

Inhaltsstoffe: Gerbstoff und Ursolsäure.

Wirkung und Anwendung: Stechpalme wirkt fieberwidrig, wassertreibend, hustenlösend. In verwendet, in der Homöopathie vor allem bei Erkrankungen von Leber und Galle. Als Hausmittel ist es sehr geschätzt und wird als Teeaufguß bei Magen- und Darmstörungen, bei Gicht, Anämie und als Wurmmittel genommen.

Thymian, Echter
(*Thýmus vulgáris* L., Lippenblütler)

Angaben über Beschreibung, Vorkommen, Anbau und Ernte siehe „Unsere Küchen- und Gewürzkräuter".

Verwendete Teile: Die Zweigspitzen oder die abgestreiften Blätter in getrocknetem Zustand.

Inhaltsstoffe: Ein Thymol enthaltendes äth. Öl, Gerbstoff, Flavone, Bitterstoff, Triterpensäuren.

Wirkung und Anwendung: Thymian wirkt hautreizend, schleim-, hustenreiz- und krampflösend, appetitanregend, harn- und blähungstreibend und desinfizierend. In der Heilkunde wird er innerlich bei Husten, Bronchitis und Halsentzündung, bei Entzündungen des Magens, Darmes und der Harnwege, äußerlich zu Umschlägen, zum Gurgeln und in Salbenform zu Einreibungen verordnet. Im Haus wird der Tee bei den gleichen Beschwerden verwendet. In der Likörindustrie dient Thymian zum Aromatisieren von Likören, in der Parfümindustrie als Duftzusatz von Kölnisch Wasser und Seifen.

Tollkirsche
(*Átropa belladónna* L., Nachtschattengewächse)

Beschreibung: Ausdauernde, bis 1,5 m hohe strauchartige Pflanze mit verzweigtem Wurzelstock und langer Pfahlwurzel. Die aufrechten, ästigen Stengel tragen kurzgestielte oder in den Stengeln verlaufende, eiförmige, vorn zugespitzte, große Blätter. Die glockenförmigen, bräunlichvioletten Blüten hängen einzeln an kurzen Stielen in den Blattachseln. Blütezeit Juni bis August. Die Frucht ist eine im Anfang grüne, in der Reife schwarzviolette, glänzende Beere.

Vorkommen: In lichten Wäldern, auf Kahlschlägen, besonders auf Kalk und Urgestein, vielfach auch angebaut.

Verwendete Teile: Die zur Blütezeit gesammelten und getrockneten Blätter; die im Spätsommer gegrabenen, getrockneten Wurzeln. In der Homöopathie die frische, blühende Pflanze.

Inhaltsstoffe: Alkaloide, Flavonglykoside (nicht in Wurzeln), Gerbstoff.

Wirkung und Anwendung: In der Medizin werden standardisierte Auszüge oder Reinalkaloide aus Tollkirsche bei krankhafter Übererregbarkeit und als krampflösendes Mittel bei Koliken angewendet. Für die Anwendung in der Homöoder Homöopathie wird die aus den frischen, im Frühjahr gesammelten Blättern bereitete Essenz als entwässerndes und fiebersenkendes Mittel verordnet. Der Teeaufguß wird im Hause bei fiebrigen Erkrankungen, Gicht, Rheumatismus und Bronchitis verwendet.

Steinklee, Honigklee
(*Melilótus officinális* L., Schmetterlingsblütler)

Beschreibung: Steinklee ist eine zweijährige Staude. Sie wird über 1 m hoch und hat starke, verästelte und beblätterte Stengel. Die Laubblätter sind dreizählig, elliptisch, der Rand ist gekerbt. In lockeren, achselständigen Trauben sind die kleinen, gelben Schmetterlingsblüten geordnet. Blütezeit: Juni bis August. Die Blüten haben einen aromatischen Geruch, der sich beim Trocknen stärker entfaltet.

Vorkommen: In Europa und Asien auf Ödland und Schuttplätzen, an Wegrändern und Bahndämmen, manchmal auch angebaut auf kalkhaltigen Böden.

Verwendete Teile: Das getrocknete Kraut.

Einsammeln und Trocknen: Das Kraut wird gesammelt, wenn es in voller Blüte steht und vorsichtig und langsam im Schatten getrocknet.

Inhaltsstoffe: Cumaringlykoside, darunter Melilotin, äth. Öl.

Wirkung und Anwendung: Steinklee wirkt leicht beruhigend, krampflösend und blähungstreibend. In der Medizin wird er heute nur wenig verwendet, da er durch wirksamere Mittel ersetzt werden konnte. Neuerdings hat man die Wirksamkeit von Cumarinstoffen bei der Herabsetzung der Blutgerinnungsfähigkeit festgestellt und medizinisch ausgenutzt. In der Homöopathie und als Hausmittel wird der Tee bei Unruhe und Schlaflosigkeit, bei Darmkoliken und Blähungen, äußerlich zu Umschlägen und Bädern bei eiternden Wunden genommen. Zu Kräuterkissen verwendet lindert Steinklee rheumatische Gelenkschwellungen.

Stiefmütterchen, Feld-, Ackerstiefmütterchen
(*Víola trícolor* L., Veilchengewächse)

Beschreibung: Stiefmütterchen ist ein- bis zweijährig. Die 20—30 cm hohen Stengel sind aufrecht, hohl und meist verzweigt. Die unteren Laubblätter sind länglich-eiförmig, nach dem Stengelende zu werden sie lanzettlich. Sie haben große, gefiederte Nebenblätter. Die Blüten sitzen auf den Blattachseln entspringenden Stengeln. Sie sind meist dreifarbig und haben 5 Blütenblätter, deren unteres gesporn ist. Die Pflanze ist fast geruchlos und hat einen schwach süßlichen Geschmack. Blütezeit: Mai bis Juli, die der Ackerformen oft noch bis August.

Vorkommen: In Mitteleuropa auf Äckern, Wiesen, Ödland und an Waldrändern, gelegentlich auch angebaut.

Anbau: Angebaut werden das gelbe und das hellviolette Stiefmütterchen. Die hellvioletten haben einen höheren Wuchs und größere Blüten. Sie werden im Handel höher bewertet als die gelben. Die Aussaat erfolgt Ende Juli bis Anfang August. Die jungen Pflanzen überwintern ohne jeglichen Schutz und entwickeln sich dann im Frühjahr sehr rasch. Man kann auch im Frühjahr bis Ende Mai aussäen. Die Samen dürfen nur flach mit Erde bedeckt und leicht festgedrückt werden.

Verwendete Teile: Das blühende frische oder getrocknete Kraut; die ganze Pflanze frisch oder getrocknet.

Ernte und Trocknen: Das blühende Kraut wird Mitte bis Ende Mai geschnitten. Im Juli ist ein zweiter und bei günstiger Witterung ab Ende August noch ein dritter Schnitt möglich. Soll die Pflanze mit Wurzel geerntet werden, muß sie mit dem Spaten ausgehoben und gut ausgeschüttelt werden. Bei warmem Wetter kann auf dem Felde getrocknet werden oder in dünner Schicht in einem luftigen Raum.

Inhaltsstoffe: Saponine, ein Glykosid, Gerbstoff, Schleim, Flavone, wenig ätherisches Öl.

Wirkung und Anwendung: Stiefmütterchen wirkt wassertreibend und anregend auf den Stoffwechsel. In der Medizin wird der Tee bei Erkrankungen der Blase und bei Wassersucht, bei Milchschorf der Säuglinge mit Milch vermischt oder von der stillenden Mutter getrunken, äußerlich zu Auflagen genommen. In der Homöopathie wird eine Essenz aus der frischen Pflanze bei Hautausschlägen skrofulöser Kinder, ebenso bei Rheumatismus, Blasen- und Darmerkrankungen verordnet. Stiefmütterchen wird auch als Hausmittel bei obengenannten Beschwerden gebraucht.

In der Heilkunde, besonders in der Homöopathie findet das **Wohlriechende Veilchen** *(Víola odoráta* L.), eine Unterart von *Víola trícolor* L., Anwendung, wird aber nur in geringem Maße angebaut. In Südfrankreich wird eine zartblaue, gefüllte Abart der *Víola odoráta* L. feldmäßig zur Parfümgewinnung kultiviert.

Stockrose, Schwarze Malve, Stockmalve
(Altháea rósea, Malvengewächse)

Beschreibung: Zweijährige bis ausdauernde, bis 2 m hoch werdende Staude. Im ersten Jahr entwickelt sie nur eine Blattrosette, erst im zweiten Jahr erscheinen die hohen, runden, wenig verästelten Stengel. Die Laubblätter sind rauhhaarig und runzelig. Die großen, trichterförmigen weißen bis dunkelvioletten Blüten stehen an kurzen Stielen am oberen Stengelende in den Blattachseln. Blütezeit: Juni bis Oktober. Die Blüten sind geruchlos und schmecken schleimig.

Vorkommen: Die Stockrose ist in Südosteuropa beheimatet und kommt bei uns nur angebaut vor, meist als Zierpflanze. Größere Kulturen befinden sich in der Sowjetunion und in den Balkanländern.

Anbau: Stockrose wird durch Samen vermehrt. An geschützten Orten wird während des Sommers ausgesät, im Herbst werden die jungen Pflanzen dann in einem Abstand von 50×50 cm in windgeschützter Lage ausgepflanzt. Stockrose wird leicht von Rostpilz befallen, wodurch der Ertrag stark gemindert werden kann.

Verwendete Teile: Die getrockneten Blüten mit den Kelchen.

Ernte, Trocknen, Aufbewahren: Vom zweiten Jahr an werden die Blüten möglichst in den warmen Mittagsstunden gesammelt und im Schatten getrocknet. Vor Licht geschützt aufbewahren.

Inhaltsstoffe: Schleim, Gerbstoff, Farbstoff.

Wirkung und Anwendung: Stockrose wirkt schleimlösend und findet in der Medizin und Homöopathie Anwendung als Hustenmittel. Außerdem dienen die Blüten der dunkelvioletten Varietät als Färbemittel von Speisen und Wein.

Storchschnabel, Ruprechtskraut

(Gerānium robertiānum L., Storchschnabelgewächse)

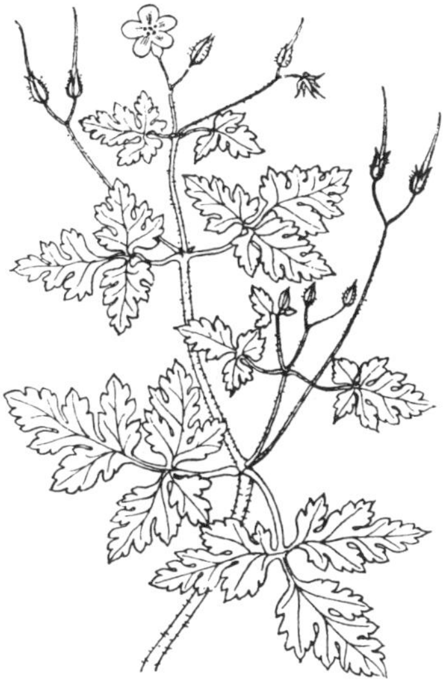

Beschreibung: Ein- bis zweijährige, niedrige Pflanze. Die Stengel sind rot überlaufen, buschig verzweigt. Die Laubblätter sind doppelt fiederschnittig. Die rosenroten Blüten sitzen zu zweien auf langen Stielen. Blütezeit Juni bis September. Die Pflanze riecht unangenehm.

Vorkommen: In feuchten Wäldern, Gebüschen und Hecken.

Verwendete Teile: Das blühende frische oder getrocknete Kraut.

Einsammeln und Trocknen: Das Kraut wird möglichst bei trockenem Wetter gesammelt, von der Wurzel befreit und in einem schattigen, luftigen Raum getrocknet.

Inhaltsstoffe: Ein Bitterstoff, Gerbstoffe, äth. Öl.

Wirkung und Anwendung: Storchschnabel wirkt entzündungswidrig, blutstillend, harntreibend und stopfend. In der Homöopathie wird die aus dem frischen blühenden Kraut gewonnene Essenz vor allem bei Basedow verordnet. Der Teeaufguß ist ein beliebtes Hausmittel bei Durchfällen, Harn- und Steinleiden, Nierenentzündungen, Wassersucht und Gicht. Äußerlich wird er als Badezusatz oder zu Umschlägen auf Geschwüre und Quetschungen verwendet.

Süßholz

(Glycyrrhīza glābra L., Schmetterlingsblütler)

Beschreibung: Bis 2 m hohe Staude mit kurzem Wurzelstock, fingerdicken, meterlangen Wurzeln und wurzelartigen Ausläufern. Die hohen Stengel tragen wechselständige, gefiederte Blätter mit eiförmigen, klebrigen Blättchen. Die rötlich-hellvioletten Blüten stehen in langgestielten Trauben in den Blattachseln. Blütezeit Juni bis September. Die Wurzel schmeckt süß.

Vorkommen: In Mittelmeerländern und Asien wildwachsend, angebaut in Spanien, Süddeutschland und den Balkanländern.

Verwendete Teile: Die geschälten, getrockneten Wurzeln und die Ausläufer der 3—4 jährigen Pflanze.

Einsammeln und Trocknen: Die Wurzel mit den Ausläufern wird im Frühjahr ausgegraben, gewaschen, geschält und getrocknet.

Inhaltsstoffe: Hauptbestandteil ist das süß schmeckende Glycyrrhizin, Bitterstoffe, Stärke, äth. Öl, Asparagin, wenig Fett und Gerbstoff.

Wirkung und Anwendung: Süßholz wirkt auswurffördernd, schleimlösend und wassertreibend. In der Heilkunde wird es bei Husten, Gicht und Rheuma verordnet. Es wird in der pharmazeutischen und Likör-Industrie als Geschmackskorrigens, zur Aromatisierung des Bieres, bei der Herstellung einiger Tabaksorten und in der Zuckerwarenindustrie benötigt. (Der eingedickte wässrige Auszug heißt Lakritz.)

Tabak

(Nicotiána tabácum L., Nachtschattengewächse)

Beschreibung: Einjährige, bis zu 1,5 m hohe Pflanze mit aufrechtem, rundem, wenig verzweigtem Stengel. Die Laubblätter sind drüsig behaart, die unteren, großen sind gestielt, elliptisch, die nach dem Stengelende kleiner werdenden sitzend, lanzettlich. Die rosenroten, trichterförmige Blüten stehen in einer endständigen Rispe.

Vorkommen: In Südamerika heimisch, in Europa in warmen Gegenden in mehreren Kulturformen angebaut. (Anbau steuerpflichtig)

Verwendete Teile: Die getrockneten Blüten; die getrockneten Blätter. In der Homöopathie die frischen Blätter.

Einsammeln und Trocknen: Die Blüten werden vorsichtig gesammelt und sorgfältig getrocknet. Im September werden die Blätter gesammelt, auf Fäden gezogen und aufgehängt an Hauswänden oder in warmen, luftigen Räumen getrocknet.

Inhaltsstoffe: Nicotin und andere Alkaloide, Harze, Gerbstoffe, Glykoside, wenig äth. Öl.

Wirkung und Anwendung: Das in den Blättern enthaltene Nicotin hat Einfluß auf das zentrale Nervensystem und wirkt stark giftig. In der Homöopathie wird die aus den frischen Blättern bereitete Tinktur bei Brechdurchfall, Ruhr, Neuralgien und Epilepsie verordnet. In der Tierheilkunde wird Tabak bei Magen-Darmkatarrhen der Wiederkäuer verwendet. (Vorsicht! Nur auf tierärztliche Verordnung!) Die Blätter werden zu Nicotinspritzmitteln zur Schädlingsbekämpfung verarbeitet, außerdem zur Herstellung von Rauchtabak. In der Parfümerie dienen die Blüten zur Erzielung besonders feiner Duftnoten.

Bauerntabak *(Nicotiána rústica* L.) wird für gleiche Zwecke verwendet.

Taubnessel, Weiße -, Weißer Bienensaug
(*Lámium álbum* L., Lippenblütler)

Beschreibung: Ausdauernde, 20—30 cm hohe Pflanze. Die hohen, vierkantigen Stengel sind behaart, die gestielten Laubblätter gegenständig, herzförmig und vorn zugespitzt. Den Blattachseln entspringen die reichblütigen Scheinquirle mit den weißen, manchmal gelblichroten Blüten. Blütezeit: Mai bis September. Die ganze Pflanze ist fast geruchlos und schmeckt bitter.

Vorkommen: In Gebüschen, an Waldrändern, Hecken und Zäunen.

Verwendete Teile: Die aus dem Kelch gezupften, getrockneten Blüten; das ganze frische Kraut.

Einsammeln und Trocknen: Von Mai bis August werden die Blüten gesammelt. Sie werden aus den Kelchen gezupft und in Körbe getan, damit sie nicht in der Hand gedrückt werden, und an der Sonne oder künstlich schnell getrocknet. Aufbewahrung in Blechbüchsen.

Inhaltsstoffe: Schleim, Gerbstoff, Saponin, wenig äth. Öl.

Wirkung und Anwendung: Taubnessel wirkt schleimlösend, leicht harntreibend, beruhigend. In der Medizin wird sie seltener angewendet. In der Homöopathie wird die aus der frischen Pflanze bereitete Essenz zur Regelung der Menstruation und bei Blasen- und Nierenleiden gegeben. Im Hause wird der Teeaufguß aus den getrockneten Blüten vor allem bei Katarrhen der oberen Luftwege und bei Unregelmäßigkeit der Menstruation getrunken, er dient auch zu Spülungen.

Tausendgüldenkraut, Fieberkraut, Muttergotteskraut
(*Centaúrium umbellátum* Gilibert, Enziangewächse)

Beschreibung: Ein bis zweijähriges, bis 40 cm hohes, zierliches Kraut mit grundständiger Blattrosette. Aus ihr erhebt sich der kantige, dünne, oben ästige Stengel mit kreuzgegenständigen, lanzettlichen Blättern. Die rosaroten, 5 zipfligen Blüten stehen am Stengelende in Scheindolden. Blütezeit Juli bis September. Das Kraut ist geruchlos und schmeckt bitter.

Vorkommen: Auf feuchten Wiesen, Waldlichtungen, an Uferböschungen.

Verwendete Teile: Das blühende, getrocknete Kraut.

Einsammeln und Trocknen: Vom Juli bis September wird das Kraut ca. 20 cm tief abgeschnitten, gebündelt, aufgehängt und in einem luftigen, trockenen Raum getrocknet.

Inhaltsstoffe: Ein Bitterstoffglykosid, Bitterstoff, wenig äth. Öl, Harz.

Wirkung und Anwendung: Tausendgüldenkraut wirkt appetitanregend und verdauungsfördernd. In der Medizin wird es als Bittermittel bei Appetitlosigkeit pathie wird aus der frischen blühenden Pflanze eine Essenz gewonnen. Tollkirschenpräparate dürfen nur unter ärztlicher Aufsicht verwendet werden. Eine einzige Beere führt schon zu Vergiftungserscheinungen, die leicht erkennbar sind: Trockener Hals, weite Pupillen, Lichtscheu, Taumeln, Herzjagen. Größere Mengen sind tödlich.

Tormentill, Blutwurz, Ruhrwurz

(Potentílla erécta [L.], Rosengewächse)

Beschreibung: Bis 30 cm hohes Kraut mit ausdauerndem, knolligem Wurzelstock. Die Zweige sind anfangs flachliegend, später stehen sie aufrecht. Die Grundblätter sind gestielt, fast immer dreizählig, die Stengelblätter sitzend, dreizählig, mit großen Nebenblättern. Die kleinen Blüten haben einen vierblättrigen, grünen Kelch und 4 goldgelbe Kronblätter. Sie stehen an den Stengelenden. Blütezeit Mai bis September. Der Wurzelstock ist geruchlos und schmeckt bitter, läuft beim Anschneiden rot an.

Vorkommen: In lichten Wäldern, auf Wiesen.

Verwendete Teile: Der getrocknete Wurzelstock.

Ernte und Trocknen: Der Wurzelstock wird im Frühjahr ausgegraben, von den Wurzeln befreit, gesäubert und sorgfältig getrocknet.

Inhaltsstoffe: Viel Tormentillgerbsäure, Tormentillrot, ein Glykosid, wenig äth. Öl.

Wirkung und Anwendung: Die Tormentillwurzel wirkt blutstillend, zusammenziehend und stopfend. In der Heilkunde wird sie innerlich bei Durchfall und Magen-Darmkatarrhen verordnet. Zur äußerlichen Anwendung wird die pulverisierte Droge, besser eine Tinktur, Gurgelmitteln und Zahnpasten zugesetzt.

Ulme

(Úlmus campéstris L., Ulmengewächse)

Beschreibung: Bis zu 30 m hoher Baum mit erst glatter, später rissiger Rinde. Seine Blätter sind kurzgestielt, elliptisch, vorn in einer Spitze auslaufend, mit feingesägtem Rand. Blütezeit März/April. Die Frucht ist weiß, geflügelt.

Vorkommen: In Laubwäldern, oft angepflanzt wegen ihrer Schnellwüchsigkeit in Gärten und Parkanlagen.

Verwendete Teile: Die getrocknete Rinde. In der Homöopathie die frische Rinde junger Zweige.

Sammeln und Trocknen: Im Frühjahr wird die Rinde von 3—4 jährigen Ästen gesammelt, von Kork und Borken befreit und in der Sonne getrocknet.

Inhaltsstoffe: Schleim, Gerbstoff, Bitterstoff, Harz.

Wirkung und Anwendung: In der Homöopathie wird die aus der Rinde junger Zweige bereitete Essenz innerlich bei Ekzemen verordnet. Im Hause wird ein Teeaufguß aus der getrockneten Rinde als harn- und schweißtreibendes Mittel bei Durchfall, Rheumatismus und Gicht und bei Ekzemen gebraucht. Die Rinde anderer Ulmenarten, namentlich der **Bergulme** *(Úlmus scábra* Miller), wird gleichermaßen verwendet.

Vogelknöterich

(Polýgonum aviculáre L., Knöterichgewächse)

Beschreibung: Einjähriges Kraut, dessen Triebe niederliegen oder bis zu 50 cm hohe, aufsteigende, knotige, stark verästelte Stengel bilden. Die Laubblätter sind kurzgestielt bis sitzend, wechselständig, länglich-rund bis lanzettlich, ganzrandig und variieren oft in Form und Größe. Die unscheinbaren Blüten mit grünlichweißen oder rötlichen Kronenblättern sitzen in Trugdolden in den Blattachseln. Blütezeit Juni bis September. Das Kraut ist geruchlos, Geschmack schwach zusammenziehend.

Vorkommen: In allen Erdteilen weit verbreitetes Unkraut, auf Schuttplätzen, Ödland, an Wegrändern und auf mageren Weiden.

Verwendete Teile: Die oberirdischen, getrockneten Teile; in der Homöopathie das frische Kraut.

Sammeln und Trocknen: Das Kraut wird von Juli bis September gesammelt und von den Wurzeln befreit. Getrocknet wird in dünner Lage in einem schattigen, luftigen Raum.

Inhaltsstoffe: Kieselsäure, Schleim, Gerbstoff, wenig äth. Öl, Flavone.

Wirkung und Anwendung: Vogelknöterich wirkt schleimlösend, auswurffördernd, harntreibend, stopfend und wundheilend. Der Teeaufguß ist ein beliebtes Hausmittel zur Unterstützung bei der Behandlung von Lungenkranken, ebenso bei Nierenleiden, Gicht, Rheumatismus und Durchfall. In der Homöopathie wird die aus dem frischen Kraut gewonnene Essenz bei den gleichen Krankheiten verordnet. Vogelknöterich ist Bestandteil verschiedener Teegemische.

Wacholder

(Juníperus commúnis L., Zypressengewächse)

Angaben über Beschreibung und Vorkommen siehe „Unsere Küchen- und Gewürzkräuter".

Verwendete Teile: Die getrockneten Beeren (Beerenzapfen); das getrocknete Wurzel- und Astholz; in der Homöopathie die jungen Zweigspitzen und frischen Beeren.

Inhaltsstoffe: In den Beeren äth. Öl, Zucker, Harz, Bitterstoff, verschiedene Säuren. Im Holz Harz, wenig äth. Öl.

Wirkung und Anwendung: Wacholder wirkt stark harntreibend, magenstärkend und blutreinigend. In der Medizin wird das ätherische Öl hauptsächlich äußerlich zu Einreibungen (Spiritus, Salbe) gegen Neuralgien und Rheumatismus verordnet. In der Homöopathie wird die aus den jungen Zweigspitzen bereitete Essenz innerlich bei Gelenkentzündungen, Rheumatismus, Gicht, Blasen- und Nierenleiden und als blutreinigendes Mittel bei Hautkrankheiten verordnet. Im Haus werden die zerstoßenen getrockneten Beeren oder ein Teeaufguß aus ihnen oder dem zerkleinerten Holz bei den obengenannten Beschwerden, ferner bei Wassersucht, zur Anregung des Appetits und als Wurmmittel verwendet. In der Branntweinindustrie werden Wacholderbeeren zur Herstellung von Genever Steinhäger und Gin gebraucht.

Waldmeister

(Aspérula odoráta L., Krappgewächse)

Angaben über Beschreibung, Vorkommen, Anbau und Trocknung siehe „Unsere Küchen- und Gewürzkräuter".

Verwendete Teile: Das kurz vor der Blütezeit geschnittene Kraut in frischem oder getrocknetem Zustand.

Inhaltsstoffe: Ein Cumaringlykosid, Gerbstoff, Bitterstoff, Vitamin C.

Wirkung und Anwendung: Waldmeister wirkt harntreibend und beruhigend. In der Homöopathie wird die aus dem frischen Kraut gewonnene Essenz zur Beruhigung bei vervösen Erscheinungen verordnet. Im Haus wird ein kalter Auszug als wassertreibendes Mittel bei Stein-, Leber- und Gallenleiden, Wassersucht und bei Schlaflosigkeit verwendet. Das frische Kraut wird in kleinen Mengen Bowlen und Kräuterlikören zugesetzt.

Walnuß, Nußbaum

(Júglans régia L., Walnußgewächse)

Beschreibung: Bis 20 m hoher, einhäusiger Baum mit stattlicher Krone. Die Blätter sind unpaarig gefiedert, sie bestehen aus meist 7—9 länglich-eiförmigen, zugespitzten, ganzrandigen Fiederblättchen. Die männlichen Blüten sind in lang herabhängenden, walzenförmigen Kätzchen geordnet, die weiblichen sitzen in Ähren an den jungen Zweigen. Die Steinfrüchte sind von einer dicken, fleischigen, grünen Schale umgeben, die sich mit zunehmender Reife bräunt und dann aufplatzt. Der Fruchtkern ist stark ölhaltig. Die Blätter und grünen Schalen riechen würzig und schmecken bitter.

Vorkommen: Angepflanzt in Mittel- und Südeuropa, selten auch verwildert. Walnußbaum ist frostempfindlich.

Verwendete Teile: Die frischen oder getrockneten Blätter; die grünen, saftigen Fruchtschalen frisch oder getrocknet; die Kerne.

Einsammeln und Trocknen: Die Fiederblätter werden im Juni/Juli bei möglichst trockenem Wetter abgestreift und in luftigen, schattigen Räumen in einfacher Lage rasch getrocknet. Die Droge darf nicht schwarz verfärbt sein. Die grünen Schalen werden vor der Reife von der Frucht geschält und sorgfältig getrocknet.

Inhaltsstoffe: In Blättern und grünen Fruchtschalen: Juglon, Gerbstoffe, Säuren, wenig äth. Öl. In den Nußkernen: fettes Öl.

Wirkung und Anwendung: Blätter und Schalen wirken zusammenziehend, entzündungswidrig und blutreinigend. In der Heilkunde und im Hause wird der Teeaufguß innerlich bei chronischem Magen-Darmkatarrh, Skrofulose, Gicht und bei chronischen Ekzemen, äußerlich zu Umschlägen und Bädern bei Augenentzündungen und Ekzemen und zu Fußbädern gegen Frostbeulen genommen. Die grünen Fruchtschalen werden in der Likör- und Kosmetikindustrie, das aus den reifen Kernen gepreßte Öl als Speiseöl und für kosmetische Zwecke verwendet.

Wasserpfeffer

(Polýgonum hydrópiper L., Knöterichgewächse)

Beschreibung: Einjährige, bis 80 cm hohe Pflanze mit aufrechten, verzweigten, über den Gelenken verdickten Stengeln. Die Blätter sind lanzettlich und drüsig punktiert. Die kleinen Blüten mit grünlichen oder rötlichen Hüllblättern sind in dünnen, leicht überhängenden Scheinähren geordnet. Blütezeit Juli/August. Die gesamte Pflanze hat einen pfefferartigen Geschmack.

Vorkommen: Auf feuchten Böden, an Bachrändern.

Verwendete Teile: Die frischen, seltener die getrockneten oberirdischen Teile.

Einsammeln: Während der Blütezeit werden die oberirdischen Teile geschnitten.

Inhaltsstoffe: Gerbstoff, ein Glykosid, wenig äth. Öl, Schleim.

Wirkung und Anwendung: Wasserpfeffer wirkt entzündungswidrig, harntreibend und fördert die Blutgerinnung. In der Homöopathie wird die aus dem frischen, blühenden Kraut gewonnene Essenz bei Hämorrhoiden und Menstruationsbeschwerden verordnet. Im Hause wird der Teeaufguß bei Blutungen (Menstruation, Hämorrhoiden, Blase, Darm) und zur Entwässerung des Körpers getrunken. Die frischen Blätter werden auf schlecht heilende Wunden gelegt.

Wegerich, s. Spitzwegerich Seite 101.

Wegwarte, Zichorie

(Cichórium íntybus L., Korbblütler)

Beschreibung: Zweijährige, bis 1 m hohe Staude mit dicker Pfahlwurzel. Der röhrenartige, verzweigte Stengel treibt erst im zweiten Jahr aus. Die unteren Blätter sind lanzettlich, grob gezähnt, die oberen länglich, ungeteilt. Die hellblauen, selten weißen Blütenköpfe stehen einzeln oder zu mehreren in den Blattachseln und an den Zweigspitzen. Blütezeit Juli bis September.

Vorkommen: An trockenen, sonnigen Plätzen, an Weg- und Ackerrändern, angebaut in Osteuropa.

Verwendete Teile: Blüten, Kraut und Wurzeln in getrocknetem Zustand.

Einsammeln und Trocknen: Blüten und Kraut werden im August/September geschnitten und natürlich oder künstlich bei mäßiger Temperatur getrocknet. Die Wurzeln werden im Oktober ausgegraben, gewaschen und quer durchgeschnitten, langsam und sorgfältig getrocknet.

Inhaltsstoffe: Ein glykosidischer Bitterstoff. Inulin, Fett, Zucker.

Wirkung und Anwendung: Zichorie wirkt blutreinigend, abführend und magenstärkend. In der Medizin hat sie ihre Bedeutung verloren. Im Haus wird der Teeaufguß von den getrockneten Teilen zu Frühjahrskuren, bei Gallen- und Magenbeschwerden und Hämorrhoiden genommen. Die getrocknete Wurzel ist ein wichtiger Rohstoff der Kaffee-Ersatz-Industrie. Die frischen Blätter ergeben ein gutes Schweinefutter.

Weide, Silberweide

(Sálix álba L., Weidegewächse)

Beschreibung: Strauch oder Baum mit zähen, oft herabhängenden Zweigen und glänzenden, lanzettlichen Blättern. Männliche und weibliche Blüten getrennt (Weidenkätzchen). Von den rund 30 Weidenarten werden außer der Silberweide noch die **Bruchweide** *(Sálix frágilis* L.) und die **Purpurweide** *(Sálix purpúre*a L.) arzneilich verwendet.

Vorkommen: An feuchten Waldrändern, Bachufern; in Gärten angepflanzt.

Verwendete Teile: Die getrocknete Rinde; in der Homöopathie die frische Rinde.

Einsammeln und Trocknen: Im Frühjahr wird die Rinde 2—3 jähriger Zweige abgeschält und rasch getrocknet.

Inhaltsstoffe: Das Glykosid Salicin, Gerbstoff.

Wirkung und Anwendung: Weide wirkt schmerzstillend, fiebersenkend, entzündungswidrig, schweißtreibend und leicht stopfend. Der Teeaufguß wird innerlich als Fiebermittel, bei chronischen Magen-Darmkatarrhen, Rheumatismus, Gicht und Blasenleiden, äußerlich zu Umschlägen auf schlecht heilende Wunden und Geschwüre verwendet. In der Homöopathie wird die Essenz aus der frischen Rinde bei den gleichen Beschwerden verordnet.

Weißdorn

(Crataégus oxyacántha L. und *Crataégus monógyna* Jacq., Rosengewächse)

Beschreibung: Bis 6 m hoher Strauch oder Baum von sperrigem Wuchs. Die dornigen Zweige tragen wechselständige, gestielte, 3—5 lappige Blätter. In Doldenrispen geordnet sitzen die Blüten auf kahlen Stielen. Sie sind weiß, haben zahlreiche, rote Staubgefäße und 2—3 grüne Griffel. Die Früchte, auch Mehlbeeren genannt, sind kugelig und rot. Blütezeit Anfang Mai. Neben dem mehrgriffeligen Weißdorn *(Crataégus oxyacántha)* ist auch der eingriffelige *(Crat. monógyna)* häufig anzutreffen. Die Blüten riechen unangenehm, die Beeren sind geruchlos und schmecken süßlich-mehlig.

Vorkommen: Beide Arten wachsen in Gebüschen und Laubwäldern und werden im Garten besonders für hohe, undurchdringliche Hecken angepflanzt.

Verwendete Teile: Die getrockneten Blüten und Blätter; die reifen frischen oder getrockneten Früchte.

Einsammeln und Trocknen: Blüten und Blätter werden in luftigen, warmen Räumen vorsichtig getrocknet und vor Licht geschützt aufbewahrt. Die Früchte werden im Herbst, wenn sie völlig ausgereift sind, gesammelt und möglichst erst einige Tage im Freien, darnach bei künstlicher Wärme getrocknet.

Inhaltsstoffe: In beiden Weißdornarten Saponin, äth. Öl, Gerbstoff, ein Glykosid, Flavonoide, Crataegolsäure.

Wirkung und Anwendung: Weißdorn wirkt herzstärkend, gefäßerweiternd und blutdrucksenkend. In der Medizin wird er als Kreislaufmittel, bei Angina pectoris und Arteriosklerose verwendet, in der Homöopathie die aus der frischen Frucht bereitete Essenz bei den gleichen Erkrankungen. Als ein gutes Hausmittel gilt das Mus aus der frischen Frucht bei Durchfällen und nervösen Beschwerden (Wallungen) in den Wechseljahren.

Wermut, Absinth, Bitterer Beifuß

(*Artemísia absínthium* L., Korbblütler)

Angaben über Beschreibung, Vorkommen, Ernte und Trocknung siehe „Unsere Küchen- und Gewürzkräuter".

Verwendete Teile: Die Blätter des Krautes und die blühenden Zweigspitzen.

Inhaltsstoffe: Azulen- und thujonhaltiges äth. Öl, Bitterstoffe, Harz.

Wirkung und Anwendung: Wermut wirkt verdauungsfördernd, appetitanregend, blähungstreibend und beeinflußt günstig Leber und Galle. In der Medizin dient Wermut in erster Linie als bitteres und aromatisches Magenmittel bei Appetitlosigkeit zur Anregung der Magensäfte und der Verdauung, ferner bei Magenkrämpfen und zur Anregung der Leber- und Gallentätigkeit. Als Bittermittel wird er Medikamenten zugesetzt, um deren Eigengeschmack zu überdecken.

In der Homöopathie wird die aus frischen, jungen Blättern und Blüten bereitete Essenz bei den gleichen Beschwerden verwendet. Im Hause ist Wermut als Teeaufguß sehr geschätzt gegen Appetitlosigkeit, chron. Magen- und Darmverstimmungen, als Stärkungsmittel auch bei Skrofulose, Gicht und Blutarmut. Äußerlich findet er bei Quetschungen, Blutergüssen und Geschwüren Anwendung. In der Likörindustrie darf das äth. Öl bei der Herstellung von Wermutwein nicht mehr benützt werden, da längerer Gebrauch des „Absinth" genannten, ätherisches Wermutöl enthaltenden Getränkes eine bleibende Degeneration im Gehirn hervorruft, die zu völligem geistigem und körperlichem Verfall führt („Absinthismus"). Wermut ähnelt dem ihm verwandten Beifuß und kann bei oberflächlicher Betrachtung mit ihm verwechselt werden. Die Beifußblätter haben aber immer eine grüne Oberseite und nicht den stark bitteren Geschmack des Wermuts. Seine Stengel und Blütenrispen sind rötlich unterlaufen.

Wiesenknopf, Großer W. (1), Kleiner W. (2)

(1: *Sanguisórba officinális* L., 2: *Sanguisórba minor* Scop.; Rosengewächse)

Angaben über Beschreibung, Anbau und Ernte siehe „Unsere Küchen- und Gewürzkräuter".

Verwendete Teile: Die Blätter und jungen Triebe.

Inhaltsstoffe: Gerbstoff, Saponin, wenig ätherisches Öl.

Wirkung und Anwendung: Im Haus wird der Teeaufguß von beiden Arten Wiesenknopf bei Durchfall, Blutungen und Darmentzündungen getrunken. Der frischgepreßte Saft wird bei Lungenschwindsucht teelöffelweise genommen.

Wundklee

(Anthýllis vulnerária L., Schmetterlingsblütler)

Beschreibung: Ausdauerndes, bis 50 cm hohes Kraut mit langer Pfahlwurzel. Die Laubblätter variieren in ihrer Form, die untersten sind meist ungeteilt, die oberen unpaarig gefiedert. Die goldgelben Schmetterlingsblüten stehen am Stengelende in Büscheln. Blütezeit Mai bis August.

Vorkommen: Auf trockenen, kalkhaltigen Böden, auf Geröll, Felsen und Ödland.

Verwendete Teile: Das blühende, im Schatten getrocknete Kraut.

Inhaltsstoffe: Gerbstoffe, Saponin, Schleim, Farbstoff.

Wirkung und Anwendung: Wundklee wirkt blutreinigend, abführend und wundheilfördernd. Im Hause wird der Teeaufguß, meist vermischt mit anderen Kräutern, zur Blutreinigung getrunken. Die Abkochung wird zu Umschlägen bei schlecht heilenden Wunden verwendet.

Wurmfarn

(Dryópteris filix-más [L.], Schott, Tüpfelfarngewächse)

Beschreibung: Farnkraut mit braunem, fleischigem Wurzelstock, an dem die untersten Teile der abgestorbenen Blattstengel dicht nebeneinander sitzen. Die jungen Blätter sind zuerst eingerollt, später entwickeln sich darin die bis über 1 m hohen Wedel. Sie sind gefiedert und dicht mit Spreuschuppen besetzt. Die Fiederblätter sind wiederum gefiedert, fest sitzend, lanzettlich, mit abgerundetem Blattende. Auf der Unterseite der Fiederblättchen erscheinen von Juni ab die rotbraunen Fruchthäufchen, die zunächst von einem weißlichen Schleim bedeckt sind.

Vorkommen: In feuchten, schattigen Wäldern, an schattigen Flußufern.

Verwendete Teile: Der getrocknete Wurzelstock.

Sammeln und Trocknen: Im Herbst werden die Wurzelstöcke ausgegraben, von den Wurzeln befreit und bei gelinder Wärme getrocknet.

Inhaltsstoffe: Filixsäure u. a. Phloroglucinabkömmlinge, fettes Öl, äth. Öl, Bitterstoff.

Wirkung und Anwendung: Wurmfarn ist eins der wertvollsten Mittel gegen Bandwurm. Es dürfen nur standardisierte Auszüge unter ärztlicher Aufsicht angewendet werden, da schon geringe Überschreitungen der bandwurmwirksamen Dosis

Vergiftungen hervorrufen. In der Tierheilkunde wird Wurmfarn bei Leberegelseuche von Schafen und Rindern verwendet.

Ysop

(Hyssópus officinális L., Lippenblütler)

Angaben über Beschreibung, Vorkommen, Anbau, Ernte und Trocknung siehe „Unsere Küchen- und Gewürzkräuter".

Verwendete Teile: Die während der Blütezeit geschnittenen oberirdischen, getrockneten Teile.

Inhaltsstoffe: Äth. Öl, Gerbstoff, Glykoside, Farbstoff, Zucker.

Wirkung und Anwendung: Ysop wirkt ähnlich wie Salbei zusammenziehend, schweißhemmend und entzündungswidrig. Im Hause wird der Teeaufguß bei Husten und chronischer Bronchitis, chronischen Darmkatarrhen, Nachtschweiß Lungenkranker, Wassersucht, Gallen- und Nierensteinen genommen. Das aus dem Kraut gewonnene äth. Öl wird in der Parfümindustrie Fougère und Chypre zugesetzt. Ysop wird in der Likörindustrie zur Aromatisierung von Likören verwendet.

Zwiebel, Sommer-, Küchen- oder Speisezwiebel

(Állium cépa L., Liliengewächse)

Angaben über Beschreibung, Vorkommen, Anbau und Ernte siehe „Unsere Küchen- und Gewürzkräuter".

Inhaltsstoffe: Scharfes äth. Öl, Zucker, Pektin, Vitamin C, Glukokimine, Flavonglykoside.

Wirkung und Anwendung: Zwiebel wirkt anregend auf den Darm und fördert die Gallenabsonderung, sie wirkt ferner blutzuckersenkend, harntreibend und kreislaufbessernd. Sie wird meist roh gegessen, oder der frisch ausgepreßte Saft wird teelöffelweise genommen.

2. Pflanzen, die entweder für homöopathische Heilmittelherstellungen verwendet werden oder wichtige Arzneimittellieferanten sind

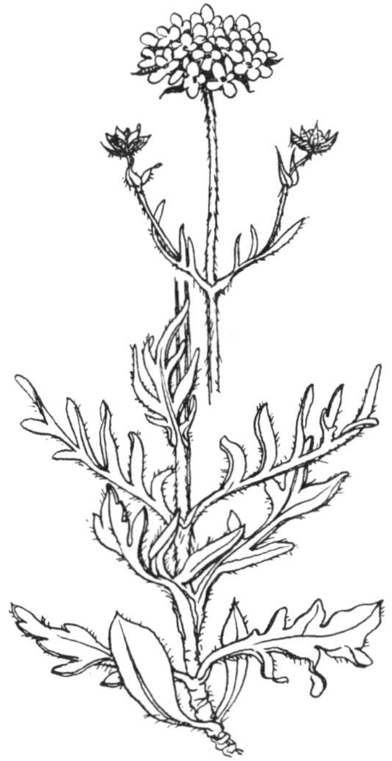

Ackerskabiose, Krätzkraut, Acker-Witwenblume

(Knaūtia arvénsis [L.] Coult., Kardengewächse)

Beschreibung: Ausdauernde, bis 80 cm hohe Pflanze mit starker Pfahlwurzel und graubehaarten Stengeln. Die graugrünen, gegenständigen Blätter sind fiederspaltig, die unteren meist ungeteilt. Die halbkugelförmigen, blauvioletten, selten weißen Blüten stehen auf langen, behaarten Stielen. Blütezeit: Juli/August.

Vorkommen: In Asien und Europa verbreitet auf Wiesen, an Wald- und Ackerrändern.

Verwendete Teile: Das blühende Kraut mit und ohne Wurzel, frisch oder getrocknet.

Inhaltsstoffe: Gerbstoffe, Bitterstoff, Zucker.

Wirkung und Anwendung: Ackerskabiose wirkt blutreinigend, zusammenziehend, leicht wassertreibend. In der Homöopathie wird die aus dem frischen, blühenden Kraut samt Wurzel bereitete Essenz bei chronischen Hautkrankheiten, Ekzemen und zur Blutreinigung verordnet. Die getrocknete Pflanze wird im Hause zu Teemischungen mit blutreinigender Wirkung verwendet, äußerlich dient ein Teeaufguß zu Umschlägen auf Geschwüren und Wunden.

Agar-Agar

ist eine aus Rotalgen hergestellte geschmack- und geruchlose Droge, die mit Wasser zu einer Gallerte aufquillt. Die Rotalgen werden in Ost- und Südostasien, hauptsächlich im Juli und August, mit Netzen oder von Tauchern gefischt, an Ort und Stelle gereinigt, gebleicht und dann verarbeitet. Wichtigstes Erzeugerland ist Japan.

Inhaltsstoffe: Die Droge enthält bis zu 70 % Kohlenhydrate, darunter Gelose.

Wirkung und Anwendung: Agar-Agar wirkt mild abführend, indem es den Darminhalt auflockert und schlüpfriger macht. Vor dem Essen genommen wirkt es appetitvermindernd (Entfettungskuren). Es ist Bestandteil von verschiedenen pharmazeutischen Präparaten. In der Süßwaren- und Lebensmittelindustrie wird es zum Dicken von Zuckerwaren, Marmeladen und Süßspeisen verwendet, in der Textilindustrie zu Appreturen für feine Gewebe. Agar-Agar wird auch zum Klären von Wein und Bier genommen, ebenfalls zur Verfestigung von Nährböden für Mikroorganismen. In der kosmetischen Industrie dient es zur Herstellung von Hautgelees und fettfreien Salben.

Akelei
(Aquilégia vulgáris L., Hahnenfußgewächse)

Beschreibung: Ausdauernde, bis 60 cm hohe Staude mit kräftigem, mehrköpfigem Wurzelstock und aufrechten, verzweigten Stengeln. Die unteren Blätter sind langgestielt, fiederteilig, die oberen kurzgestielt, meist einfach. Die nickenden, eigenartig geformten, langgestielten Blüten sind dunkelviolett bis blau, selten rötlich oder weiß. Blütezeit: Juni/Juli.
Vorkommen: In Asien und Europa in Laubwäldern und Gebüschen, auf Wiesen; im Garten in vielen Abarten kultiviert.
Verwendete Teile: Das frische, blühende Kraut.
Inhaltsstoffe: Geringe Mengen Blausäureglykosid.
Anwendung: Akelei wurde früher in der Allopathie bei Skorbut und Gelbsucht verwendet, heute nur noch in der Homöopathie bei nervösen und hysterischen Zuständen. Im Hause wird vereinzelt ein Teeaufguß bei Leber- und Gallenleiden, chronischen Hauterkrankungen und Beschwerden der Wechseljahre getrunken.

Aloe
(Áloe férox Mill., Liliengewächse)

Das bei uns in der Heilkunde verwendete Aloe-Harz ist der eingedickte ausgeflossene Saft der *Áloe férox* oder einer der zahlreichen anderen Aloe-Arten. Heimisch ist die Pflanze in Afrika, West- und Ostindien. Aloe-Pulver ist grüngelb, der Geruch ist eigenartig, widerlich, der Geschmack bitter.
Inhaltsstoffe: Bittere Anthraglykoside, darunter besonders Aloin.
Wirkung und Anwendung: Aloe wirkt stark abführend. Sie erzeugt bei längerem Gebrauch Blutfülle der Unterleibsorgane und Reizzustände. Aloe-Pulver sollte nur nach ärztlicher Vorschrift genommen werden.

Alpenrose, Rostblättrige
(Rhododéndron ferrugíneum L., Heidekrautgewächse)

Beschreibung: Strauchartige Pflanze mit kurzgestielten, rostbraunen, lederartigen Blättern. Sie sind oval, am Grunde verschmälert, mit kahlem, nach unten etwas umgebogenem Rand, der Mittelnerv tritt stark hervor. Die Blüten sind rot, selten weiß.
Vorkommen: In den Alpen beheimatet.
Verwendete Teile: Die Blätter.
Inhaltsstoffe: Glykosid Arbutin, Gerbstoff, ätherisches Öl.

Wirkung und Anwendung: Alpenrose wirkt wasser- und schweißtreibend. Im Hause wird selten eine schwache Abkochung gegen Gicht, Rheumatismus und Steinleiden getrunken. Übermäßiger Gebrauch ruft Erbrechen und Durchfall hervor.

Die **Rauhhaarige Alpenrose** (*Rhododéndron hirsútum* L.), auch Almenrausch genannt, hat hellgrüne, drüsig punktierte, steifhaarig bewimperte Blätter. Die Blüten sind rot. *Wirkung und Anwendung:* Die Rauhhaarige Alpenrose wirkt wie die Rostblättrige wasser- und schweißtreibend. Bei übermäßigem Gebrauch ruft sie Erbrechen, Durchfall und Betäubung hervor und ist daher auch nicht als Hausmittel geeignet.

Amberkraut, Moschuskraut, Katzenkraut
(*Teűcrium márum* L., Lippenblütler)
Beschreibung: Bis 20 cm hoher, verästelter, dichtbeblätterter Strauch. Die kleinen eiförmigen Blättchen sind filzig behaart, anfangs eingerollt, später ist ihr Rand nach unten umgebogen. Die zahlreichen rosaroten Blüten haben glockige, filzig-behaarte Kelche. Der Geruch der Pflanze ist scharf aromatisch, der Geschmack gewürzhaft, brennend.
Vorkommen: Heimisch im westlichen Mittelmeergebiet.
Verwendete Teile: Das getrocknete Kraut.
Inhaltsstoffe: Ein Saponin, ätherisches Öl, Bitterstoff, Gerbstoff.
Wirkung und Anwendung: Amberkraut wirkt wassertreibend und stoffwechselanregend. Der Teeaufguß wird im Hause bei Gallen-Leber-Leiden, Nieren- und Blasenbeschwerden und zur Nervenberuhigung getrunken. Das getrocknete Kraut ist Bestandteil verschiedener Teemischungen. Das frische Kraut wird als Witterung für Marder und Füchse ausgelegt.

Asant (Asa foetida)
Die Droge besteht aus dem eingetrockneten, von dem großen rübenförmigen Wurzelstock gewonnenen Milchsaft von *Férula ássa-fóetida* L. (Stinkasant, Teufelsdreck), einer bis zu 3 m hohen, mächtigen Pflanze aus der Familie der Doldenblütler, heimisch in Persien und Afghanistan. Asant ist außen rötlichbraun, innen bräunlich. Er erweicht bei Wärme, erstarrt bei Kälte, ist kalt bzw. in trockenem Zustand zu gelbem Pulver zerreibbar, das mit Wasser gemischt eine milchige Flüssigkeit ergibt. Geruch stark knoblauchähnlich, Geschmack bitterlich, beißend.
Inhaltsstoffe: Schwefelhaltiges ätherisches Öl, wenig Vanillin, Harz, Äpfelsäure, Ferulasäure, u. a.
Anwendung: Hauptsächlich in der Tiermedizin bei Koliken. In der Humanmedizin zur Behandlung der Blähsucht, nervöser Leiden und Krampfzuständen. Im Orient als Gewürz wie Knoblauch.

Benzoë (Asa dulcis)
Die bei uns in den Handel kommende Droge, die Siam-Benzoë, stammt von verschiedenen *Stýrax*-Arten, vornehmlich von *Anthostýrax tonkinénse* (Pierre) Craib, einem in Ostindien heimischen und kultivierten Baum. Nach Verletzung der Rinde fließt ein weißer Balsam aus, der an der Luft zu einem leicht zerbrechlichen, mit einer bräunlich bis rötlichgelben Außenschicht überzogenen Harz erstarrt. Die Nutzung des Storaxbaumes beginnt erst im 5. oder 6. Jahr und zieht sich bis zum 20. Jahr hin.

Inhaltsstoffe: Gerbsäure, Benzoësäure, Harz, etwas Vanillin.

Anwendung: In der Heilkunde in Form von Tinktur als auswurfförderndes Hustenmittel. In der Kosmetik zur Herstellung von Salben und Cremes, speziell Sommersprossensalbe, zur Herstellung von Zahn- und Mundwässern. Die in der Lebensmittelindustrie zur Konservierung von Fetten und Nahrungsmitteln gebrauchte Benzoësäure bzw. ihre Abkömmlinge werden synthetisch hergestellt.

Bertramwurzel, Deutsche
(*Anácyclus officinárum* Hayne, Korbblütler)

Beschreibung: Ausdauerndes Kraut oder Halbstrauch mit bis zu 30 cm langer, dünner, spindelförmiger Wurzel mit fadenförmigen Nebenwurzeln. Die Blätter sind doppelt fiederteilig, die Fiederblättchen schmal gezipfelt. Die Blütenköpfchen ähneln denen der Kamille, jedoch sind ihre Zungenblüten auf der Unterseite rot gestreift. Die zusammengedrückte Frucht ist breit geflügelt. Geschmack der Wurzel scharf und brennend.

Vorkommen: Heimisch in Südeuropa, in Mitteleuropa vereinzelt kultiviert.

Verwendete Teile: Die Wurzel ohne die Nebenwurzeln.

Inhaltsstoffe: Ein scharfschmeckendes Harz, Pyrethrin (= Pellitorin, nicht verwandt mit dem insektiziden Pyrethrin), wenig ätherisches Öl, Gerbstoff, Inulin.

Wirkung und Anwendung: Bertramwurzel regt die Speichelabsonderung stark an. In der Heilkunde wird sie nur noch selten gebraucht. Im Hause wird die pulverisierte Wurzel zu Gurgelwasser und Mundspülungen bei Zahn- und Zahnfleischerkrankungen verwendet, aber nur in schwacher Lösung, da Überdosierung Reizung der Schleimhaut hervorrufen kann.

Die **Römische Bertramwurzel** (*Anácyclus pýrethrum* [L.] Link), in Nordafrika heimisch und kultiviert, unterscheidet sich durch die kürzere und dickere, häufig gebogene Wurzel. Inhaltsstoffe, Wirkung und Anwendung gleichen denen der Deutschen Bertramwurzel.

Berufkraut, Kanadisches
(*Erígeron canadénsis* L., Korbblütler)

Beschreibung: Einjährige Pflanze mit etwa 50 cm hohen, aufrechten, oben stark verzweigten Stengeln. Die lineal-lanzettlichen Blätter sind borstig bewimpert, die unteren entfernt gesägt, die oberen ganzrandig. Die gestielten, unscheinbaren, schmutzigweißen Blüten sitzen in länglichen Rispen. Blütezeit: Juli bis Oktober.

Vorkommen: Heimisch in Kanada, über ganz Europa stark verbreitet als Unkraut auf Ödstellen, an kiesigen Flußufern.

Verwendete Teile: Die frische, blühende Pflanze.

Inhaltsstoffe: Ätherisches Öl, Gerbstoff, Gallussäure, Cholin.
Wirkung und Anwendung: Kanadisches Berufkraut wirkt hauptsächlich blutstillend und wassertreibend. In der Homöopathie wird die aus dem frischen, blühenden Kraut bereitete Essenz bei Hämorrhoiden- und Monatsblutungen verordnet. Im Hause wird ein Teeaufguß (1 Teelöffel auf 1 Tasse Wasser) als Wurmmittel, bei Durchfällen und Ruhr, Wassersucht, Hämorrhoiden- und Zahnfleischblutungen getrunken.

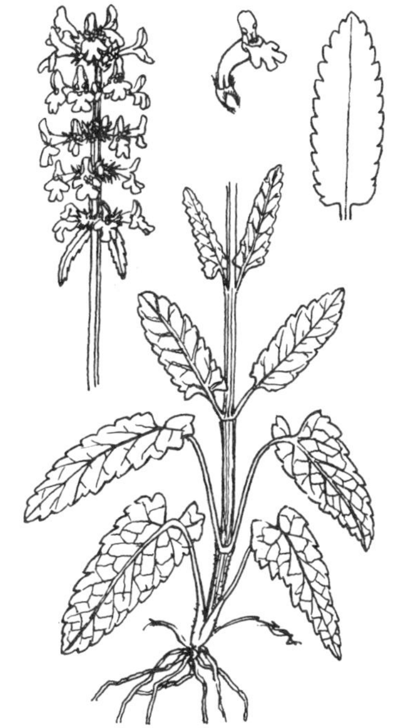

Betonie, Ziest
(Stáchys officinális [L.] Trev., Lippenblütler)

Beschreibung: Bis 80 cm hohe Pflanze mit aufrechtem, vierkantigem, behaartem Stengel. Die untersten Blätter sind sehr lang gestielt, die wenigen gegenständigen Stengelblätter dagegen kurzgestielt, die oberen fast sitzend. Sie sind an der Oberseite dunkelgrün, an der Unterseite hellgrün, rauh behaart, eiförmig-lanzettlich. Die zweilippigen, roten, selten weißen Blüten stehen in dichten Ähren. Blütezeit: Juli/August. Das Kraut ist geruchlos, der Geschmack ist bitter, unangenehm.

Vorkommen: In Asien und Europa verbreitet in Wäldern und auf Wiesen.

Verwendete Teile: Das blühende Kraut frisch oder getrocknet.

Inhaltsstoffe: Bitterstoff, Gerbstoff, mehrere Alkaloide.
Wirkung und Anwendung: Die Wirkung der Betonie beruht hauptsächlich auf ihrer zusammenziehenden Eigenschaft. In der Homöopathie wird die aus dem frischen, blühenden Kraut bereitete Essenz bei Asthma und gegen übermäßige Schweißabsonderung verordnet. Als Hausmittel wird der Teeaufguß innerlich vor allem gegen Durchfall, bei Gicht, Blasen- und Nierenkrankheiten, Koliken und Blähungen, äußerlich als Umschlag auf nässende Wunden und Krampfadergeschwüre verwendet.

Bibernelle, Stein-
(Pimpinélla saxífraga L., Doldenblütler)

Bibernelle, Große
(Pimpinélla májor [L.] Huds., Doldenblütler)

Beschreibung: Die Steinbibernelle wird etwa 50 cm hoch, ihr Stengel ist rund und feingerillt. Die Große Bibernelle erreicht eine Höhe von 1 m, der Stengel ist kantig, gefurcht. Beide Bibernell-Arten haben eine grundständige Rosette aus gefiederten Blättern. Die weißen Blüten stehen in endständigen Dolden. Blütezeit: Juni bis September. Der derbe, mehrköpfige, gelbbraune Wurzelstock mit spindelförmiger Hauptwurzel riecht stark aromatisch, bocksartig und schmeckt würzig, scharf.

Vorkommen: Wildwachsend in fast ganz Europa, auf Wiesen und an Waldrändern. Steinbibernelle meist auf trockenem, sonnigem Boden, während die Große Bibernelle feuchte Stellen bevorzugt.

Verwendete Teile: Der im Frühjahr oder Herbst gesammelte Wurzelstock, frisch oder getrocknet.

Inhaltsstoffe: Ätherisches Öl, Bitterstoff, Pimpinellin, Gerbstoff, Harz.

Wirkung und Anwendung: Bibernelle ist ein altes Heilmittel. Sie wirkt wassertreibend, hustenstillend, entzündungswidrig, appetit- und verdauungsanregend. In der Allopathie wird die Tinktur aus der Wurzel bei Angina, Katarrhen der oberen Luftwege und Husten als Gurgelmittel verordnet. In der Homöopathie wird die aus der frischen Wurzel bereitete Essenz ebenfalls bei den obengenannten Erkrankungen verwendet. Der Saft aus der frischen Wurzel ist ein altes Hausmittel zur äußerlichen Behandlung von Wunden. Der Teeaufguß dient zum Gurgeln bei Mandelentzündungen, innerlich zur Förderung der Magen-Darm-Tätigkeit und als wassertreibendes Mittel bei Nieren- und Blasensteinleiden. In der pharmazeutischen Industrie wird Bibernelle bei der Herstellung von Zahnpasten und Gurgelwässern verwendet.

Bingelkraut, Einjähriges
(*Mercuriális ánnua* L., Wolfsmilchgewächse)

Beschreibung: Einjährige, bis 50 cm hohe Pflanze. Der reichverästelte Stengel ist kantig, gegliedert, an den Gliedern aufgetrieben. Die gegenständigen, gestielten Blätter sind länglich-zugespitzt bis lanzettlich, am Grunde stumpf, stark geädert. Die kleinen gelblich-grünen Blüten sind zweihäusig, die männlichen stehen in achselständigen Ähren, die weiblichen einzeln oder bis zu dreien auf kurzen Blütenstielen. Blütezeit: Juni bis Oktober. Die kleine, dreifächerige Fruchtkapsel enthält in jedem Fach einen Samen. Der Geruch der Pflanze ist eigenartig, widerlich.

Vorkommen: Weit verbreitet als Unkraut auf Schutt, Äckern, Ödland, in Gärten.

Verwendete Teile: Das frische oder getrocknete blühende Kraut.

Inhaltsstoffe: Saponine, ätherisches Öl, Bitterstoff, Methylamin und Trimethylamin.

Wirkung und Anwendung: Bingelkraut wirkt abführend, wassertreibend und stoffwechselanregend. In der Homöopathie wird die Essenz aus der frischen Pflanze bei Rheumatismus, Durchfall, Wassersucht, Leber- und Gallenstörungen verordnet. Im Hause dient ein Teeaufguß von dem getrockneten Kraut zum Entwässern und Abführen bei Magen-Darmstörungen, Leber- und Gallenleiden.

Das **Ausdauernde Bingelkraut** (*Mercuriális perénnis* L.) wächst in schattigen Gebirgswäldern. Es unterscheidet sich vom Einjährigen durch kräftigeren Wuchs und langgestielte, weibliche Blüten. Inhaltsstoffe, Wirkung und Anwendung sind die gleichen.

Bittersüß
(*Solánum dulcamára* L., Nachtschattengewächse)

Beschreibung: Halbstrauch mit bis zu 2 m hohen, kletternden Stengeln, die unten verholzt, oben krautig sind. Die gestielten Blätter sind dreizähnig, eiförmig zugespitzt, die obersten spießförmig. Violette Blüten stehen in rispenartigen Wickeln. Blütezeit: Juni bis September. Die roten Beerenfrüchte sind giftig.

Vorkommen: In Europa, Asien, Nordamerika an schattigen Stellen, feuchten Fluß- und Bachufern.

Verwendete Teile: Die zweijährigen, im Frühjahr oder nach Abfallen der Blätter gesammelten, getrockneten Stengel. In der Homöopathie die jungen, noch nicht verholzten Triebe.

Inhaltsstoffe: Mehrere Glykoalkaloide, Saponine, Gerbstoff.

Wirkung und Anwendung: Bittersüß wirkt schleimlösend, abführend, wassertreibend und blutreinigend. In der Allopathie werden die getrockneten Stengel zu Teemischungen oder Abkochungen gegen Hautkrankheiten, Rheumatismus, Katarrhe und Asthma verwendet. In der Homöopathie wird die aus den frischen Trieben bereitete Essenz außer bei den obengenannten Leiden bei rheumatischen Lähmungen, Erkältungs-Durchfällen, Blasenkatarrhen und -lähmungen verordnet. Im Hause wird der Teeaufguß innerlich besonders als Blutreinigungsmittel gebraucht, die Abkochung wird äußerlich zu Umschlägen bei Hautkrankheiten verwendet.

Blasentang

(Fúcus vesiculósus L., Ledertanggewächse)

Beschreibung: Meeresalge mit über 1 m langem, bandförmigem Thallus. Sie ist olivbraun, lederig-laubartig, wiederholt gegabelt und verzweigt. An der dicken Mittelrippe der Verzweigung sitzen paarweise kugelige oder längliche Luftsäcke. Die Zweigenden sind keulenförmig verdickt und haben krugförmig eingedrückte, kleine Fruchthöhlen. Die Alge ist mit einer Haftscheibe auf der Unterlage befestigt. Der Geruch ist widerlich fischartig, der Geschmack schleimig, salzig.

Vorkommen: An felsigen Küsten des Atlantischen und Pazifischen Ozeans, der Nord- und Ostsee.

Verwendete Teile: Die getrocknete ganze Pflanze.

Inhaltsstoffe: Jodverbindungen, Schleime, Algin.

Wirkung und Anwendung: Blasentang wird in der Heilkunde getrocknet und pulverisiert oder in Form von Präparaten als Entfettungsmittel, gegen Skrofeln und Kropf sowie bei Störungen der Schilddrüsenfunktion verordnet. In der Homöopathie verwendet man *Fúcus vesiculósus* ferner gegen Schnupfen und gegen Arteriosklerose. Seine Wirkung soll durch die in ihm vorhandenen Jodverbindungen bedingt sein. Große Mengen Blasentang werden heute für die Gewinnung von Alginaten gesammelt, die als Verdickungsmittel in der Lebensmittelindustrie gebraucht werden (Speiseeis, Kaltpudding, Crémes u. ä.).

Boldo
(Peũmus bóldus Molina, *Monimiáceae)*
Beschreibung: Kleiner immergrüner, in Chile weitverbreiteter Baum mit am Rande nach unten umgebogenen, kurzstieligen, eiförmigen Laubblättern. Sie werden bis zu 6 cm lang und 4 cm breit, an der Oberseite sind viele helle Höckerchen, die Unterseite ist glatt, mit starkem Mittelnerv und bogenförmigen Seitennerven. Der Geruch der Blätter ist kampferähnlich, der Geschmack stark würzig.
Verwendete Teile: Die getrockneten Blätter.
Inhaltsstoffe: Ätherisches Öl, ein Alkaloid Boldin, ein Glykosid.
Wirkung und Anwendung: Boldoblätter wirken anregend auf die Galle- und Magensekretion, wasser- und wurmtreibend, abführend. Abkochungen und Extrakte werden in der Heilkunde verwendet.

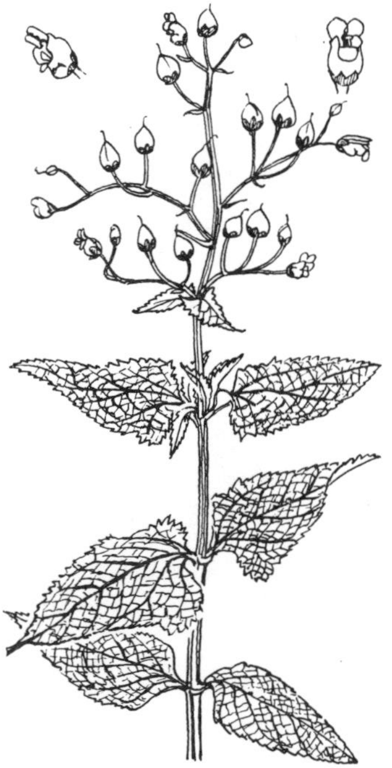

Braunwurz, Knotige
(Scrophulária nodósa L., Rachenblütler)
Beschreibung: Ausdauernde Pflanze mit knotigem, waagrechtem Wurzelstock, aus dem sich der ca. 1 m hohe, vierkantige Stengel erhebt. Die gegenständigen, kurzgestielten Blätter sind herz- oder eiförmig, dunkelgrün, am Rande gesägt. Die bräunlichen, kugeligen Blüten stehen in endständigen Rispen. Blütezeit: Ende Mai bis August. Die Frucht ist eine aufspringende, zweilappige Kapsel mit vielen kleinen Samen. Die Pflanze hat einen unangenehmen Geruch und bitteren, salzig-scharfen Geschmack.
Vorkommen: Heimisch in Asien, Nordamerika und Europa, verbreitet in humusreichen Wäldern und Gebüschen, an Bachufern.
Verwendete Teile: Das blühende Kraut, frisch oder getrocknet; der Wurzelstock.
Inhaltsstoffe: Lecithin, Kaffeegerbsäure und andere organische Säuren, Saponine, Flavonglykoside, Harz, Zucker.
Wirkung und Anwendung: Braunwurz wirkt wassertreibend und blutreinigend. In der Homöopathie wird die aus der frischen Pflanze gewonnene Essenz bei skrofulösen Drüsenschwellungen und Ekzemen, Brustentzündung und Hämorrhoiden verordnet. Im Hause wird ein Teeaufguß aus dem Kraut oder dem getrockneten Wurzelstock bei denselben Beschwerden, außerdem noch als wurmtreibendes Mittel getrunken.

Brechnuß, Strychninbaum
(Strýchnos nux-vómica L., Strychnosgewächse)
Beschreibung: Strauch oder niedriger Baum, der in Vorder- und Hinterindien und dem nördlichen Australien verbreitet ist. Seine derbschalige, bis 5 cm lange Frucht ist eine glatte Beere, die bis zu 5 Samen enthält.

Verwendete Teile: Die reifen Samen.

Inhaltsstoffe: Alkaloide, besonders Strychnin und Brucin, ein Glykosid Loganin, Cholin, Fett, Zucker.

Anwendung: Brechnuß wird in Form von Extrakt oder Tinktur bei Schwächezuständen und Ermüdungserscheinungen verordnet, in etwas höherer Dosierung als Brechmittel (Name!); es darf aber nur unter ärztlicher Aufsicht genommen werden. In der Homöopathie ist „Nux vomica" eines der wichtigsten und meistgebrauchten Mittel. Hier setzt man es zur Dämpfung eines überreizten Zentralnervensystems ein, also bei Schäden durch übermäßigen Gebrauch von Genußmitteln (Kaffee, Tabak, Alkohol), bei Leiden der Verdauungsorgane (Reizmagen), Gastritis, Sodbrennen, Blähleib, Stuhldrang, ferner bei Regelstörungen und selbst bei seelischen Verstimmungen.

Die größten Mengen Brechnußsamen werden jedoch nicht für die Heilmittelgewinnung gebraucht, sondern zur Isolierung der Alkaloide für chemische Spezialzwecke und für die Herstellung von Strychninweizen u. ä. zur Nagetiervernichtung.

Brechwurzel

(*Uragóga ipecacuánha* [Willd.] Baill., Krappgewächse)

Beschreibung: Bis zu 40 m hoher, immergrüner Baum oder Strauch, der in den feuchten Wäldern Brasiliens, Columbiens und Ostindiens lebt und meist dort in Kulturen gezogen wird.

Verwendete Teile: Die getrockneten Wurzeln.

Inhaltsstoffe: Mehrere Alkaloide, darunter Emetin, Cephaelin und Psychotrin; Saponin, ein Glykosid Ipecacuanhin.

Anwendung: Die Wurzeln werden in Form von Präparaten als schleim- und sekretionsförderndes Mittel bei Husten und Bronchitis verordnet. Größere Dosen erzeugen Erbrechen (Name!). Lösungen des reinen isolierten Alkaloids Emetin werden bei tropischer Amöbenruhr zur Bekämpfung der Erreger in die Blutbahn eingespritzt.

Buche, Rotbuche

(*Fágus silvática* L., Buchengewächse)

Beschreibung: Bis 30 m hoher Baum mit glatter, grauer Rinde. Die eiförmigen Blätter sind ganzrandig oder nur schwach gezähnt, am Rande gewimpert. Die männlichen Blüten stehen in gestielten Knäueln, die weiblichen hängen in gestielten Kätzchen. Blütezeit: April/Mai. Die Früchte (Bucheckern) sind dreikantige Schließfrüchte.

Vorkommen: Heimisch im westlichen Asien und in Europa in Laubwäldern, angepflanzt an Wegrändern.

Verwendete Teile: Die Früchte; das Holz.

Inhaltsstoffe: In den Früchten Fett, stickstoffhaltige Stoffe, Oxalsäure, wahrscheinlich ein giftiges Saponin.

Wirkung und Anwendung: Das aus den Früchten gepreßte Öl wird als Speiseöl oder als technisches Öl verwendet. Die Preßkuchen dienen als Viehfutter, für Pferde sind sie nicht verträglich. Der aus dem Holz gewonnene Teer wird in Form von pharmazeutischen Präparaten äußerlich zu Einreibungen und Salben bei Hauterkrankungen verwendet. Größere Mengen von Bucheckern rufen bei Mensch und Tier Vergiftungserscheinungen hervor.

Chinarinde

Die arzneilich verwendete Rinde stammt von verschiedenen Kulturformen des Chinarindenbaums, *Cinchóna succírubra* Pav. ex. Klotzsch, Krappgewächse, einem Baum mit dichter, runder Krone und großen, gebuckelten, im Alter rot werdenden Blättern. *Cinchóna succírubra* ist in den Anden Südamerikas beheimatet, wird aber in großen Kulturen in den Tropengebieten, besonders in Java gezogen. *Cinchóna calisáya* Wedd., *C. ledgeriána* Moens ex Trim. und andere *Cinchóna*-Arten werden ebenso angebaut und verwendet. Die getrocknete Rinde hat einen schwachen, eigenartigen Geruch und schmeckt sehr bitter, zusammenziehend.

Inhaltsstoffe: Die Rinde enthält Alkaloide (Chinin, Cinchonin, Chinidin u. a.), das sehr bittere Glykosid Chinovin, Bitterstoff, Harz, Stärke.

Wirkung und Anwendung: Chinarinde dient in erster Linie zur Gewinnung des Chinins, das in der Heilkunde bei Malaria verordnet wird. Das Alkaloid Chinidin wird bei Kammerflimmern des Herzens eingesetzt. Chinatinktur und Chinawein dienen als bittere Magenmittel bei Magen- und Darmstörungen. Abkochungen der Rinde wirken nervenkräftigend und anregend. Extrakte oder Tinkturen werden in der kosmetischen Industrie bei der Herstellung von Haar- und Mundwässern verwendet. Große Mengen Chinarinde verbraucht die Spirituosenindustrie für Magenbitter, Kräuterliköre u. ä.; zur Herstellung bitterer Anregungsgetränke, die vor allem in heißen Ländern beliebt sind, wird das reine farblose Chinin bevorzugt.

Coca

Die Cocablätter stammen von einem 1–2 m hohen Strauch *(Erythróxylum cóca* Lam., Rotholzgewächse). Die kurz gestielten, derben, am Blattende in eine kurze Stachelspitze auslaufenden Blätter sind oberseits dunkelgrün, unterseits hellgrün mit deutlich hervortretendem Mittelnerv. Sie werden vom 4. bis ungefähr 30. Altersjahr des Strauches geerntet. Ihr Geruch ist teeartig, ihr Geschmack angenehm bitter, scharf. Beim Kauen werden Zunge und Schleimhäute gefühllos.

Vorkommen: In Peru und Bolivien heimisch, dort und auf Java kultiviert.

Inhaltsstoffe: Verschiedene Alkaloide, darunter 0,2 bis 0,6% Cocain, ätherisches Öl, Glykoside u. a.

Wirkung und Anwendung: Zur Herstellung von Cocain, das als lokales Betäubungsmittel bei Augen-, Mund- und Nasenoperationen früher viel benützt wurde, aber heute durch ungefährlichere Mittel fast völlig verdrängt ist. Die Eingeborenen der südamerikanischen Hochländer kauen Cocablätter, zusammen mit Holzasche, auf längeren Märschen als Anregungsmittel und zur Unterdrückung des Hungergefühls. Cocablätter und Cocain verursachen häufig Sucht und unterstehen deshalb in allen Kulturländern den strengen Betäubungsmittel-Gesetzen.

Copaivabalsam (Balsamum Copaivae)

Die aus den Löchern, die in Stamm oder Äste verschiedener *Copaífera*-Bäume *(Leguminósae)* gebohrt oder gestemmt wurden, ausfließende harzige, durchsichtige, holzölartige Flüssigkeit. Geruch eigenartig balsamisch, Geschmack bitterlich, scharf. Die 10-20 m hohen, breitkronigen Copaiferen aus der Familie der Caesalpiniengewächse sind im tropischen Amerika heimisch.

Inhaltsstoffe: 40–85 % ätherisches Öl, in dem Harz und wenig Bitterstoff enthalten sind.

Anwendung: Äußerlich und innerlich, früher als unterstützendes Mittel bei der Behandlung von Geschlechtskrankheiten, bei bakterieller Entzündung der Harnwege. In der Industrie zur Herstellung von Lacken und Firnissen.

Curare, siehe Kurare Seite 155

Diptam

(Dictámnus álbus L., Rautengewächse)

Beschreibung: Mehrjährige, bis über 1 m hohe Staude mit walzenförmigem, stark verästeltem Wurzelstock. Die Blätter sind unpaarig gefiedert, Fiederblättchen eiförmig, am Rande gesägt. Die rosafarbenen, dunkel geäderten Blüten, deren obere Kronblätter aufgerichtet, die unteren hinuntergebogen sind, stehen in einfachen Trauben. Blütezeit: Mai bis Juli. Die Frucht ist eine kurzgestielte, in 5 Teile zerfallende Kapsel. Geruch der ganzen Pflanze angenehm würzig.

Vorkommen: In Mittel- und Südeuropa heimisch an sonnigen Hängen, in Wäldern, besonders auf Kalkböden, als Zierpflanze im Garten kultiviert.

Verwendete Teile: Die frischen Blätter; der getrocknete Wurzelstock mit den Wurzeln.

Inhaltsstoffe: Ätherisches Öl, Bitterstoff, Saponin, das giftige Alkaloid Dictamnin.

Wirkung und Anwendung: Diptam ist eine alte Heilpflanze mit wasser- und wurmtreibender Wirkung. Heute wird die Essenz aus frischen Blättern in der Homöopathie bei Verstopfung sowie Erkrankungen der weiblichen Geschlechtsorgane verordnet. Im Hause wird eine Abkochung aus der getrockneten Wurzel bei Magenkrämpfen, Nieren- und Blasenleiden, besonders aber als wurmtreibendes Mittel verwendet. Vor Überdosierung wird wegen des Dictamningehaltes gewarnt.

Efeu

(Hédera hélix L., Efeugewächse)

Beschreibung: Immergrüne Schlingpflanze, deren Stengel sich mit kleinen Haftwurzeln an Gemäuer und Bäumen festklammern. Die lederartigen Blätter sind glänzend dunkelgrün, fünflappig, im Blütenstadium elliptisch, zugespitzt. Die unscheinbaren, grünlichgelben Blüten, stehen in kleinen Dolden. Blütezeit: August bis Oktober. Die schwarze Beerenfrucht ist giftig, sie reift im Spätherbst oder Winter.

Vorkommen: In Europa verbreitet in Wäldern, an Mauern, an schattigen Stellen.

Vorkommen: In Europa weit verbreitet in Wäldern, an Mauern, an schattigen Stellen.

Verwendete Teile: Die jungen Sprosse; die jungen frischen oder getrockneten Blätter.

Inhaltsstoffe: Saponine, Glykosid Hederin, verschiedene Säuren, Fett, Pectin.

Wirkung und Anwendung: Efeu wirkt schleimlösend und äußerlich hautreizend. In der Homöopathie wird die aus den frischen Sprossen bereitete Essenz bei chronischen Katarrhen der oberen Luftwege und starker Verschleimung verordnet. Der aus den frischen oder getrockneten Blättern bereitete Teeaufguß (1/2 Teelöffel auf 1 Tasse Wasser) wird im Hause innerlich als schleimlösendes Mittel, gegen Gicht und Rheumatismus, äußerlich als Umschlag auf Brandwunden und eiternde Geschwüre verwendet.

Erdrauch

(Fumária officinális L., Mohngewächse)

Beschreibung: Einjährige, zarte, bis 30 cm hohe Pflanze. Der glatte, bläulich bereifte, verästelte Stengel trägt wechselständige, doppelt gefiederte Blätter mit mehrspaltigen Zipfeln. Die hell- bis purpurroten, zierlichen Blüten mit schwarzroter Spitze stehen in aufrechten Trauben. Kugelige Schließfrüchte enthalten kleine braunrote Samen. Blütezeit: Mai bis September. Erdrauch ist fast geruchlos und schmeckt leicht salzig-bitter.

Vorkommen: In Asien und Europa heimisch auf Äckern, Schuttplätzen, in Gärten.

Verwendete Teile: Das frische oder getrocknete blühende Kraut ohne Wurzeln.

Inhaltsstoffe: Alkaloid Fumarin (= Protopin), Bitterstoffe, Harz.

Wirkung und Anwendung: Erdrauch wirkt blutreinigend, schweißtreibend und beeinflußt die Ausscheidung der Harn- und Verdauungsorgane. Im Altertum schon als Heilkraut bekannt, heute in der Allopathie kaum noch verwendet. In der Homöopathie wird die aus dem frischen blühenden Kraut bereitete Essenz innerlich in erster Linie der blutreinigenden Wirkung wegen verordnet. Als bewährtes Hausmittel dient ein Teeaufguß (1 Teelöffel auf 1 Tasse Aufguß, Überdosierung hat Leibschmerzen und Durchfall zur Folge) bei Gallen- und Leberleiden, Magenstörungen, Wassersucht, chronischen Ekzemen und Hämorrhoiden. Der frische Preßsaft gilt als besonders wirksam.

Erle

(Álnus glutinósa [L.] Gaertn., Birkengewächse)

Beschreibung: Bis zu 20 m hoher Baum mit schlankem Stamm. Die junge Rinde ist grünlichbraun, glänzend und glatt, später bildet sich eine zerklüftete, dunkelgraue Borke. Die Baumkrone ist locker verästelt, eiförmig. Die anfangs kahlen Zweige sind ebenso wie die gestielten, rotbraunen Knospen klebrig. Auch die gestielten, verkehrteiförmigen, stumpfspitzigen Laubblätter sind anfangs klebrig und manchmal behaart, später auf der Oberseite kahl, dunkelgrün, an der Unterseite hellgrün, in den Nervenwinkeln rostgelb behaart. Die männlichen Kätzchen sind im Herbst und Winter violettbraun, im Frühjahr ist ihre Farbe braun. Sie blühen vor dem Laubausbruch, sind 6–12 cm lang. Zu dreien oder zu fünfen stehen sie am Zweigende. Die weiblichen, rundlichen, holzigen Zapfen sind 1–2 cm lang. Der Same ist von einem schmalen, undurchsichtigen Flügel umgeben.

Vorkommen: In Europa und Asien verbreitet an Ufern, Sümpfen, in feuchten Wäldern.

Verwendete Teile: Die getrocknete Rinde junger Zweige; die getrockneten Knospen.

Inhaltsstoffe: Gerbstoff und Harze, besonders in der Rinde, roter Farbstoff, Emodin, fettes Öl, die Triterpene Alnusen und Alnusenon.

Wirkung und Anwendung: Erle wirkt hauptsächlich zusammenziehend. In der Allopathie und Homöopathie wird die Abkochung der Rinde zum Gurgeln bei Hals- und Mandelentzündung und als Einlauf bei Darmblutungen verordnet. Im Hause soll ein Teeaufguß bei Rheumatismus eine gute Wirkung erzielen. In der Industrie wird die Rinde als Gerb- und Färbemittel gebraucht.

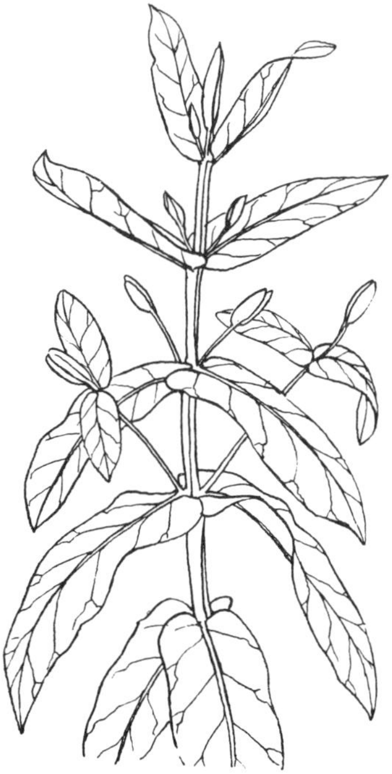

Eukalyptus

(Eucalýptus glóbulus Labill., Myrtengewächse)

Beschreibung: 80 bis 150 m hoher Baum mit lederigen, kahlen, graugrünen, lanzettlichen Blättern, die in der Jugend bereift sind. An ihrer Unterseite tritt der Mittelnerv deutlich hervor; die Seitennerven sind in einem dem Blattrand parallel laufenden Randnerv vereinigt. Die Blüten sind gelb, anfangs knospenhaft geschlossen. Der Geruch der Blätter ist stark würzig, kampferartig, der Geschmack leicht bitter, zusammenziehend.

Vorkommen: Heimisch in Südostasien, in den Mittelmeerländern kultiviert. Da Eukalyptusbäume einen sehr großen Wasserverbrauch haben, pflanzt man sie zum Trockenlegen von Sümpfen an, z. B. in Italien und in den Pontinischen Sümpfen.

Verwendete Teile: Die Blätter, das ätherische Öl.

Inhaltsstoffe: Ätherisches Öl mit Cineol (Eucalyptol); Gerbstoff, Harz, Bitterstoff.

Wirkung und Anwendung: Das aus den Blättern gewonnene Öl wird in der Heilkunde zum Inhalieren bei Erkältungen und Erkrankungen der oberen Luftwege, ferner in Salbenform bei rheumatischen und neuralgischen Schmerzen verordnet. Im Hause wird der Teeaufguß (1 Teelöffel getrocknete und zerkleinerte Blätter auf 1 Tasse Wasser) bei Bronchialkatarrhen, Asthma, Magen- und Darmkatarrhen getrunken. In der pharmazeutischen Industrie wird Eukalyptusöl bei der Herstellung von Hustenbonbons verarbeitet.

Färberginster

(Genísta tinctória L., Schmetterlingsblütler)

Beschreibung: Ausdauernder, bis 60 cm hoher Strauch mit aufrechten Stengeln und vielverzweigten Ästen. Die kleinen Blätter sind lanzettlich, am Rande weich behaart. In endständigen, dichten Trauben stehen die goldgelben Blüten. Blütezeit: Juni/Juli.

Vorkommen: Verbreitet über ganz Europa auf trockenen Wiesen und Heiden, in Laubwäldern, an Waldrändern.

Inhaltsstoffe: Alkaloide, ätherisches Öl, wenig Gerbstoff, Bitterstoff, in den Blüten gelber Flavon-Farbstoff Luteolin.

Wirkung und Anwendung: Färberginster wirkt blutreinigend, schleimlösend, abführend, wasser- und schweißtreibend. In der Allopathie ist er nicht mehr gebräuchlich. In der Homöopathie wird die Essenz aus den frischen blühenden Sprossen zur Anregung des Stoffwechsels, bei Gicht, Rheumatismus, Wassersucht und Hautleiden verordnet. Im Hause wird der Teeaufguß bei den obengenannten Erkrankungen, zur Blutreinigung und zur Kräftigung bei Schwächezuständen getrunken. Die Blüten wurden früher zum Gelbfärben benützt.

Fettkraut

(Pinguícula vulgáris L., Wasserschlauchgewächse)

Beschreibung: Ausdauernde, bis 10 cm hohe, insektenfressende Pflanze. Die Laubblätter bilden eine grundständige Rosette. Die Blätter sind fleischig, länglich-elliptisch, am Rande leicht nach oben gebogen. An der Oberseite sind sie mit Drüsen besetzt, die zum Insektenfang klebrigen Schleim absondern. Sobald ein kleines Insekt die Blattoberseite berührt, rollen sich die Blattränder zusammen. Aus der Rosette entwickelt sich der dünne Blütenstengel mit einer endständigen, violetten, gespornten Blüte. Blütezeit: Mai/Juni.

Vorkommen: In Nord- und Mitteleuropa auf Mooren und Torfwiesen, im Gebirge häufig.

Verwendete Teile: Das zur Blütezeit gesammelte, getrocknete Kraut.

Inhaltsstoffe: Die Blätter enthalten ein Enzym, das Milch zum Gerinnen bringt.

Wirkung und Anwendung: In der Homöopathie wird ein Extrakt aus der frischen Pflanze bei Keuchhusten und nervösem Husten verordnet. Der Teeaufguß ist ein nur selten gebrauchtes Hausmittel bei Erkältungskrankheiten und Husten.

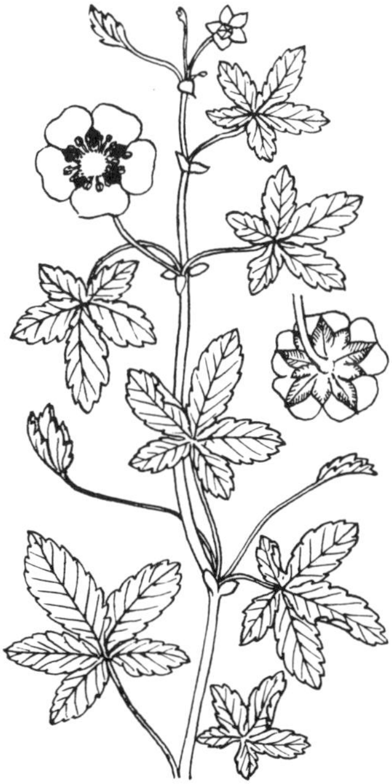

Fingerkraut, Kriechendes
(Potentílla réptans L., Rosengewächse)

Beschreibung: Ausdauerndes Unkraut mit am Boden kriechenden, bis 60 cm langen, dünnen Stengeln, die an den Knoten Wurzeln schlagen, aus denen sich wieder lange Stengel entwickeln. In den Blattwinkeln stehen goldgelbe, langgestielte Blüten. Blütezeit: Juni bis August.

Vorkommen: Überall in Europa an Wegrändern, Ufern und an trockenen, sonnigen Stellen.

Verwendete Teile: Das blühende Kraut, frisch oder getrocknet.

Inhaltsstoffe: Flavone, Gerbstoffe.

Wirkung und Anwendung: Kriechendes Fingerkraut wirkt zusammenziehend und krampflösend. In der Homöopathie wird die aus dem frischen, blühenden Kraut bereitete Essenz, im Hause ein Teeaufguß bei schmerzhafter Menstruation und Darmkatarrhen verwendet.

Frauenminze
(Chrysánthemum balsámita L., Korbblütler)

Beschreibung: Ausdauernde, bis 120 cm hohe Pflanze, deren Grundachse zahlreiche Ausläufer treibt. Der aufrechte Stengel ist weißlich-grau behaart, im oberen Teil verästelt. Die grundständigen und mittleren Blätter sind langgestielt, dicklich, gezähnt, unterseits behaart, die oberen sind meist sitzend, geöhrt, dicklich, glatt, elliptisch, fein gesägt. In lockeren Doldentrauben stehen die kleinen zahlreichen gelben Blüten. Blütezeit: August bis Oktober. Geruch der Pflanze stark aromatisch, Geschmack scharf, pfefferähnlich.

Vorkommen: Heimisch im Orient, in Mitteleuropa eingebürgert, wegen des starken Duftes in Gärten angepflanzt.

Verwendete Teile: Die zur Blütezeit gesammelten und getrockneten Blätter.

Inhaltsstoffe: Ätherisches Öl, Gerbstoff, Mineralstoffe.

Wirkung und Anwendung: Frauenminze wirkt gallensekretionsfördernd, krampfstillend, magenstärkend und blähungstreibend. Im Haus wird der Teeaufguß (2 Teelöffel auf 1 Tasse Wasser) bei Gallenleiden und Magen-Darm-Beschwerden getrunken.

Galgant
(Alpínia officinárum Hance, Ingwergewächse)

Beschreibung: Bis zu 1,5 m hohe, ingwerähnliche Staude mit einem horizontal unter dem Boden verlaufenden Wurzelstock, aus dem sich an der Unterseite Wurzeln, an der Oberseite Blätter und Blütensprosse entwickeln. Vermehrung erfolgt durch unterirdische Seitensprosse. Die Laubblätter sind lanzettlich, bis zu 30 cm lang. Die weißen Blüten sind in ungefähr 10 cm langen Trauben geordnet. Der Geruch der Wurzel ist aromatisch, der Geschmack brennend, würzig.

Vorkommen: Wildwachsend auf der Insel Hainan (Südchina); dort, auf dem gegenüberliegenden Festlande und in Hinterindien kultiviert.

Verwendete Teile: Der getrocknete Wurzelstock.

Inhaltsstoffe: Ätherisches Öl, ein nicht näher bekannter scharfer Stoff, zwei Flavone Alpinol und Galangin, Gerbstoffe.

Wirkung und Anwendung: Galgant wirkt appetitanregend und magenstärkend. Er ist Bestandteil aromatischer Magenmittel und Tees, dient zur Herstellung von Magenlikören und -schnäpsen und aromatischen Mundwässern. Im Mittelalter wurde er häufig verwendet. Eine ausführliche Beschreibung finden wir in den Büchern der Äbtissin Hildegard von Bingen (1089–1179).

Galläpfel, Aleppo- oder türkische Galläpfel (Gallae)

Die Droge stammt hauptsächlich von jungen Trieben und Blattstielen einer Eichenart, der Galleiche *(Quércus infectória* Olivier, Buchengewächse), in welche die Gallwespe *Cýnips tinctória* Hartig ihre Eier legt. Es entstehen durch den Wespenstich kleine harte, apfelartige Gebilde = Galläpfel von einem Durchmesser von 1,5–2,5 cm Dicke. Die Galläpfel werden meist im August/September gesammelt, wenn sie völlig erhärtet sind. Sie werden im Schatten getrocknet. Ihre Farbe ist graugrün, ihr Geschmack herb, stark zusammenziehend.

Inhaltsstoffe: Bis zu 70 % Tannin = Gerbsäure, Gallussäure, Zucker, Stärke, wenig ätherisches Öl.

Anwendung: Galläpfel werden in Form von Salbe gegen Hämorrhoiden, in Form von Tinktur zu Bepinselungen von Frostbeulen und blutendem Zahnfleisch in der Heilkunde verwendet; technisch zur Tintenherstellung und in der Gerberei.

Gänseblümchen, Maßliebchen
(*Béllis perénnis L.*, Korbblütler)

Beschreibung: Ausdauernde, kleine Pflanze mit kurzem, kriechendem Wurzelstock. Die grundständigen, verkehrt-eiförmigen, gekerbten Blätter, bilden eine Rosette, aus der sich der kahle Blütenstengel erhebt. Die Blütenkörbchen mit weißen, unterseits oft rötlichen Zungenblüten und gelben Scheibenblüten sitzen einzeln am Stengelende. Blütezeit: Frühjahr bis Herbst.

Vorkommen: In Asien und Europa weit verbreitet auf Wiesen, besonders auf lehmigem Boden.

Verwendete Teile: Die frischen oder getrockneten Blütenköpfchen.

Inhaltsstoffe: Saponine, organische Säuren, Gerbstoff, ätherisches Öl, Bitterstoff, Schleim, Flavone.

Wirkung und Anwendung: Gänseblümchen wirkt blutreinigend, schleimlösend, leicht abführend, schmerz- und krampfstillend. Im Hause wird ein Teeaufguß (1 Teelöffel Blüten auf 1 Tasse Wasser) bei Katarrhen der Luftwege, Gicht, Rheumatismus, Magen-Darm-Katarrh, Leber- und Nierenleiden und zur Blutreinigung getrunken.

Gänsefuß, Wohlriechender, Jesuitentee
(*Chenopódium ambrosioídes* L., Gänsefußgewächse)

Beschreibung: Einjähriges, bis 60 cm hohes Kraut mit behaartem, verästeltem Stengel. Die wechselständigen Blätter sind lanzettlich, ganzrandig oder grob gezähnt. Die unscheinbaren, grünlichen Blüten stehen in Knäueln in den obersten Blattachseln. Blütezeit: Juni bis August. Die ganze Pflanze riecht aromatisch.

Vorkommen: Heimisch in Mittel- und Südamerika, in Europa stellenweise als Heilpflanze angebaut.

Verwendete Teile: Das blühende Kraut, frisch oder getrocknet; die Samen.

Inhaltsstoffe: Ätherisches Öl, Saponine.

Wirkung und Anwendung. Im Hause wird ein Teeaufguß aus dem frischen oder getrockneten Kraut als magen- und nervenstärkendes, belebendes, menstruationsförderndes Mittel, gegen Spulwürmer, bei Asthma und chronischen Katarrhen der Luftwege getrunken. In der pharmazeutischen Industrie wird das aus dem Samen gepreßte Öl zu wurmtreibenden Präparaten verarbeitet. Die Verwendung des Chenopodiumöls geht aber stark zurück zugunsten des reinen, synthetischen Wirkstoffs Ascaridol, und auch dieser spielt heute keine große Rolle mehr.

Gauchheil, Ackergauchheil, Roter Gauchheil
(*Anagállis arvénsis* L., Primelgewächse)

Beschreibung: Einjähriges, niedriges Kraut mit meist liegenden, bis 30 cm langen Stengeln. Die kleinen ungestielten, gegenständigen Blätter sind eiförmig, ganzrandig. In den Blattachseln stehen einzeln die langgestielten, roten Blüten. Blütezeit: Juni bis Oktober.

Vorkommen: In Asien und Europa auf Äckern, in Gärten als Unkraut.

Verwendete Teile: Die frische, blühende Pflanze.

Inhaltsstoffe: Saponine, Bitterstoff, Gerbstoff.

Wirkung und Anwendung: Gauchheil wirkt wassertreibend. Früher als Heilmittel in der Allopathie viel verwendet, heute nur noch in der Homöopathie und im Hause in Gebrauch. In der Homöopathie wird die Essenz aus der frischen, blühenden Pflanze innerlich gegen juckende Hautausschläge verordnet, äußerlich auch als Mittel gegen Warzen. Im Hause wird ein Teeaufguß (1/2 Teelöffel auf 1 Tasse Wasser), schluckweise über den Tag verteilt, als wassertreibendes Mittel bei Wassersucht, Hautausschlägen, Leber- und Gallenleiden, getrunken.

Gelsémium, Wilder Jasmin
(Gelsémium sempervírens [L.] Ait., Strychnosgewächse)
Beschreibung: Schlingpflanze mit gegenständigen, lanzettlichen Blättern und trichterförmigen, weißen oder gelben, wohlriechenden Blüten.

Vorkommen: In den Südstaaten der USA.

Verwendete Teile: Der frische oder getrocknete Wurzelstock.

Inhaltsstoffe: Mehrere Alkaloide (Gelsemin, Gelsemicin, Sempervirin u. a.), Scopoletin, Harz, Fett, Gerbstoff und wenig ätherisches Öl.

Wirkung und Anwendung: In der Homöopathie wird *Gelsémium* viel gebraucht bei Migräne, Schwindel, Grippe und Trigeminus-Neuralgie, ferner bei nervösen und im Gefolge von Infektionskrankheiten auftretenden Herzstörungen, schließlich bei Blasenkrampf und schmerzhafter Regel. Hohe Dosen lähmen das Nervensystem nach vorausgegangener kurzdauernder Erregung. In Mexiko dient ein *Gelsémium*-Trank als magisches Gift („Gläserner Sarg"), das Körperstarre bei vollem Bewußtsein erzeugt.

Gewürznelkenbaum
(Syzýgium aromáticum [L.] Merr. et L. M. Perry, Myrtengewächse)

Beschreibung: Immergrüner, bis zu 20 m hoher Baum mit pyramidenförmiger Krone. Die gegenständigen, lederigen Blätter sind eiförmig, gelbgrau, ungefähr 12 cm lang. Aus den in einer Dolde stehenden, anfangs hellgrünen, später leuchtend roten Blüten entwickelt sich eine rote Beere.

Vorkommen: Auf den Molukken und den Philippinen heimisch, in fast allen tropischen Ländern kultiviert.

Verwendete Teile: Die kurz vor dem Aufblühen gesammelten und getrockneten Blütenknospen = Gewürznelken. Durch die Trocknung erhalten sie eine braune Farbe. Ihr Geruch ist eigenartig aromatisch, der Geschmack würzig, brennend.

Inhaltsstoffe: Ätherisches Öl mit Eugenol; Gerbstoff, Schleim, Harz, Fett.

Wirkung und Anwendung: Gewürznelken wirken appetitanregend und werden in der Küche als Gewürz verwendet. Das ausdestillierte Öl wird in der Heilkunde als aromatisches Magenmittel, in der Zahnheilkunde wegen seiner desinfizierenden und schmerzstillenden Eigenschaften bei der Zahnbehandlung verwendet. Es ist Zusatz zu verschiedenen Zahn- und Mundwässern und wird in der kosmetischen und Likörindustrie gebraucht. Im Hause wird Nelkenöl zum Einreiben als Schutz vor Insektenstichen verwendet. Die Gewürznelken kamen durch die Araber nach Europa, als erste gibt die Äbtissin Hildegard von Bingen (1089–1179) die Übersetzung „Nelchin".

Giersch, Geißfuß, Gichtkraut
(*Aegopódium podagrária* L., Doldenblütler)

Beschreibung: Ausdauerndes Kraut mit unterirdischen Ausläufern. Der aufrechte, hohle Stengel ist im oberen Teil verästelt. Die gestielten Grundblätter und die unteren Stengelblätter sind doppelt-, die obersten einfach-dreizählig. In großen flachen Dolden stehen die weißen Blüten. Blütezeit: Juni bis August. Die Frucht ist kümmelähnlich.

Vorkommen: In Asien und Europa als Unkraut verbreitet in Gärten, feuchten Gebüschen, an Straßenrändern.

Verwendete Teile: Das blühende Kraut frisch oder getrocknet.

Inhaltsstoffe: Ätherisches Öl.

Wirkung und Anwendung: Giersch wurde schon im Mittelalter als Heilmittel in Klöstern angewendet. In der Homöopathie wird die aus dem frischen Kraut bereitete Essenz bei Gicht und Rheumatismus verordnet. Im Hause wird ein Teeaufguß aus der frischen oder getrockneten Pflanze innerlich bei den gleichen Leiden, auch bei Darmstörungen und Blasenleiden, äußerlich zu Umschlägen auf Bienenstiche, Hämorrhoiden und Entzündungen verwendet. Das zerquetschte Kraut soll als Auflage bei Gicht und Wunden schmerzlindernd und heilend wirken.

Giftlattich
(*Lactúca virósa* L., Korbblütler)

Beschreibung: Zweijähriges, bis 1 m hohes, giftiges Kraut mit spindelförmiger Wurzel. Im 1. Jahr erscheint nur eine Blattrosette, aus der sich im 2. Jahr der aufrechte, hohle, oben verästelte Blütenstengel entwickelt. Die bläulichgrünen Blätter stehen waagrecht ab, sind meist ungeteilt, verkehrt-eiförmig, stengelumfassend, an der Unterseite am Mittelnerv borstig behaart. Die gelben Blüten stehen strahlenförmig in einer endständigen Rispe. Blütezeit: Juli/August. Die schwarzen, zusammengedrückten Früchte haben eine Haarkrone an der Spitze. Alle Pflanzenteile enthalten einen weißen, an der Luft sich bräunenden Milchsaft. Ihr Geruch ist widerlich.

Vorkommen: In Südwesteuropa heimisch, nach Mitteleuropa eingeschleppt, an Wegrändern und steinigen Hängen, selten angebaut.

Verwendete Teile: Das zur Blütezeit gesammelte frische oder getrocknete Kraut; der vor der Blüte beim Anschneiden der Stengel gewonnene eingetrocknete Milchsaft.

Inhaltsstoffe: Bitterstoffe, ein Alkaloid(?), organische Säuren.

Wirkung und Anwendung: In der Allopathie wurden früher Präparate aus dem getrockneten Milchsaft als Ersatz für Opiumpräparate bei Bronchitis und Asthma verwendet, sind aber wegen ihrer unzuverlässigen Wirkung aufgegeben worden. In der Homöopathie wird die aus dem frischen Kraut bereitete Essenz bei chronischen und akuten Katarrhen der oberen Luftwege, Reizhusten, Leberschwellung, Blähungen und Harnbeschwerden verordnet. Im Hause darf Giftlattich nicht verwendet werden.

Ginseng

(Pánax schin-seng Nees [*P. ginseng* C. A. Mey.]*)*

Beschreibung: Ausdauernde Pflanze mit rübenförmiger Wurzel, aus der ein bis zu 60 cm hoher Stengel treibt. Die langgestielten Blätter sind ahornähnlich. Die unscheinbaren Blüten sind doldenartig geordnet. Die Frucht ist eine rote, saftige Beere.

Vorkommen: Heimisch in den schattigen Gebirgswäldern Ostasiens, kultiviert in Korea, China, Japan und Nordamerika.

Verwendete Teile: Die Wurzel.

Inhaltsstoffe: Saponin, wenig ätherisches Öl, Phytosterinabkömmlinge, Bitterstoffe, Phosphate, Gerbstoffe.

Wirkung und Anwendung: Ginseng ist ein seit Jahrhunderten bekanntes Allheilmittel in Asien, dem man auch eine lebensverlängernde Wirkung zuspricht. Den höchsten Wirkungsgrad haben die Züchtungen aus der Mandschurei und Korea, die auch erheblich teurer sind als die amerikanischen. In Europa hergestellte Ginseng-Präparate stammen meist aus der amerikanischen Wurzel. Die der Ginsengwurzel nachgesagten wunderbaren Wirkungen konnten trotz zahlreicher wissenschaftlicher Untersuchungen weder bewiesen noch aus den bisher aufgeklärten Inhaltsstoffen heraus auch nur glaubhaft gemacht werden. Die angeblich „echte" Wurzel ist als Devisenbringer in den Herkunftsländern natürlich hochgeschätzt.

Glaskraut

(Parietária erécta Mert. et W. D. G. Koch, Nesselgewächse)

Beschreibung: Ausdauerndes, bis 1 m hohes Kraut mit aufrechtem, zart behaartem, meist einfachem Stengel. Die großen langgestielten Blätter sind eiförmig, an beiden Enden zugespitzt, glasartig glänzend. Die unscheinbaren grünlichen Blätter stehen in Knäueln in den Blattachseln. Blütezeit: Juli bis Oktober. Glaskraut ist geruchlos, der Geschmack ist salzig-bitter.

Vorkommen: Heimisch im Mittelmeergebiet, in Mitteleuropa zerstreut an Zäunen und Mauern.

Verwendete Teile: Das zur Blütezeit gesammelte getrocknete Kraut.

Inhaltsstoffe: Bitterstoff, Gerbstoff, Kalisalpeter.

Wirkung und Anwendung: Glaskraut wirkt wassertreibend und wundheilend. Im Hause wird ein Teeaufguß (1 Teelöffel auf 1 Tasse Wasser) innerlich bei Nieren- und Blasenleiden, äußerlich zu Umschlägen bei Verbrennungen und entzündeten Wunden verwendet.

Goldlack
(*Cheiránthus chéiri* L., Kreuzblütler)

Beschreibung: Ausdauernde, bis 60 cm hohe Staude mit am Grunde verholzten, aufrechten Sprossen und kantigen, mit enganliegenden Haaren bedeckten Stielen. Die wechselständigen, unten gestielten, oben sitzenden Blätter sind dunkelgrün, lanzettlich. Die gold- oder rotgelben Blüten stehen in dichten Trauben. Blütezeit: Mai bis Juli. Die Schotenfrucht enthält kleine braune Samen. Geruch der Blüten angenehm, betäubend. Blätter und Blüten sind stark giftig.

Vorkommen: In Asien und Europa an altem Gemäuer, auf Schutt und Felsen verwildert, als Zierpflanze in verschiedenen Formen im Garten kultiviert.

Verwendete Teile: Blüten und Blätter frisch oder getrocknet.

Inhaltsstoffe: Giftige Glykoside, darunter Cheirotoxin, ein Alkaloid, ätherisches Öl.

Wirkung und Anwendung: Goldlack ist wegen seiner stark schwankenden Giftigkeit nicht als Heilmittel geeignet. Jedoch dient er als Stammpflanze zur industriellen Gewinnung von herzwirksamen Glykosiden, die denen des Fingerhuts, des Maiglöckchens und der *Strophánthus*-Samen verwandt sind.

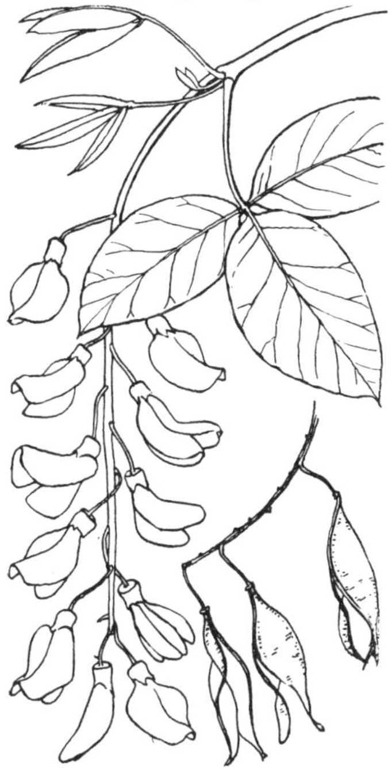

Goldregen
(*Labúrnum anagyroídes* Medik., Schmetterlingsblütler)

Beschreibung: Bis 7 m hoher Strauch oder Baum mit überhängenden Zweigen und langgestielten, gefiederten Blättern. Die goldgelben Blüten hängen in langen, dichten Trauben. Blütezeit: Mai/Juni. Die Frucht ist eine bohnenförmige Hülse mit schwarzbraunen Samen. Goldregen ist stark giftig.

Vorkommen: Heimisch in Südeuropa, in Mitteleuropa als Zierbaum angepflanzt, oft verwildert.

Verwendete Teile: Die frischen Blätter und Blüten.

Inhaltsstoffe: In allen Teilen das giftige Alkaloid Cytisin, besonders in den Blättern, Blüten und Samen.

Wirkung und Anwendung: Das im Goldregen enthaltene Cytisin wirkt erst erregend, dann lähmend auf das Zentralnervensystem. Die aus den Blättern und Blüten bereitete Essenz wird in der Homöopathie bei Neuralgie und Krampfzuständen des Magen-Darm-Kanals verordnet. Im Hause darf Goldregen wegen seiner starken Giftigkeit nicht verwendet werden.

Gossýpium, Baumwolle

Die Droge stammt von verschiedenen *Gossýpium*-Arten, Familie Malvengewächse, ab. Die reich verzweigten Baumwollsträucher, meist einjährig, tragen große weiße oder gelbe Blüten. Sie werden in tropischen Ländern kultiviert, in jüngerer Zeit auch in Südeuropa. Baumwolle besteht aus den bis zu 4 cm langen, bandartig flachen Samenhaaren, die in entfettetem Zustand wegen ihrer großen Saugfähigkeit als Verbandwatte verwendet werden. In der Textilindustrie sind sie der wichtigste Rohstoff. Große Mengen gehen auch in die Papier-, Kunstseide-, Schießbaumwolle- und Zelluloidindustrie. Das aus den Samen gewonnene Öl wird zu Speiseöl, vor allem aber zu billigen Margarinesorten, verarbeitet.

Granatbaum

(Púnica granátum L., Granatapfelgewächse)

Beschreibung: Strauch oder Baum mit sperrigen Ästen und Zweigen. Die hellgrünen, lanzettlichen Laubblätter sitzen in kleinen Büscheln an den Kurztrieben. An den Zweigspitzen und in den Blattachseln stehen die leuchtend roten, trichterförmigen Blüten. Die vielsamige Frucht ist gelbrot, fast kugelig, apfelartig. Sie schmeckt süß-säuerlich, zusammenziehend.

Vorkommen: Heimisch wahrscheinlich in Nordafrika, in fast allen subtropischen Gebieten und im Mittelmeergebiet kultiviert, selten auch verwildert.

Verwendete Teile: Rinde, Blüten und Fruchtschalen in getrocknetem Zustand.

Inhaltsstoffe: In der Rinde Alkaloide, Gerbstoff, in Blüten und Fruchtschale glykosidisch gebundene Gerbstoffe, reichlich Schleim, Harz.

Wirkung und Anwendung: Der Granatbaum ist eines der ältesten Arznei- und Kulturgewächse. Die pulverisierte Rinde wird als Bandwurmmittel unter ärztlicher Aufsicht verwendet. Blüten und Fruchtschalen sind wegen ihrer zusammenziehenden und wurmtreibenden Eigenschaft gute Hausmittel bei Durchfällen, Ruhr und Wurmerkrankungen. Die Fruchtschalen werden außerdem bei der Verarbeitung von Saffianleder gebraucht.

Grindélia
(*Grindélia robústa* Nutall et *Grindélia squarrósa* Dumal, Korbblütler)

Beschreibung: Ausdauernde, bis 1 m hohe Pflanzen. Die gekreuzt-gegenständigen, sitzenden oder halbstengelumfassenden, zerbrechlichen Blätter sind länglich-lanzettlich, gesägt oder stachelspitzig, lederartig steif, durchscheinend punktiert. Gelbe Blütenköpfchen mit weiblichen Strahlen und zwittrigen Scheibenblüten stehen am Ende der weißflaumigen Blütenzweige. Blätter und Blüten sind klebrig von ausgetretenem Harz. Blütezeit: Mai/Juni. Geruch gewürzhaft, Geschmack würzig, bitter.

Vorkommen: In Nordamerika beheimatet, in Süd- und Mitteleuropa kultiviert.

Verwendete Teile: Die blühenden, getrockneten Stengelspitzen; die getrockneten Blätter.

Inhaltsstoffe: Ätherisches Öl mit Borneol; Harze, Phytosterin, Gerbstoff, organische Säuren.

Wirkung und Anwendung: Grindelia wirkt schleimlösend, auswurffördernd und wassertreibend. Die Abkochung von Stengelspitzen oder Blättern wird im Hause innerlich bei Bronchialkatarrh, Asthma, Keuchhusten, Lungenleiden, äußerlich zu Umschlägen auf eiternde Geschwüre und Verbrennungen verwendet. Eine Überdosierung kann giftig wirken. Grindelia ist außerdem ein Bestandteil von Räucherpulvern und Asthmazigaretten.

Gummi arabicum, Arabisches Gummi

Die Droge besteht aus dem meist freiwillig ausgetretenen, an der Luft erstarrten Saft verschiedener Akazienarten, hauptsächlich aber von *Acácia sénegal* (L.) Willd., Mimosengewächse, einem 4 bis 6 m hohen Baum mit schirmartiger Krone, der in Mittel- und Ostafrika und Arabien ganze Wälder bildet. Gummi arabicum kommt in rundlichen, farblosen oder hellgelben, durchsichtigen Stücken, die in Wasser löslich sind, in den Handel. Sie sind geruch- und geschmacklos.

Anwendung: Die Droge wird in der Heilkunde als reizmilderndes und einhüllendes Mittel gebraucht. Äußerlich soll es in pulverisiertem Zustand blutstillend wirken. Technisch wird es als Klebstoff und zur Appretur von Stoffen verwendet. In der pharmazeutischen Technik ist Gummi arabicum ein viel verwendeter, gesundheitlich unbedenklicher Hilfsstoff, z. B. für die Herstellung von Tabletten, Drageeüberzügen, Pillen, Emulsionen, Suspensionen. Bei Gummibonbons ist er nicht nur Hilfsstoff, sondern beteiligt sich auch an der Wirkung. Für die meisten genannten pharmazeutischen Zwecke muß Gummi arabicum zum Abtöten der enthaltenen Enzyme vorbehandelt werden; man „desenzymatisiert" es im allgemeinen durch Erhitzen mit Alkohol.

Haarstrang, Echter
(*Peucédanum officinále* L., Doldenblütler)

Beschreibung: Ausdauernde, bis 2 m hohe Pflanze mit derber, spindelförmiger, Milchsaft enthaltender Wurzel. Der Stengel ist stielrund, im oberen Teil verästelt, mit kleinen fiederspaltigen Laubblättern und vielblättrigen Hüllchen. Die unscheinbaren, gelblichen Blüten stehen in großen Dolden. Blütezeit: Juli/August.

Vorkommen: Zerstreut auf Wiesen und an Waldrändern.

Verwendete Teile: Die frische Wurzel.

Inhaltsstoffe: In der Wurzel ätherisches Öl, Bitterstoff, ein Cumarinderivat Peucedanin, Stärke, Gummi.

Wirkung und Anwendung: Die Wurzel wirkt schweiß- und wassertreibend. Sie wurde früher in der Allopathie, heute nur noch in der Homöopathie (Essenz aus der frischen Wurzel) bei Katarrhen, Wechselfieber und als menstruationstreibendes Mittel verwendet. Die Abkochung der Wurzel wird vereinzelt im Hause gebraucht.

Der **Berghaarstrang** oder die Bergpetersilie *(Peucédanum oreoselínum* [L] Moench) ist kleiner als der Echte Haarstrang. Der runde Stengel ist häufig rötlich überlaufen. Die Blätter sind fiederspaltig, glänzend grün. Die kleinen Blüten stehen in vielstrahligen, großen Dolden. Blütezeit: August/September.

Inhaltsstoffe: Ätherisches Öl, Bitterstoff, Peucedanin.

Anwendung: In der Homöopathie wird die aus **dem frischen blühenden Kraut bereitete Essenz,** im Hause der Teeaufguß als wassertreibendes, menstruationstreibendes Mittel, bei Fieber und Katarrhen der Luftwege verwendet.

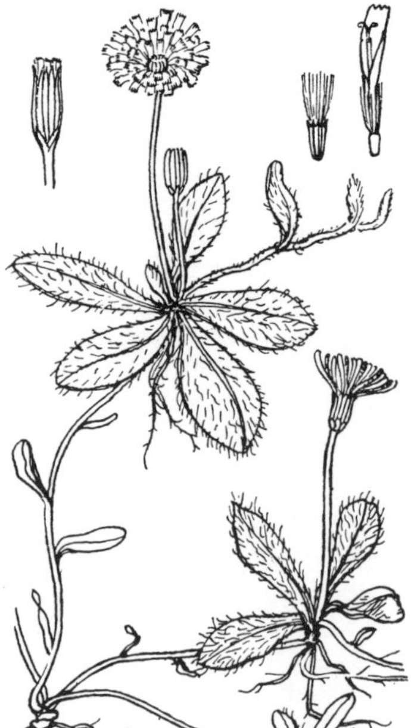

Der **Sumpfhaarstrang** (*Peucédanum palústre* [L] Moench) ist ein- bis zweijährig. Seine spindelförmige Wurzel und die röhrigen, oben verästelten Stengel enthalten Milchsaft. Die dreieckigen Blätter sind gefiedert, die unteren sehr groß und langgestielt, die oberen kleiner, fast sitzend. Die kleinen Blüten stehen in leicht gewölbten Dolden. Sumpfhaarstrang liebt feuchte Standorte. Die Abkochung der frischen Wurzel wird vereinzelt im Hause bei Keuchhusten und Krämpfen getrunken.

Habichtskraut

(Hierácium pilosélla L., Korbblütler)

Beschreibung: Bis 30 cm hohe Pflanze mit grundständiger Blattrosette. Die Blätter sind filzig bis borstig behaart. Die schwefelgelben Blütenköpfchen stehen einzeln am Stengelende. Blütezeit: Mai bis Oktober.

Vorkommen: In Kleinasien und Europa auf trockenen Heiden und Grasflächen, in lichten Wäldern, auf Schutt.

Verwendete Teile: Das frische oder getrocknete blühende Kraut.

Inhaltsstoffe: Gerbstoffe, Bitterstoff, Schleim.

Wirkung und Anwendung: Habichtskraut wirkt wassertreibend und entzündungswidrig. Der Teeaufguß wird im Hause innerlich bei Darmkatarrhen, Ruhr, Grippe, Nieren- und Blasenleiden, äußerlich zu Umschlägen auf Wunden und entzündete Augen verwendet.

Hamamélis, Zaubernuß

(*Hamamélis virginiána* L., Zaubernußgewächse)

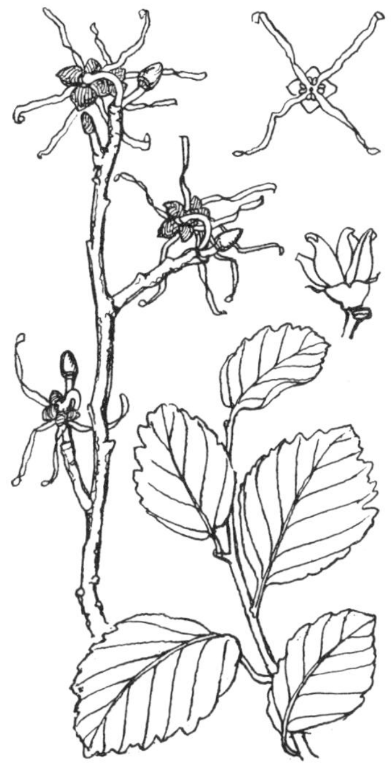

Beschreibung: 5–7 m hoher Strauch mit wechselständigen, haselnußähnlichen Blättern. Die unscheinbaren gelben Blütenköpfchen stehen in den Blattachseln. Blütezeit: September bis Dezember. Die haselnußähnliche Frucht erscheint erst im folgenden Sommer.

Vorkommen: Heimisch im atlantischen Nordamerika, in Europa als Zier- und Heilpflanze angebaut.

Verwendete Teile: Die im Herbst gesammelten und getrockneten Blätter; die Rinde von Zweigen und Stämmen.

Inhaltsstoffe: Hamamelitannin, Gerbstoffe, fettes Öl, ätherisches Öl, Saponin, Gallussäureester.

Wirkung und Anwendung: Hamamelis wirkt zusammenziehend und blutstillend. Die Abkochung der Blätter (1 Teelöffel auf 1 Tasse Wasser) wird innerlich gegen Durchfall und als blutstillendes Mittel, äußerlich zu Auflagen und Waschungen bei Hämorrhoiden verwendet. Eine Abkochung aus der Rinde ist ein Hausmittel zur äußerlichen Behandlung von Hämorrhoiden, Venenreizungen und Geschwüren. In der kosmetischen Industrie dienen die Blätter zur Herstellung von Gesichts- und Rasierwässern, die Rinde wird hauptsächlich in der pharmazeutischen Industrie zu reizmildernden Wundsalben verarbeitet. Die Homöopathie verwendet daneben noch ein Wasserdampfdestillat aus Hamameliskraut, das sogenannte Hamamelis-Extrakt („Hazeline"), zur Behandlung nervöser Stauungen, besonders Krampfadern und Hämorrhoiden.

Haselnuß

(*Córylus avellána* L., Birkengewächse)

Beschreibung: Bis zu 5 m hoher Strauch oder Baum. Die wechselständigen, gestielten Blätter sind weichbehaart, herzförmig, doppelt gesägt. Die männlichen Blütenkätzchen sind walzenförmig, hängend, die unscheinbaren weiblichen Blüten stehen in kleinen Trugdolden. Die Frucht ist eine wohlschmeckende Nuß.

Vorkommen: Verbreitet in ganz Europa in Hecken, Gebüschen, als Unterholz in Laubwäldern.

Verwendete Teile: Die frischen oder getrockneten Blätter; die Nüsse. Die Rinde (vielfach als Ersatz für *Hamamélis*, s. d.)

Inhaltsstoffe: In den Blättern ätherisches Öl, ein Paraffin und das sogenannte Myricitrosid (= Myricetolrhamnosid). In den Nüssen reichlich fettes Öl, Vitamine. In der Rinde Gerbstoffe, Harzsäuren und Harzalkohole, das Triterpenderivat Betulin.

Wirkung und Anwendung: Haselnußblätter wirken ähnlich wie Hamamelisblätter, nur sehr viel schwächer. Der Teeaufguß wird im Hause bei Durchfall und als blutstillendes Mittel verwendet. Die Nüsse liefern ein wohlschmeckendes Speiseöl, das auch in der Ölmalerei und Parfümerie Verwendung findet.

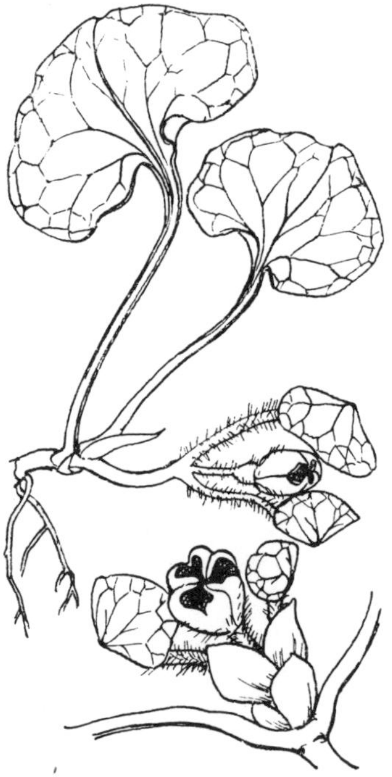

Haselwurz, Brechwurz
(Ásarum europaéum L., Osterluzeigewächse)

Beschreibung: Ausdauerndes, bis 15 cm hohes Kraut mit reichlich bewurzeltem, kriechendem, hin- und hergebogenem Wurzelstock. Die kurzen, niederliegenden Stengel sind behaart. Sie tragen je 2 langgestielte, nierenförmige, oberseits glänzende Blätter, die den Winter überdauern. Die kurzgestielten, nickenden, außen grünen, innen dunkelbraunroten Blüten erheben sich nur wenig über den Erdboden. Blütezeit: April/Mai. Die ganze Pflanze riecht und schmeckt stark pfefferartig, der Geruch der Wurzel erinnert an Kampfer.

Vorkommen: In Mitteleuropa weit verbreitet in Laubwäldern und Gebüschen, an Bachufern und Gräben.

Verwendete Teile: Der im August gesammelte frische oder getrocknete Wurzelstock mit den Wurzeln.

Inhaltsstoffe: Ätherisches Öl mit (bei manchen Rassen aber auch ohne) Asaron; ein Glykosid, reichlich Harzsubstanzen, Gerbstoff, Schleim.

Wirkung und Anwendung: Haselwurz wirkt wassertreibend und ruft Erbrechen und Durchfall hervor. Die pulverisierte Wurzel erregt Niesreiz. In der Allopathie früher als wassertreibendes und Brechmittel verwendet, wegen seiner giftigen Nebenwirkungen heute nicht mehr gebräuchlich. In der Homöopathie wird die aus der frischen Wurzel gewonnene Essenz bei Rheuma, Magen- und Darmentzündungen, Koliken und Blasenleiden verordnet. Im Hause wird ein Teeaufguß aus der getrockneten und zerkleinerten Wurzel als wassertreibendes Mittel bei Wassersucht, Gelbsucht und Leberleiden, bei Asthma und Bronchialbeschwerden und als Brechmittel gebraucht, sollte aber nur mit Vorsicht genossen werden. Die pulverisierte Wurzel wird zu Niespulver verarbeitet.

Heidekraut, Besenheide, Erika
(Callúna vulgáris [L.] Hull,
Heidekrautgewächse)

Beschreibung: Ausdauernder, stark verzweigter Zwergstrauch mit niederliegenden, dünnen Stengeln und dünnen, aufrechten Zweigen, die von kleinen immergrünen, lanzettlichen Blättchen dachziegelartig bedeckt sind. Die rosaroten Blüten stehen in dichten Trauben am Stengelende. Blütezeit: Juli bis September.

Vorkommen: In Europa und Nordamerika, in lichten, trockenen Wäldern, auf Hochmooren und Heiden.

Verwendete Teile: Die blühenden Zweige, frisch oder getrocknet; die abgestreiften, getrockneten Blüten.

Inhaltsstoffe: Glykoside, Gerbst., Säuren, Harz.

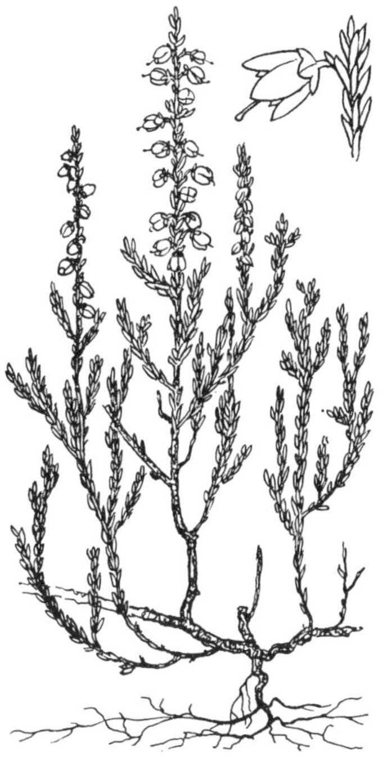

Wirkung und Anwendung: Heidekraut wirkt blutreinigend, schleimlösend, wasser- und schweißtreibend. In der Homöopathie wird die aus dem frischen blühenden Kraut bereitete Essenz bei Gicht, Rheumatismus und als leichtes Schlafmittel verordnet. Im Hause wird der Teeaufguß von den frischen Zweigen oder getrockneten Blüten zur Nervenberuhigung und Blutreinigung, bei Husten, Erkältung, Durchfällen, Nieren- und Blasenleiden, Magenbeschwerden und Rheumatismus getrunken.

Helmkraut, Sumpfhelmkraut
(Scutellária galericuláta L., Lippenblütler)

Beschreibung: Ausdauerndes, bis 50 cm hohes Kraut mit kriechenden, dünnen, verzweigten Bodenausläufern und aufrechten, kantigen Stengeln. Die gegenständigen Blätter sind kurz gestielt, lanzettlich, entfernt gekerbt. Die blaßvioletten Blüten sind zweilippig, die Oberlippe ist kürzer als die Unterlippe. Blütezeit: Juni bis September. Geruch der Pflanze schwach knoblauchähnlich, Geschmack salzig, bitter.

Vorkommen: Verbreitet über die ganze nördliche Halbkugel an feuchten Stellen, auf Flachmooren.

Verwendete Teile: Das blühende Kraut.

Inhaltsstoffe: Flavonglykosid Scutellarin.

Anwendung: Helmkraut wurde früher in der Heilkunde bei Malaria verordnet. Heute wird nur noch vereinzelt im Hause ein Teeaufguß bei fieberhaften Halsentzündungen getrunken.

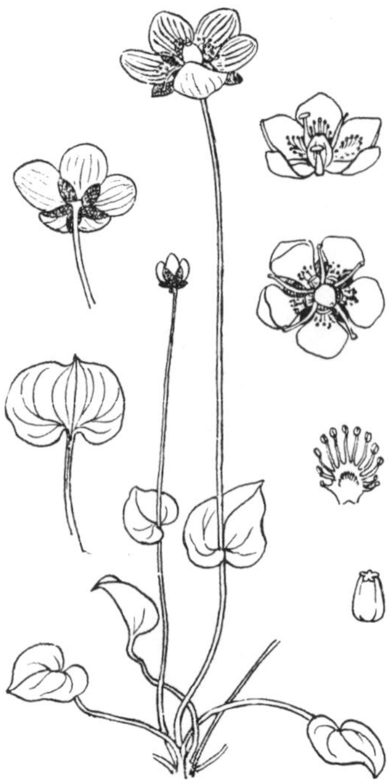

Herzblatt, Sumpfherzblatt
(Parnássia palústris L., Steinbrechgewächse)

Beschreibung: Ausdauernde, bis 25 cm hohe, zierliche Pflanze. Aus der grundständigen Laubrosette mit langgestielten, eiförmigen, dunkel punktierten Blättern, erhebt sich der aufrechte, kantige Stengel mit einem im unteren Teil stengelumfassenden Vorblatt. Die weiße Blüte mit 5 ovalen, durchscheinenden Blumenblättern steht am Stengelende. Blütezeit: Juli bis September.
Vorkommen: In Nordasien, Nord- und Mitteleuropa verbreitet auf nassen Wiesen, Mooren, an feuchten Gräben.

Verwendete Teile: Das blühende, frische Kraut.

Inhaltsstoffe: Im Kraut Gerbstoffe.

Wirkung und Anwendung: Herzblatt wirkt zusammenziehend und beruhigend. Im Hause wird ein Teeaufguß (1 Teelöffel auf 1 Tasse Wasser) bei Durchfällen, nervöser Unruhe und nervösem Herzklopfen getrunken.

Herzgespann
(Leonúrus cardíaca L. var. *villósus* [Desf.] Lippenblütler)

Beschreibung: Ausdauerndes, bis 1 m hohes Kraut mit kantigem, wenig behaartem, rötlich angelaufenem Stengel. Die Blätter sind behaart; an ihrer Unterseite tritt die Nervatur deutlich hervor. Die unteren Blätter sind langgestielt, handförmig, fünf- bis siebenlappig, mit herzförmigem Grund, die oberen kürzer gestielt, dreilappig, am Grunde keilförmig. Die kleinen roten Blüten stehen in dichten Scheinquirlen in den Blattachseln. Blütezeit: Juli bis September. Das Kraut ist geruchlos und schmeckt schwach bitter.

Vorkommen: In Asien und Europa auf Ödland, in Weinbergen, an Hecken und Wegrändern.

Verwendete Teile: Das blühende frische oder getrocknete Kraut.

Inhaltsstoffe: Ein Glykosid, Bitterstoff, Gerbstoffe, Saponin.

Wirkung und Anwendung: Herzgespann wirkt beruhigend, krampflösend und menstruationsfördernd. In der Allopathie wird es bei nervösen Herzstörungen, Beschwerden der Wechseljahre, Nervenschwäche und bei Unregelmäßigkeit der Menstruation verwendet. In der Homöopathie wird die aus dem frischen Kraut bereitete Essenz bei nervös bedingter Angina pectoris, nervösen Erscheinungen in den Wechseljahren, Unregelmäßigkeit oder Ausbleiben der Menstruation, Blähungen und Blutarmut verordnet. Der Teeaufguß oder Kaltauszug (2 Teelöffel auf 1 Tasse Wasser) wird im Hause zur Milderung obengenannter Beschwerden, bei Magenstörungen, besonders aber bei nervöser Unruhe mit Angstgefühl, getrunken. Herzgespann, mit Mistel und Baldrian gemischt, ergibt einen zuverlässig wirkenden Tee bei Schlaflosigkeit.

Hirschzunge
(Phyllítis scolopéndrium [L.] Newm., Tüpfelfarne)

Beschreibung: Farn mit bis zu 60 cm langen, buschbildenden Wedeln. Diese sind zungenförmig, ungeteilt, ganzrandig. An der Unterseite sitzen an den Nerven entlang bräunliche Sporenhäufchen. Der Geruch des Farns ist unangenehm, der Geschmack süßlich, zusammenziehend.

Vorkommen: In Asien und Europa in steinigen Wäldern, Schluchten, an Felsen, Mauern und Brunnen.

Verwendete Teile: Das frische oder getrocknete Kraut.

Inhaltsstoffe: Gerbstoff, Schleim, Zucker.

Wirkung und Anwendung: Hirschzunge wirkt wasser- und schweißtreibend. In der Homöopathie wird die aus dem frischen Kraut bereitete Essenz bei Bronchitis, chronischem Darmkatarrh, Milz- und Leberleiden verordnet. Im Hause wird der Teeaufguß (1Teelöffel auf 1 Tasse Wasser) bei obengenannten Beschwerden und zur Unterstützung bei der Behandlung von Lungenleiden getrunken.

Hohlzahn, Hanfnessel
(Galeópsis ségetum Neck., Lippenblütler)

Beschreibung: Einjähriges, bis 40 cm hohes, stark verästeltes Kraut. Die aufrechten, vierkantigen Stengel sind weich behaart, oft rot angelaufen. Die gestielten, kreuzgegenständigen, bis 5 cm langen Blätter, sind lanzettlich, grob gesägt und weich behaart. An der Unterseite treten Haupt- und Seitennerven hervor. In achselständigen Scheinquirlen stehen die großen gelblichweißen Lippenblüten. Ihre Oberlippe ist gezähnt, die 3spaltige Unterlippe hat zu beiden Seiten einen hohlen Höcker (daher der Name „Hohlzahn"). Blütezeit: Juli bis September. Geruch der Pflanze schwach, Geschmack salzig-bitter.

Vorkommen. In Europa verbreitet auf sandigen Äckern, Wiesen und Brachland.

Verwendete Teile: Die während der Blütezeit gesammelten frischen oder getrockneten oberirdischen Teile.

Inhaltsstoffe: Kieselsäure, Gerbstoff, Saponine, Fett, Wachs, Harz.

Wirkung und Anwendung: Hohlzahn wirkt schleimlösend, zusammenziehend, wassertreibend und wundheilend. In der Homöopathie wird die aus dem frischen Kraut bereitete Essenz bei Verschleimung und Erkrankungen der Milz verordnet. Im Hause wird eine Abkochung innerlich zur Unterstützung bei der Behandlung von Lungentuberkulose, bei chronischer Bronchitis und Asthma verwendet, äußerlich zu Auflagen auf schlecht heilende Wunden.

Hundszunge

(*Cynoglóssum officinále* L., Boretschgewächse)

Beschreibung: Zweijähriges, 30 bis 80 cm hohes Kraut mit langer Wurzel und kantigem, dicht behaartem, im oberen Teil verzweigtem Stengel. Die bläulich-grünen, rauhhaarigen Blätter sind wechselständig, die unteren gestielt, elliptisch, die oberen sitzend oder stengelumfassend, lanzettlich. Die kleinen braunroten Blüten stehen in dichten Wickeln. Blütezeit: Mai/Juni. Die ganze Pflanze hat einen widerlichen Geruch.

Vorkommen: In Asien und Europa zerstreut an Wegrändern, auf Schutt und Ödland.

Verwendete Teile: Das blühende, getrocknete Kraut; die frische oder getrocknete Wurzel.

Inhaltsstoffe: Ein Alkaloid, Cholin, Bitterstoff, ein Glykosid, im Kraut außerdem ätherisches Öl, viel Schleimstoffe.

Wirkung und Anwendung: Hundszunge wirkt schleimlösend, leicht stopfend und zusammenziehend, lähmend auf das Zentralnervensystem. In der Allopathie früher als schmerzstillendes Mittel, heute nicht mehr gebraucht. In der Homöopathie wird die aus der frischen Wurzel bereitete Essenz bei Katarrhen der Luftwege, Durchfällen, Darm- und Hämorrhoidenblutungen verordnet. Im Hause dient ein Teeaufguß oder eine Abkochung als Badezusatz oder zu Umschlägen auf schlecht heilende Wunden und Geschwüre. Von innerlicher Anwendung wird abgeraten.

Immergrün

(*Vínca mínor* L., Hundsgiftgewächse)

Beschreibung: Ausdauernder, bis 20 cm hoher Halbstrauch mit waagrecht kriechendem Wurzelstock und niederliegenden oder seitlich aufsteigenden, feingerillten Stengeln. Die lederartigen, glänzenden Blätter sind kurzgestielt, lanzettlich, ganzrandig oder grob gesägt, an der Unterseite ist der Mittelnerv stark ausgeprägt. Am Stengelende erscheinen die großen hellblauen, trichterförmigen Blüten. Blütezeit: März bis Juni.

Vorkommen: Heimisch in Europa und Kleinasien.

Verwendete Teile: Die blühenden, oberirdischen Teile frisch oder getrocknet.

Inhaltsstoffe: Gerbstoff, ein Bitterstoff Vincin, Pectin, Carotin. Die Alkaloide Vincamin, Isovincamin und Vincamidin.

Wirkung und Anwendung: Immergrün wirkt blutreinigend und wassertreibend. Der Teeaufguß wird vereinzelt im Hause zu Blutreinigungskuren, bei Katarrhen der Luftwege und als Bittermittel bei Magenverstimmungen getrunken. Das die Zellteilung hemmende und deshalb bei Leukämie und Hautkrebs verwendete Alkaloid Vincaleucoblastin kommt von *Catharánthus róseus* (L.) G. Don (*Vínca rósea* L.).

Insektenblume, Dalmatinische
(Chrysánthemum cinerariifólium [Trev.] Vis., Korbblütler)

Beschreibung: Ausdauernde, bis 1 m hohe, buschartige Pflanze mit verzweigten Stengeln. Die grundständigen Blätter sind dreifach-fiederschnittig. Stengel und Blätter sind zart silbergrau behaart. Die gelblichweißen Blütenköpfchen mit weißen Zungenblüten stehen auf langen Stielen, ihr Geruch ist kräftig-aromatisch.

Vorkommen: Heimisch in Jugoslawien, in Mittel- und Südeuropa und Japan als Zier- und Heilpflanze kultiviert.

Verwendete Teile: Die noch nicht völlig geöffneten, getrockneten Blütenköpfchen.

Inhaltsstoffe: Pyrethrin, ätherisches Öl, ein Glykosid, ein Alkaloid, Harze.

Wirkung und Anwendung: Die pulverisierten Blütenköpfchen, als „Dalmatinisches Insektenpulver" bekannt, werden äußerlich zur Vertilgung von Ungeziefer bei Mensch und Tier verwendet. Die innerliche Anwendung soll bei der Bekämpfung von Darmparasiten erfolgreich sein.

Irländisches Moos
(Chóndrus críspus [L.] Stockhouse et *Gigartína mamillósa* Ag., Rotalgen)

Beschreibung: Beide Arten sind keine Moose, sondern etwa handgroße, knorpelige, durchscheinende Rotalgen, versehen mit einer Haftscheibe und einem gegabelten, hirschgeweihähnlichen Laubteil.

Vorkommen: An allen nördlichen Küsten des Atlantischen Ozeans, besonders südlich von Boston; an der Nordsee.

Verwendete Teile: Die in geringer Tiefe mit einem Haken abgerissenen oder ans Land gespülten Algen, deren handgroßer Thallus (Körper) an der Sonne gebleicht und getrocknet wird („Carrageen").

Inhaltsstoffe: Im Thallus bis zu 80 % Schleimstoffe, Spuren Jod, Protein.

Wirkung und Anwendung: Irländisches Moos hat, bedingt durch seinen hohen Schleimgehalt, eine reiz- und hustenmildernde Wirkung. In der Pharmazie verwendet man Carrageenschleim als Emulgator. In der Textilindustrie wird Irländisches Moos zur Appretur von Stoffen, besonders von Kunstseide, verwendet.

Jakobskreuzkraut
(Senécio jacobǣa L., Korbblütler)

Beschreibung: Bis zu 1 m hohe Pflanze mit aufrechtem, wollig behaartem Stengel und fiederteiligen Blättern. Die goldgelben Blütenköpfchen stehen in dichten, flachen Doldentrauben. Blütezeit: Juli/August.

Vorkommen: In Asien und Europa weit verbreitet an Wegrändern und sonnigen Hängen.

Verwendete Teile: Das blühende frische oder getrocknete Kraut.

Inhaltsstoffe: Alkaloide, ätherisches Öl, Flavonglykosid.

Wirkung und Anwendung: In der Homöopathie wird die aus dem frischen Kraut bereitete Essenz verwendet. Die Senecio-Alkaloide sind Lebergifte bei Mensch und Vieh, daher soll keines der zahlreichen Kreuzkräuter als Hausmittel verwendet werden.

Jalape

(Exogónium púrga [Wender.] Benth., Windengewächse)

Beschreibung: In Mexiko heimische, in Ostindien und Südamerika kultivierte, ausdauernde, bis 4 m hohe, windende Pflanze mit ganzrandigen Blättern und großen, leuchtend roten Blüten. Aus dem fast horizontal im Boden liegenden, verzweigten Wurzelstock entwickeln sich spindelförmige, knollige Nebenwurzeln = Jalapenknollen, die in getrocknetem Zustand die Droge liefern. Sie enthalten als wirksame Bestandteile glykosidische Harze („Convolvuline"), Zucker, Stärke, Gummi, wenig ätherisches Öl.

Wirkung und Anwendung: Jalapenknollen und Jalapenharz wirken stark abführend und können Entzündungen der Darmschleimhaut herbeiführen. In Form von Pillen und Pulvern werden sie bei chronischer Verstopfung ärztlich verordnet. Die meisten im Handel befindlichen Jalapenharze stammen indessen von der weniger wirksamen brasilianischen „Scheibenjalape" *(Ipomōéa operculáta* Martin).

Johannisbeere, Schwarze

(Ríbes nígrum L., Steinbrechgewächse)

Beschreibung: Bis zu 2 m hoher Strauch mit großen, 3- bis 5lappigen, gesägten, am Grunde herzförmigen Blättern. Sie sind drüsig punktiert, unterseits weich behaart, meist etwas eingerollt. Die zwittrigen, grünlichen Blüten hängen in dichten Trauben. Blütezeit: April/Mai. Die Frucht ist eine schwarze, saftige Beere mit einer kleinen Krone von vertrockneten Blütenresten. Sie reift im Juli. Blätter und Blüten riechen unangenehm wanzenartig.

Vorkommen: In Asien, Nordamerika und Europa vereinzelt wildwachsend, in Gärten und auf Feldern angebaut.

Verwendete Teile: Die getrockneten Blätter; die frischen oder getrockneten reifen Beeren.

Inhaltsstoffe: Im Blatt Vitamin C, Gerbstoff, ätherisches Öl; in den Früchten reichlich Vitamine, hauptsächlich Vitamin C, Fruchtsäuren, Zucker.

Wirkung und Anwendung: Die Blätter der Schwarzen Johannisbeere wirken wasser- und schweißtreibend, blutreinigend und wundheilend. Der Teeaufguß ist ein bekanntes Hausmittel innerlich bei Wassersucht, Gicht, Rheumatismus und Keuchhusten, äußerlich als Umschlag bei schlecht heilenden Wunden und Geschwüren. Die frischen Früchte oder der ausgepreßte Saft werden eßlöffelweise bei fieberhaften Erkältungen, besonders bei Lungenentzündung und bei Magen-Darm-Infektionen genommen. Der Aufguß von getrockneten Beeren soll ein heilkräftiges Gurgelmittel bei Entzündungen der Mundhöhle und Angina sein.

Judenkirsche
Phýsalis alkekéngi L., Nachtschattengewächse)

Beschreibung: Ausdauerndes, bis über 50 cm hohes Unkraut mit aufrechten Stengeln. Die langgestielten Blätter sind eiförmig zugespitzt. Die einzeln stehenden, nickenden Blüten, haben eine schmutzig-weiße, radförmige Blumenkrone. Blütezeit: Juni/Juli. Die Judenkirsche ist eine scharlachrote, kirschgroße Beere, von dem lampionartigen, aufgeblasenen Kelch ganz umschlossen. Sie schmeckt süß-sauer.

Vorkommen: In Asien, Amerika und Europa in Weinbergen, an Zäunen, auf Schutt, in Wäldern und Gärten.

Verwendete Teile: Die von dem Kelch befreite frische oder getrocknete Beere.

Inhaltsstoffe: In der Frucht Zitronensäure, Zukker, roter Farbstoff, Vitamine A und C, ein bitteres Glykosid Physalin.

Wirkung und Anwendung: Judenkirsche wirkt stark wassertreibend. In der Allopathie wird sie nicht verwendet. In der Homöopathie wird die aus der frischen Beere bereitete Essenz bei Nieren- und Blasenleiden, Gicht und Rheumatismus verordnet. Im Haus dient eine Abkochung oder ein Branntweinauszug zur Behandlung von Steinleiden, Rheumatismus, Gicht und Gelbsucht.

Kaffee

Die bei uns verwendeten Kaffeebohnen sind die Samen verschiedener Arten des Kaffeestrauches, hauptsächlich von *Cóffea arábica* L., *Cóffea libérica* Bull. und *Cóffea canéphora* Pierre ex Froehner, zur Familie der Krappgewächse gehörig, einem bis 6 m hohen, immergrünen Baum, der zur Erleichterung der Ernte meist strauchartig bis zu einer Höhe von 3 m gezogen wird. Seine Früchte sind kirschgroß, zuerst grün, später glänzend rot, zuletzt violett. Sie enthalten meist 2 grüne Samen; Früchte mit nur einem Samen ergeben den „Perlkaffee". Größe und Farbe der Früchte hängen von Ort und Anbau des Kaffeestrauches ab, das Aussehen des Samens von der Zeit der Ernte und Art der Aufbereitung (trocken oder naß), erst beim Rösten entwickelt sich der aromatische Geschmack.

Vorkommen: In Abessinien und Westafrika heimisch, heute in fast allen tropischen Ländern, besonders in Zentralamerika und Brasilien kultiviert.

Inhaltsstoffe: Wichtigster Bestandteil ist bis zu 2% Coffein, außerdem bis 13% fettes Öl, Gerbstoff, Zucker u. a.

Wirkung und Anwendung: Kaffee wirkt in kleinen Dosen anregend und steigert die geistige Leistung. Er wird in der Heilkunde bei Herz- und Kreislaufschwäche verordnet. Überdosierung erzeugt Unruhe und Nervosität. Außer als Genußmittel wird er zur Gewinnung des Coffeins und in der Likör- und Süßwarenindustrie verwendet. Coffein, vor allem in Form leichter wasserlöslicher Verbindungen, wird ärztlich als Kreislaufmittel und harntreibendes Mittel verwendet.

Kamala

Der kleine, zweihäusige Baum *Mallótus philippinénsis* Müll. Arg. (Wolfsmilchgewächse), liefert die Droge Kamala, ein ziegelrotes, leichtes, weiches, nichtklebendes, im Wasser schwimmendes, im Feuer auflodernides Pulver. Die Früchte von *Mallótus philippinénsis* sind filzig behaart und dicht mit Drüsen besetzt. Um die Drüsen- und Büschelhaare, die die Droge bilden, zu gewinnen, werden die geernteten Früchte auf ein Sieb gelegt, geschüttelt und gerieben, so daß die abfallenden Haare in einem Tuch aufgefangen werden können.

Vorkommen: Im südländischen Asien beheimatet, in den asiatischen Tropen und Australien kultiviert.

Inhaltsstoffe: 70–80 % Harz, aus dem das Rottlerin hergestellt wird, Gerbsäure, Zucker, Gummi.

Anwendung: In der Heilkunde als gleichzeitig abführendes Mittel gegen Spul- und Bandwürmer. In der Tierheilkunde ebenfalls gegen Würmer angewendet.

Kamille, Strahlenlose
(*Matricária matricarioídes* [Less.] Port., Korbblütler)

Beschreibung: Einjähriges, niedriges Kraut mit verästelten Stengeln und einfach- oder doppeltgefiederten Blättern. Die grünlichgelben Blütenköpfchen haben 4zähnige Scheibenblüten, die bei der Echten Kamille charakteristischen weißen Zungenblüten sind nicht vorhanden. Blütezeit: Juni bis August. Der Geruch ähnelt dem der Echten Kamille.

Vorkommen: In Asien und Nordamerika heimisch, nach Mitteleuropa eingeschleppt, weit verbreitet auf Schuttplätzen, an Wegrändern und Straßendämmen.

Verwendete Teile: Das während der Blütezeit gesammelte und getrocknete Kraut; die getrockneten Blütenköpfchen.

Inhaltsstoffe: Ätherisches Öl.

Wirkung und Anwendung: Die Strahlenlose Kamille wirkt krampflösend und schwach wurmtreibend, aber nicht entzündungswidrig wie die Echte Kamille. Im Hause wird ein Teeaufguß (1 Teelöffel auf 1 Tasse Wasser) gegen Würmer und zur Beruhigung getrunken.

Kartoffel
(*Solánum tuberósum* L., Nachtschattengewächse)

Beschreibung: Bis zu 70 cm hohe Pflanze mit verästelten, zunächst aufrechten, später niederliegenden Stengeln, die meist knollige Ausläufer bilden. Die Blätter sind unpaarig gefiedert, die Fiederblättchen eiförmig zugespitzt, ganzrandig, oberseits grün, unterseits grau und kurz behaart. Die gestielten weißen oder rosafarbenen Blüten stehen in Wickeln. Die Frucht ist eine grüne, kugelige Beere. Sie ist stark giftig. Die unterirdischen Sproßknollen = Kartoffeln, die sich nach der Blütezeit entwickeln, bilden in Mitteleuropa einen hauptsächlichen Teil der Volksnahrung.

Vorkommen: In Südamerika heimisch, in der Mitte des 16. Jahrhunderts von den Spaniern aus Peru und Chile nach Europa gebracht, in vielen Abarten kultiviert.

Verwendete Teile: Die Kartoffeln.

Inhaltsstoffe: Etwa 75 % Wasser, viel Stärke, wenig Eiweiß, Fett, Zucker, Gummi, Vitamin C.

Die Keime und alle grünen Teile der Pflanze enthalten das giftige Solanin und andere Glykoalkoide. Es ist unbedingt nötig, die giftigen Keime vor dem Gebrauch der Kartoffel zu entfernen.

Anwendung: Der frisch aus den Knollen ausgepreßte Saft wird in der Homöopathie und im Hause bei Magenbeschwerden und überschüssiger Magensäure mit gutem Erfolg verwendet. Die Lebensmittelindustrie verarbeitet Kartoffeln zu Kartoffelmehl und -stärke und zu Traubenzucker. In der Schnapsbrennerei sind sie ein wichtiger Rohstoff.

Katzenminze, Katzenkraut
(Népeta catária L., Lippenblütler)

Beschreibung: Ausdauerndes, bis 80 cm hohes Kraut mit filzig-behaartem Stengel. Die langgestielten Blätter sind an der Unterseite grau befilzt. Die weißen, manchmal rötlichen Blüten mit rot punktierter Unterlippe, stehen in vielblütigen Scheinquirlen an den Stengelenden. Blütezeit: Juli bis September. Das Kraut soll wie Baldrian Katzen anlocken.

Vorkommen: In Nordasien, Nordamerika und Europa zerstreut vorkommend an Wegrändern und auf Ödland.

Verwendete Teile: Das frische oder getrocknete Kraut.

Inhaltsstoffe: Ätherisches Öl mit Carvacrol, Bitterstoff.

Anwendung: Im Haus wird ein Teeaufguß bei Erkältungen, Blähungen, Krämpfen, Bleichsucht und zur Förderung der Menstruation getrunken.

Kerbel, Gartenkerbel
(Anthriscus cerefólium [L.] Hoffm., Doldenblütler)

Beschreibung: Einjährige, oft auch überwinternde Pflanze mit dünner, spindelförmiger, wenig verzweigter Wurzel. Der 30 bis 60 cm hohe, runde Stengel ist fein gerillt und verästelt. Die zwei- bis vierfach gefiederten, weichen Laubblätter sind hellgrün, am Rande und an der Unterseite behaart. Die unteren Blätter sind gestielt, die oberen sitzen auf den Blattscheiden. Unscheinbare weiße Blüten stehen in mehrstrahligen Dolden. Blütezeit: Mai/Juni. Die länglich-runden Spaltfrüchte ähneln denen des Kümmels. Die ganze Pflanze hat einen stark aromatischen, etwas süßlichen Geschmack und Geruch.

Vorkommen: Heimisch in Westasien und Südeuropa, heute in ganz Europa kultiviert und wildwachsend.

Verwendete Teile: Das frische, noch nicht blühende Kraut.

Inhaltsstoffe: Ätherisches Öl, ein Glykosid Apiin, Bitterstoff.

Wirkung und Anwendung: Kerbel wirkt wasser- und schweißtreibend, blutreinigend und wundheilend. Der Preßsaft der frischen Pflanze wird im Hause zu Frühjahrskuren, zur Anregung des Stoffwechsels, bei Wassersucht, Gicht und chronischen Hautleiden getrunken. Das zerquetschte Kraut wird zu Auflagen auf schlecht heilende Wunden und Geschwüre verwendet. Kerbel ist außerdem ein beliebtes Küchengewürz.

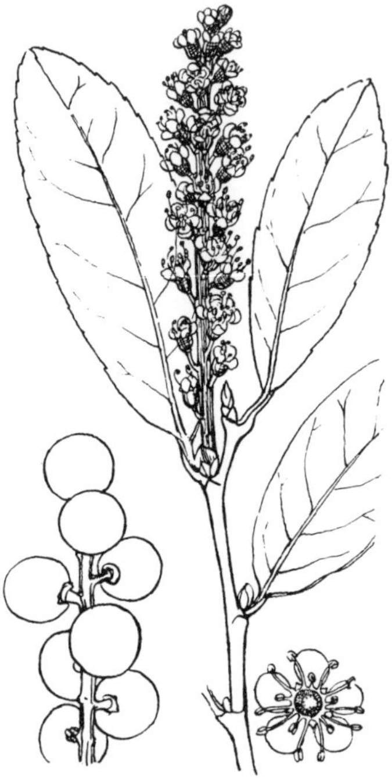

Kirschlorbeer

(Prúnus laurocérasus L., Rosengewächse)

Beschreibung: Immergrüner, bis 6 m hoher Baum mit kahlen, abstehenden Ästen. Die kurzgestielten, in einer gezähnten Spitze endenden Blätter, sind dick, lederartig glänzend, 10–15 cm lang, bis 5 cm breit, der Rand ist leicht umgebogen, die Mittelrippe tritt unterseits stark hervor. Die kleinen weißen Blüten stehen in aufrechten, reichen Trauben. Blütezeit: April/Mai. Die Blätter riechen beim Zerreiben nach bitteren Mandeln, der Geschmack ist bitter, zusammenziehend.

Vorkommen: Heimisch in Asien, in Europa als Zierstrauch kultiviert.

Verwendete Teile: Die im Juli/August gesammelten frischen oder getrockneten Blätter.

Inhaltsstoffe: Glykoside, Gerbst., Wachs, Zucker.

Wirkung und Anwendung: In der Allopathie werden Kirschlorbeerblätter nicht mehr gebraucht. In der Homöopathie wird die aus den frischen Blättern bereitete Essenz bei nervösen Krampfzuständen, Reizbarkeit, Kitzelhusten, Magenschleimhautentzündung und Koliken, nervösen Herzbeschwerden und zur Regulierung der Menstruation verordnet. Die Blätter sowie Aufgüsse sollten nicht als Hausmittel verwendet werden, da das in ihnen enthaltene Blausäureglykosid in sehr unterschiedlicher Menge enthalten sein und in die Zubereitungen eingehen kann.

Koloquinthe

(Citrúllus colocýnthis [L.] Schrad., Kürbisgewächse)

Beschreibung: Die getrockneten, apfelförmigen Koloquinthen sind die Früchte von *Citrúllus colocýnthis,* einem niederliegenden Kraut mit tiefgehendem Wurzelstock und behaarten, hin- und hergebogenen Stengeln und Ranken und handförmig geteilten Blättern. Die Früchte sind geruchlos, ihr Geschmack sehr bitter.

Vorkommen: In afrikanischen und asiatischen Wüstengebieten beheimatet; in Spanien, Cypern und Vorderindien kultiviert.

Inhaltsstoffe: Das sehr bittere Glykosid Citrullin, Colocynthin, ein Alkaloid, Harz.

Anwendung: In Form von Extrakt und Tinktur als sehr stark abführendes Mittel, das nur in kleinen Dosen verabreicht werden darf. Abkochungen dienen zur Vertilgung von Ungeziefer, besonders von Wanzen. Die Wirkung der Koloquinthen war schon im Altertum bekannt. Homöopathische Verwendung bei schneidenden, einschießenden Schmerzen, Neuralgien und Koliken in Bauchorganen.

Kornblume
(*Centauréa cýanus* L., Korbblütler)

Beschreibung: Einjährige, bis zu 70 cm hohe Pflanze mit aufrechtem, behaartem, reich verästeltem Stengel. Die Blätter sind schmal, behaart, nur die untersten gezähnt. Die blauen, selten weißen oder rötlichen Blüten stehen am Stengelende. Blütezeit: Juni bis September.

Vorkommen: Ursprünglich in Vorderasien und dem Mittelmeergebiet heimisch, heute weit verbreitet in Europa auf Getreidefeldern und Brachland, an Feldrainen.

Verwendete Teile: Die dunkelblauen, getrockneten Blüten.

Inhaltsstoffe: Blauer Farbstoff Cyanin, Gerbstoff, Schleim.

Wirkung und Anwendung: Kornblume wird zu Teemischungen und Räucherpulvern verwendet, jedoch vorwiegend als Schmuckdroge, d. h. zur Verbesserung des Aussehens der Mischung.

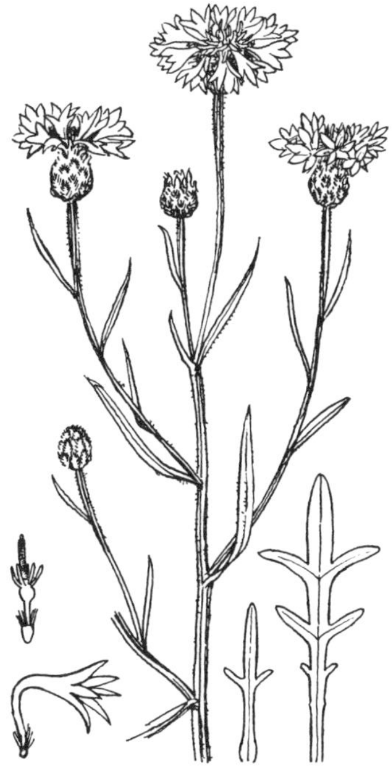

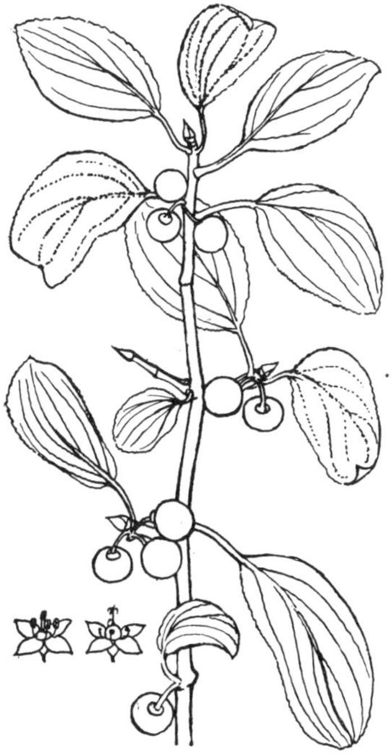

Kreuzdorn, Hirschdorn, **Hexendorn**
(*Rhámnus cathárticus* L., Kreuzdorngewächse)

Beschreibung: Bis zu 3 m hoher, sperriger Strauch, der an den Zweigenden und Vergabelungen kräftige Dornen trägt. Die gegenständigen, gestielten Blätter sind glänzend, eiförmig bis lanzettlich, am Rande feingesägt. Kleine grünlichgelbe Blüten stehen in achselständigen Büscheln. Blütezeit: Mai/Juni. Die Frucht ist eine erbsgroße, erst süßlich, dann bitter schmeckende, unangenehm riechende Beere.

Vorkommen: In Nordafrika, Asien und Mitteleuropa verbreitet in Gebüschen, an Hecken- und Waldrändern, als Unterholz in Wäldern, an trockenen, steinigen Orten.

Verwendete Teile: Die zur Reifezeit (September/Oktober) gesammelten frischen oder getrockneten Früchte; die im Frühsommer geschälte Rinde junger Zweige.

Inhaltsstoffe: In Frucht und Rinde Anthraglykoside; besonders reich daran sind die unreifen Früchte. In der Frucht dazu Vitamin C.

Wirkung und Anwendung: Kreuzdorn wirkt

abführend, wassertreibend und blutreinigend. Aus den frischen Früchten wird ein Sirup bereitet, der in der Heilkunde als mildes Abführmittel verordnet wird. Die Abkochung der – vornehmlich unreifen – Beeren oder der Rinde wird im Hause als abführendes, wassertreibendes Mittel und deshalb zu Blutreinigungskuren verwendet. Sirup und Abkochung sollen nie in starken Dosen verwendet werden, da sie Erbrechen und Durchfälle hervorrufen können.

Kreuzkümmel

(Cúminum cýminum L., Doldenblütler)

Beschreibung: Einjährige, zarte, bis 50 cm hohe Pflanze. Die Blätter sind fein geteilt. Die kleinen weißen oder rosafarbenen Blüten stehen in 3–5strahligen Dolden. Die Früchte sind gelbbräunlich, etwas zusammengedrückt, nach beiden Enden verschmälert, am oberen Teil befinden sich Kelchreste und Griffel. Bei der Reife zerfallen sie in ihre Teilfrüchte. Ihr Geruch ist würzig, unangenehm, ihr Geschmack etwas bitter.

Vorkommen: In Turkestan heimisch, in Südeuropa, Ägypten, Indien und Südamerika angebaut.

Verwendete Teile: Die reifen Früchte.

Inhaltsstoffe: Ätherisches Öl mit Pinen und Cymol; fettes Öl.

Wirkung und Anwendung: Kreuzkümmel wirkt beruhigend, krampflösend und blähungstreibend. In der Tierheilkunde wird der Aufguß von den Früchten bei Appetitmangel, schlechter Verdauung, Blähungen, Magenkrämpfen und Koliken verordnet. Als gutes Hausmittel gilt der Aufguß bei Magen-Darm-Beschwerden, zur Beruhigung und Förderung der Milchsekretion. In Holland werden die Früchte als Käsegewürz verwendet.

Kubebenpfeffer

(Píper cubéba L., Pfeffergewächse)

Beschreibung: Bis zu 6 m hoher, kletternder Strauch, dessen weibliche Blüten in dichten, bis 5 cm langen Ähren stehen. Die kugeligen Steinfrüchte = Kubeben sind bräunlich bis schwarz. Ihr Geruch ist aromatisch, kampferartig, ihr Geschmack ist würzig, bitter.

Vorkommen: Heimisch auf dem malaiischen Archipel; kultiviert in Java, Borneo, im Kongogebiet und Westindien.

Verwendete Teile: Die kurz vor der Reife gesammelten getrockneten Früchte.

Inhaltsstoffe: Ätherisches Öl, Cubebin, Harze, Säuren.

Wirkung und Anwendung: Kubeben wirken harntreibend und -desinfizierend und werden in der Heilkunde in Form von Präparaten bei Entzündungen der Harnwege, selten auch bei Bronchialleiden und Keuchhusten verordnet. Das aus den Früchten gewonnene ätherische Öl wird in der Parfümerie zu besonderen Duftstoffen verwendet. Kubeben dienten früher als ein pfefferartiges Küchengewürz, sind jetzt aber nicht mehr gebräuchlich.

Kuhschelle, Echte
(*Anemóne pulsatílla* L., Hahnenfußgewächse)

Beschreibung: Ausdauerndes, bis 30 cm hohes, zottig behaartes Kraut. Die gestielten Grundblätter sind 2- bis 3fach gefiedert, mit spitzen Zipfeln, die einfachen Stengelblätter sitzen in Quirlen unter der Blüte. Die großen blauvioletten, glockenförmigen Blüten stehen einzeln am Stengelende. Sie erscheinen schon vor den Blättern. Blütezeit: März/April. Das Kraut schmeckt brennend scharf. Kuhschelle ist giftig.

Vorkommen: In ganz Europa an sonnigen, trokkenen Stellen, besonders auf Kalkboden.

Verwendete Teile: Das blühende Kraut, frisch oder getrocknet.

Inhaltsstoffe: Das giftige Protoanemonin und sein Glucosid Ranunculin, nur in der frischen Pflanze; ätherisches Öl, Bitterstoffe, Gerbstoffe. Die getrocknete Pflanze kann Anemonin enthalten, das nicht mehr hautreizend, aber giftig ist (=Dimeres des Protoanemonins).

Wirkung und Anwendung: Kuhschelle wirkt in frischem Zustand äußerlich hautreizend und blasenziehend, innerlich wasser- und schweißtreibend, menstruationsfördernd. Das getrocknete Kraut ist wesentlich weniger wirksam. In der Homöopathie werden Zubereitungen aus der frischen Pflanze bei Asthma, venösen Stauungen, Gelenkleiden, Erkrankungen der Harnwege und Unregelmäßigkeit der Menstruation verordnet. Vor Gebrauch der frischen Pflanze im Hause wird wegen der Vergiftungsgefahr gewarnt. Die getrocknete Pflanze wird wegen ihrer zweifelhaften Wirkung nur selten verwendet.

Die **Nickende Kuhschelle** (*Anemóne praténsis* L.) weicht im Aussehen wenig von der Echten Kuhschelle ab, nur sind ihre großen Blüten dunkler und nickend. Wirkung und Anwendung sind die gleichen. In der Homöopathie wird *Anemóne pulsatílla* bevorzugt.

Kurare

Die aus den Rinden südamerikanischer *Strýchnos*-Arten und aus Mondsamengewächsen hergestellten Extrakte werden Kurare genannt. Es findet vor allem bei den Indianern des Amazonasgebietes Verwendung als tödliches Pfeilgift. Das mit Kurarepfeilen geschossene Wild kann unbedenklich verzehrt werden, da das Gift nur dann lähmend oder sonst giftig wirkt, wenn es in die Blutbahn eingebracht wird. Die wirksamen Inhaltsstoffe sind Alkaloide, vor allem die Curarine. In der Heilkunde werden Kurare-Präparate bei chirurgischen Operationen eingesetzt, um die erwünschte Muskelerschlaffung zu erzielen.

Kürbis

(Cucúrbita pépo L., et *C. máxima* Duch. et *C. moschàta* [Duch.] Poir., Kürbisgewächse)

Beschreibung: Cucúrbita pépo ist eine einjährige, selten ausdauernde Pflanze mit langen liegenden oder kletternden, verästelten, behaarten Ranken. Die großen rauhen Blätter sind fünflappig, herzförmig. Die einhäusigen, goldgelben Blüten stehen in den Blattachseln, die weiblichen einzeln, die männlichen in Büscheln. Blütezeit: Juni bis September. Große gelbe oder grünliche, rundliche Früchte mit saftigem Fruchtfleisch enthalten weißen bis gelblichen Samen = Kürbiskerne, die von einer lederigen Haut umgeben sind. Sie schmecken ölig-süßlich. Kürbis wird in vielen Arten kultiviert.

Vorkommen: Heimisch wahrscheinlich in Amerika, in Europa seit dem 16. Jahrhundert als Gemüsepflanze angebaut.

Verwendete Teile: Die reifen, geschälten Kerne, frisch oder getrocknet.

Inhaltsstoffe: In den Kernen fettes Öl, Eiweiß, Zucker, Harz, Lecithin.

Wirkung und Anwendung: Kürbiskerne wirken in erster Linie bandwurmtreibend. Sie sind ein altes Hausmittel gegen Würmer, besonders bei Kindern. Dazu werden ca. 400 g Kerne zerstoßen und mit Milch zu einer Paste verrührt. Einige Stunden nach dem Einnehmen muß ein gut wirkendes Abführmittel, am besten Bittersalz, gegeben werden. Unangenehme Begleiterscheinungen sind nicht zu befürchten, jedoch ist die Wirkung der in Mitteleuropa gewachsenen Kürbiskerne sehr unsicher. Besser sollen Kerne aus dem Mittelmeergebiet wirken. In der Homöopathie wird die aus den frischen Kernen bereitete Essenz vor allem gegen Erbrechen während der Schwangerschaft und gegen Seekrankheit verordnet. Das ausgepreßte fette Öl wird als Speiseöl verwendet, die Preßkuchen als Viehfutter.

Die **Gurke** *(Cúcumis sativus* L.), ebenfalls zur Familie der Kürbisgewächse gehörend, ist in Ostindien beheimatet, heute in Europa als Gemüsepflanze vielfach kultiviert. Sie hat wie der Kürbis rankende Stengel, gelappte Blätter und goldgelbe Blüten. Der Saft der frischen Gurke wirkt innerlich blutreinigend, äußerlich belebend und verjüngend auf die Haut. In der kosmetischen Industrie findet Gurke vielseitige Verwendung bei der Herstellung von Reinigungsmilch, Gesichtswassern und Salben.

Kurkuma, Gelbwurzel

(Cúrcuma lónga L., Ingwergewächse)

Beschreibung: Bis 1 m hohe Pflanze mit einem knolligen, durch Blattnarben geringelten Wurzelstock. Aus ihm entwickelt sich der oberirdische, blätter- und blütentragende Sproß. Auch der aufrechte, unterirdische Teil des Wurzelstockes entwickelt Blätter, aus denen Achselsprosse treiben, die sich fingerförmig verzweigen und aus deren an der Spitze sitzenden Knospe sich wiederum eine Knolle entwickelt. Geschmack der Wurzel scharf, würzig, Geruch schwach ingwerähnlich. Beim Kauen wird der Speichel gelb gefärbt.

Vorkommen: In Süd- und Ostasien.

Verwendete Teile: Der im Dezember/Januar gesammelte, abgebrühte und getrocknete Wurzelstock. Der gelbe Farbstoff entwickelt sich beim Brühen.

Inhaltsstoffe: Ätherisches Öl, gelber Farbstoff Curcumin, scharf schmeckende Stoffe.

Wirkung und Anwendung: Kurkuma regt Galle und Leber an und wird in der Heilkunde, besonders in neuerer Zeit, als spezifisches Leber- und Gallemittel verordnet.

In der Industrie wird sie zum Färben von Lebens- und Genußmitteln, von Leder und Seiden gebraucht. Kurkuma ist ein wichtiger Bestandteil von Currygewürzpulver.

Lebensbaum

(Thúja occidentális L., Zypressengewächs)

Beschreibung: Bis zu 20 m hoher, schlanker Baum mit kegelförmiger Krone. Die Äste sind waagrecht verzweigt, oberseits dunkelgrün, unterseits hellgrün, mit kleinen schuppenförmigen, dachziegelartig angeordneten Blättern. Die Zweige sind flachgedrückt, fiederartig verästelt. Blüten getrenntgeschlechtlich. In aufrechten Zapfen stehen die geflügelten Samen. Geruch und Geschmack stark aromatisch. Lebensbaum ist giftig!

Vorkommen: In Nordamerika heimisch, in Mitteleuropa als Zierbaum, häufig auch in Heckenform angepflanzt.

Verwendete Teile: Die frischen oder getrockneten Triebspitzen.

Inhaltsstoffe: Ätherisches Öl mit dem giftigen Thujon, Glykoside, Gerbstoff.

Wirkung und Anwendung: Lebensbaum wirkt wasser- und schweißtreibend, wurm- und menstruationstreibend. In der Allopathie zu Salben gegen Rheumatismus und Gicht verarbeitet. In der Homöopathie wird die aus den frischen Trieben bereitete Essenz innerlich zur Behandlung akuter und chronischer Formen von Gicht und Rheumatismus, Gesichtsneuralgien, Lidentzündung, Mittelohreiterung, Angina und Katarrhen der oberen Luftwege, Hautkrankheiten, Nieren- und Blasenleiden, Denk- und Gedächtnisschwäche verordnet. Äußerlich soll die Tinktur gegen Warzen wirksam sein. Im Haus sollte Lebensbaum wegen seiner starken Giftigkeit nicht verwendet werden.

Leberblümchen, Leberkraut

(Hepática nóbilis Mill. [*Anemóne hepática* L.], *Hahnenfußgewächse)*

Beschreibung: Ausdauernde, zierliche, bis 15 cm hohe Pflanze. Die grundständigen, gestielten Blätter sind dreilappig, derb, oberseits grün, unterseits bräunlich und weichbehaart. Die blauen, selten rosa oder weißen Blüten stehen in lockeren Büscheln auf behaarten Blütenstengeln. Sie erscheinen vor den Blättern. Blütezeit: März/April.

Vorkommen: In Laubwäldern und Gebüschen, besonders auf Kalkboden verbreitet.

Verwendete Teile: Die im Frühjahr nach der Blüte gesammelten frischen oder getrockneten Blätter.

Inhaltsstoffe: Ein Glykosid, Gerbstoff, Harz.

Wirkung und Anwendung: Leberkraut wirkt wassertreibend und zusammenziehend. In der Homöopathie wird die aus den frischen Blättern bereitete Essenz bei Bronchitis, Leber- und Gallenleiden verordnet. Im Hause wird eine Auflage von frischen zerquetschten Blättern als zusammenziehendes Wundmittel verwendet. Der Teeaufguß (1–2 Teelöffel frische oder getrocknete Blätter auf 1 Tasse Wasser) wird bei Leber- und Gallenbeschwerden getrunken.

Leinkraut, Frauenflachs
(Linária vulgáris Mill., Rachenblütler)

Beschreibung: Ausdauerndes, bis 40 cm hohes Kraut mit flach im Erdboden liegenden Wurzeln. Die aufrechten, weißes Mark enthaltenden Stengel sind beblättert und meist nur im oberen Teil verästelt. Die zerstreut sitzenden Blätter sind lineal, zugespitzt, ihr Rand ist meist zurückgerollt, der Mittelnerv tritt deutlich hervor. Gelbe Rachenblüten mit rötlichgelbem Gaumen bilden eine dichte, endständige Traube. Blütezeit: Juli/August. Das Kraut ist fast geruchlos und schmeckt bitter.

Vorkommen: In Asien und Europa verbreitet auf sandigen Stellen.

Verwendete Teile: Die in der Blütezeit gesammelten frischen oder getrockneten oberirdischen Teile (10 cm über dem Boden abschneiden).

Inhaltsstoffe: Reichlich Flavonglykoside.

Wirkung und Anwendung: Leinkraut wirkt abführend, wasser- und schweißtreibend. In der Allopathie nicht mehr gebräuchlich. In der Homöopathie wird die aus der frischen blühenden Pflanze bereitete Essenz bei Durchfällen und Blasenbeschwerden verordnet. Als Hausmittel wird der Teeaufguß (1 Teelöffel auf 1 Tasse Wasser) zum Abführen, Wasser- und Schweißtreiben, bei Gelbsucht, Hämorrhoiden und Wassersucht gebraucht.

Mais, Türkischer Weizen, Welschkorn
(Zéa máys L., Grasgewächse)

Beschreibung: Einjährige, einhäusige, mehrere Meter hohe Pflanze mit wenig Wurzeln. Dem unteren Stengelknoten entspringen Stützwurzeln, die sich im Boden verankern und so der Pflanze den nötigen Halt geben. Stengel und Halme sind mit weißem Mark gefüllt. Die männlichen Blüten stehen in Rispen, die weiblichen in den Blattwinkeln, von häutigen Hüllblättern umgeben. Die Griffel sind zur Blütezeit 20–25 cm lang, fadenförmig, an der Spitze haben sie 2spaltige Narben. Die Früchte bilden große, gelbe Kolben.

Vorkommen: In Süd- und Mittelamerika heimisch, seit dem 16. Jahrhundert in Asien und Europa in vielen Arten kultiviert. In Mitteleuropa reift Mais nur in sehr warmen Gegenden aus.

Verwendete Teile: Die während der Blütezeit vor der Bestäubung gesammelten und getrockneten Griffel; die Fruchtkolben.

Inhaltsstoffe: In den Griffeln Saponine, ätherisches Öl, eisengrünender Gerbstoff, Bitterstoff, ein Alkaloid; in Kraut und Samen ein Flavonglykosid.

Wirkung und Anwendung: Mais wirkt wassertreibend und blutzuckersenkend. In der Homöopathie wird die aus den getrockneten Narben bereitete Tinktur bei organischen Herzleiden und Ödemen, zum Entwässern des Körpers und bei Blasen- und Steinleiden verordnet. In der pharmazeutischen Industrie wird die aus den reifen Körnern gewonnene Stärke als Zusatz zu Tabletten, in der kosmetischen bei der Herstellung von Pudern, in der Nahrungs- und Genußmittelindustrie bei der Herstellung von Puddingpulvern und zum Dicken von Soßen verarbeitet. Die Blätter dienen als Viehfutter. Maisquellwasser ist ein wichtiger Bestandteil von Kulturbrühen zur Zucht verschiedener Pilze, so der *Penicillium*-Schimmelpilze, die Penicilline ausscheiden, sowie der *Claviceps-Pilze*, welche Mutterkornalkaloide produzieren.

Mandelbaum, Bittermandelbaum
(Prúnus amýgdalus Batsch var. *amára,* Rosengewächse)

Beschreibung: Bis 5 m hoher Strauch oder Baum mit reichem Wurzelwerk. Die Blätter sind wechselständig, gestielt, lanzettlich, feingesägt, drüsig. Die rosaroten bis weißen Blüten erscheinen in Büscheln vor den Blättern. Die erst grünliche, in der Reife rotbraune Frucht ist samtartig behaart und hat eine Längsfurche, die bei völliger Reife aufspringt und einen, selten zwei Samen = Mandeln freigibt, der von einer braunen Haut umgeben ist. Bittere Mandeln sind geruchlos und haben einen stark bitteren Geschmack.

Vorkommen: In Vorderasien heimisch, heute in allen Gebieten des warmen und gemäßigten Klimas in vielen Varietäten angebaut, oft wegen seines reichen Wurzelwerkes zur Verhinderung von Erdabschwemmung durch Regengüsse.

Verwendete Teile: Die Samen.

Inhaltsstoffe: Fettes Öl, Eiweiß, ein Blausäureglykosid Amygdalin.

Wirkung und Anwendung: Die Bittere Mandel ist wegen ihres Blausäureglykosids nur mit Vorsicht zu genießen. 50–60 Stück sind eine tödliche Gabe für einen Erwachsenen. In der Allopathie wurde früher ein Bittermandelwasser zur Beruhigung bei Hustenreiz und Krampfhusten, bei Bronchitis, Erbrechen und Koliken verwendet; heute gewinnt man es synthetisch. In der Homöopathie wird die aus den geschälten Samen bereitete Tinktur bei Diphtherie, Epilepsie, Wundstarrkrampf, Asthma und Nesselfieber verordnet.
Bittere und süße Mandeln geben das gleiche fette Öl. Der bei der Ölgewinnung zurückbleibende Preßkuchen wird in der kosmetischen Industrie zu einem milden Hautreinigungsmittel = Mandelkleie verarbeitet. Die als Kosmetikum beliebte „Mandelmilch“ wird aus gebrühten, geschälten, süßen Mandeln durch Zerstoßen mit Wasser hergestellt.

Mannstreu

(Erýngium campéstre L., Doldenblütler)

Beschreibung: Bis 1 m hoher, ausdauernder, graugrüner Busch mit dreizähnigen Blättern, deren Zipfel doppelt fiederspaltig sind. Die weißlich- oder graugrünen Blüten stehen in kugeligen Doldenköpfen. Blütezeit: Juli bis September.

Verwendete Teile: Die Wurzel; das frische, blühende Kraut.

Inhaltsstoffe: Saponine, besonders in der Wurzel, im frischen Kraut, dazu ätherisches Öl.

Wirkung und Anwendung: Mannstreu wirkt krampflösend, wassertreibend und blutreinigend. In der Homöopathie und im Hause wird die Abkochung von Wurzel oder Kraut bei Wassersucht, Harnverhaltung und Steinleiden, bei Hautleiden, als Blutreinigungsmittel und zur Förderung der Menstruation, bei Keuchhusten und Koliken getrunken.

Der **Flachblättrige Mannstreu** *(Erýngium plánum* L.) unterscheidet sich durch die stahlblaue Färbung der Stengel und die eiförmigen Blütenköpfchen. Die unteren Blätter sind langgestielt, ungeteilt, am Rande gesägt, die oberen sitzend, lederartig, 3–5teilig. Der Flachblättrige Mannstreu ist meist an sandigen Flußufern anzutreffen. Inhaltsstoffe, Wirkung und Anwendung sind die gleichen wie bei *Erýngium campéstre.*

Mastix

Die Droge stammt aus der Rinde der Mastix-Pistazie *(Pistácia lentíscus* L., Sumachgewächse), die auf verschiedenen Inseln des Mittelmeers beheimatet ist und hauptsächlich auf der Insel Chios kultiviert wird. Der ausfließende, hellgelbe, an der Luft trocknende Harzbalsam kommt in kleinen, erbsgroßen, leicht zerbrechlichen, beim Kauen an den Zähnen haftenden Klumpen in den Handel.

Inhaltsstoffe: Ätherisches Öl, Harzsäure, Bitterstoff.

Wirkung und Anwendung: Mastix hemmt die Ausbreitung von Infektionserregern auf der Haut und wird in der Heilkunde zu Pinselungen und Wundverbänden benutzt. In der Zahnheilkunde wird er in Form von Präparaten zum Festigen des Zahnfleisches und zum Desodorieren verwendet, in der technischen Industrie zur Herstellung von Klebemitteln, Glas- und Porzellankitt und Lacken für Gemälde und verschiedene Papierarten.

Maulbeerbaum, Schwarzer

(Mórus nígra L., Maulbeergewächse)

Beschreibung: Mittelgroßer Baum mit derben, rundlich-eiförmigen Blättern, ungeteilt oder 3–5lappig, rauh behaart. Der Blattrand ist ungleich gesägt. Die weiblichen Blüten stehen in einem ährenförmigen Blütenstand. Der fast schwarze, brombeerähnliche Fruchtstand ist eine Scheinbeere, zusammengesetzt aus Scheinfrüchtchen, die durch Fleischigwerden der vierblättrigen Blütenhüllen entstanden sind. Der Geschmack der Beere ist süßsauer, angenehm.

Vorkommen: In Transkaukasien und Nordpersien heimisch, in subtropischen und gemäßigten Zonen, besonders in Norditalien und Südfrankreich an Straßenrändern und in Gärten angepflanzt.

Verwendete Teile: Die reifen Beeren; die getrockneten Blätter.

Inhaltsstoffe: In den Beeren Zucker, Fruchtsäuren, Pektin, Farbstoff; in den Blättern Adenin, Asparaginsäure, Kieselsäure, Phytosterine.

Anwendung: Die reifen Beeren werden zu Sirup verarbeitet, der zur Geschmacksverbesserung und als leichtes Abführmittel dient. In der Homöopathie werden die Blätter zur Unterstützung bei der Behandlung von Zuckerkrankheit verwendet.

Die frischen Blätter des **Weißen Maulbeerbaumes** (*Mórus álba* L.), einer Maulbeerart mit weißen Scheinbeeren, werden zur Seidenraupenzucht verwendet.

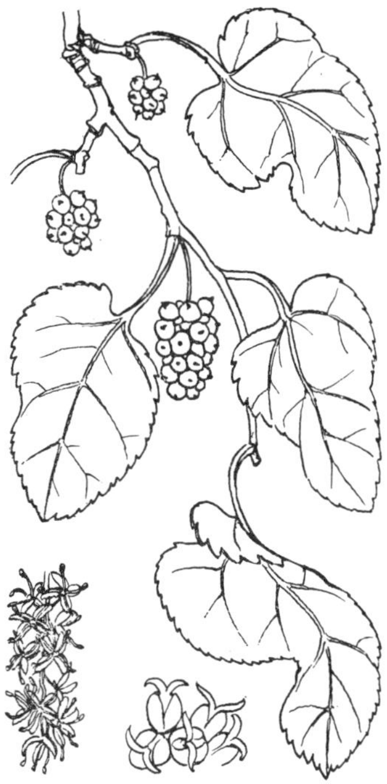

Meerzwiebel

(*Urgínea marítima* [L.] Bak., Liliengewächse)

Beschreibung: Bis zu 1 m hohes Zwiebelgewächs, dessen lanzettliche Laubblätter erst nach der Entfaltung der weißen, in einer Traube geordneten Blüten, erscheinen. Die Zwiebel (Bulbus Scillae) wird bis zu 6 kg schwer.

Vorkommen: An den Küsten der Mittelmeerländer.

Verwendete Teile: Die mittleren Blätter der Zwiebel.

Inhaltsstoffe: Glykoside, ein Kohlenhydrat, Kalziumoxalat, ätherisches Öl.

Wirkung und Anwendung: Die stark giftige weiße Meerzwiebel wird in der Heilkunde als Herzmittel und wegen ihrer wasser- und harntreibenden Wirkung gegen Wassersucht verwendet, seltener auch bei chronischer Bronchitis verordnet. Sie ist ein uraltes Heilmittel. Heute setzt der Arzt vornehmlich die isolierten reinen Herz-Glykoside nur der weißen Varietät ein. Die rote Varietät der Meerzwiebel wird nicht therapeutisch, sondern zur Nagetiervernichtung (Ratten und Mäuse) gebraucht.

Melde, Gartenmelde

(*Átriplex horténsis* L., Gänsefußgewächse)

Beschreibung: Einjährige, bis 1 m hohe Pflanze mit aufrechtem Stengel, der bei der jungen Pflanze häufig rot überlaufen ist. Die Blätter sind gestielt, die unteren herzförmig-dreieckig, gezähnt, die mittleren spießförmig und nur weitläufig gezähnt, die oberen lanzettlich und ganzrandig. Die jungen Blätter haben einen mehlartigen Überzug, der sich später verliert. In rispigen Scheinähren stehen die unscheinbaren, gelben oder roten Blütenknäuel.

Vorkommen: In Europa weit verbreitet als Unkraut, in verschiedenen Gegenden kultiviert als Gemüsepflanze.

Verwendete Teile: Die vor der Blüte gesammelten Blätter.

Inhaltsstoffe: Saponine.

Wirkung und Anwendung: Melde wirkt stoffwechselregulierend und blutreinigend. Im Hause wird der Teeaufguß zur Blutreinigung getrunken. Aus den frischen Blättern wird ein spinatähnliches Frühjahrsgemüse bereitet.

Möhre, Mohrrübe, Gelbe Rübe, Karotte
(Daúcus caróta L., Doldenblütler)

Beschreibung: Zweijährige, bis 60 cm hohe Pflanze mit fleischiger, gelblicher oder rötlicher Wurzel. Die Stengel sind gefurcht, die Blätter doppelt- bis dreifach gefiedert. Die mittlere Blüte der weißen Blütendolde ist meist dunkelrot. Blütezeit: Juni bis Oktober. Die Wurzel schmeckt aromatisch, süß.

Vorkommen: In Europa auf Wiesen wildwachsend weit verbreitet, als Gemüse in mehreren Formen kultiviert.

Verwendete Teile: Die Wurzel.

Inhaltsstoffe: In allen Teilen ätherisches Öl, in der Wurzel reichlich Carotin = Provitamin A, Vitamine B_1 und C, ferner Lecithin, Glutamin, ätherisches Öl, Pectinstoffe.

Wirkung und Anwendung: Die zerriebene Wurzel und der ausgepreßte Saft wirken blutbildend, wassertreibend, entzündungshemmend und sind bei regelmäßigem Genuß gute Mittel zur Behebung nervöser Erschöpfungszustände und zur Besserung des Allgemeinbefindens. Möhre ist ein unentbehrliches Hausmittel in der Kinder- und Säuglingspflege. Getrocknetes Möhrenpulver gibt man Kindern gegen Durchfall. Frische, rohe Möhren werden gerieben als Wurmmittel verwendet.

Muskatnußbaum
(Myrística frágrans Houtt., Muskatnußgewächse)

Beschreibung: Bis zu 20 m hoher Baum mit immergrünen, lederartigen, kurzgestielten, lanzettlichen, bis zu 12 cm langen Blättern. Aus den weiblichen, in Traubendolden stehenden Blüten entwickelt sich eine gelbe, pfirsichartige Kapselfrucht, die bei der Reife aufspringt. Sie enthält einen Samen, der von einem roten, teilweise geschlitzten Mantel umgeben ist. Der Geruch des Samens ist würzig, der Geschmack würzig-bitterlich.

Vorkommen: Beheimatet in Indonesien; kultiviert hauptsächlich in Java, Sumatra, Ceylon, Südamerika und Ostafrika.

Verwendete Teile: Der von Fruchtfleisch und Samenmantel befreite, getrocknete Same = Muskatnuß, die sogenannte „Muskatblüte“ (= Macis), die in Wahrheit der Samenmantel ist.

Inhaltsstoffe: Fettes Öl, ätherisches Öl mit Myristicin, ein Saponin.

Wirkung und Anwendung: Die Muskatnuß war im 18. Jahrhundert ein vielgebrauchtes Heilmittel, wir finden sie auch schon in den Schriften der Äbtissin Hildegard von Bingen (1089–1179) erwähnt. Heute wird Muskat meist als Küchengewürz benützt, in der Heilkunde seltener als Magenmittel bei Verdauungsstörungen. Die Nuß ist in größeren Mengen giftig (schon 1/2 Muskatnuß kann tödlich wirken). Bei zu häufigem Gebrauch in der Küche kann eine Überempfindlichkeit entstehen, die Nesselsucht hervorruft. Das aus dem Samen gewonnene Muskatöl wird in der Heilkunde bei Verdauungsstörungen und als hautreizendes Mittel zu Einreibungen bei Rheumatismus gebraucht. Außerdem wird es in der Parfümerie und Likörindustrie verwendet.

Nachtschatten, Schwarzer

(Solánum nígrum L., Nachtschattengewächse)

Beschreibung: Bis zu 75 cm hohes Kraut mit mehrfach verästelten Stengeln und Zweigen, fast kahl oder mit steif anliegenden Härchen. Die wechselständigen, in den Stiel herablaufenden Blätter sind eiförmig zugespitzt, ganzrandig oder buchtig gezähnt. Die im Juli bis September erscheinenden Blüten haben einen glockigen, grünen Kelch und eine weiße, fünfzipflige Blumenkrone. Staubgefäße und Staubbeutel sind zu einer Röhre verwachsen. Die Blüten sind in hängenden, doldenartigen Wickeln geordnet. Die Frucht ist eine erbsengroße, schwarze, glänzende Beere mit vielen Samen. Das Kraut hat einen eigenartigen Geruch.

Vorkommen: In Asien, Nordamerika und Europa auf Ödland, Schutt, an Hecken und Zäunen, im Gebirge seltener.

Verwendete Teile: Das während der Blütezeit gesammelte frische Kraut.

Inhaltsstoffe: In allen Organen das Glyko-Alkaloid Solanin.

Wirkung u. Anwendung: Schwarzer Nachtschatten wirkt schmerz- und krampflösend, beruhigend. Früher wurde er in der Allopathie verwendet, heute wird nur noch in der Homöopathie die aus dem blühenden Kraut gewonnene Essenz bei Erregungszuständen, Krämpfen und Epilepsie verordnet. Als Hausmittel wird noch hie und da ein Teeaufguß bei den gleichen Krankheitserscheinungen getrunken. Der Genuß der Beeren soll Vergiftungserscheinungen hervorrufen.

Nelkenwurz, Echte

(Géum urbánum L., Rosengewächse)

Beschreibung: Ausdauernde, bis 50 cm hohe Staude mit dunkelbraunem, fingerdickem Wurzelstock mit dünnen Wurzeln und aufrechten, behaarten Stengeln. Die langgestielten Grundblätter sind leierförmig gefiedert, die oberen Blätter dreizähnig. Die gelben Blüten stehen in endständigen, lockeren Rispen. Blütezeit: Juni bis September. Geruch der Wurzel gewürznelkenähnlich, Geschmack zusammenziehend.

Vorkommen: In feuchten Wäldern, an Hecken, Zäunen und Mauern häufig verbreitetes Unkraut.

Verwendete Teile: Der im Frühjahr gesammelte Wurzelstock mit den Wurzeln.

Inhaltsstoffe: Im Wurzelstock ätherisches Öl mit Eugenol; Bitterstoff, Gerbstoff, Zucker, Harz, Stärke.

Wirkung und Anwendung: Nelkenwurz wirkt zusammenziehend, magenstärkend, stopfend, leber- und galleanregend. In der Homöopathie wird die aus dem Wurzelstock bereitete Tinktur als Bittermittel, bei Magen-Darm-Erkrankungen, besonders Durchfällen, Gallenbeschwerden, Koliken und Hämorrhoiden verordnet. Im Hause wird ein Teeaufguß bei den obengenannten Beschwerden sowie als zusammenziehendes Gurgelmittel bei Zahnfleischblutungen verwendet.

Die **Bachnelkenwurz** *(Géum rivále* L.) unterscheidet sich von *Géum urbánum* durch die verhältnismäßig großen, nickenden Blüten. Im Hause wird ein Teeaufguß von der frischen, blühenden Pflanze oder dem getrockneten Wurzelstock als magenstärkendes Bittermittel getrunken.

Nieswurz, Schwarze, Schneerose, Christrose
(Hellébórus níger L., Hahnenfußgewächse)

Beschreibung: Bis zu 25 cm hohes Kraut mit schwarzbraunem Wurzelstock. Die grundständigen, langgestielten Blätter sind fußförmig geteilt, lederartig, dunkelgrün. Der lange Blütenstengel ist rötlich überlaufen. Am Stengelende erscheinen einzeln die großen weißen, hängenden Blüten. Blütezeit: Dezember bis Februar. Die Frucht ist eine vielsamige Kapsel.

Vorkommen: In Süd- und Mitteleuropa in Gärten angepflanzt, selten verwildert.

Verwendete Teile: Der getrocknete Wurzelstock.

Inhaltsstoffe: In allen Organen ein strophanthinähnliches Glykosid „Hellebrin", ein Saponin „Helleborin", Aconitsäure.

Wirkung und Anwendung: Die Schwarze Nieswurz hat eine sehr heftige örtliche Reizwirkung und wirkt stark abführend. In der Allopathie werden pharmazeutische Präparate innerlich als Herzmittel, äußerlich bei Hautleiden verordnet. In der Homöopathie wird die aus dem Wurzelstock bereitete Tinktur bei Stauungs- und Krampfzuständen, Brechdurchfall, Psychosen und starken Kopfschmerzen verschiedener Ursachen verwendet. Im Hause soll Schwarze Nieswurz wegen ihrer giftigen Eigenschaften nicht benutzt werden.

Die **Grüne Nieswurz** *(Hellébórus víridis* L.) ist ausdauernd, mit 1–3blütigen Stengeln. Sie enthält die gleichen Wirkstoffe wie die Schwarze Nieswurz, zusätzlich aber eine Reihe herzwirksamer Alkaloide.

Ochsenzunge, Echte
(Anchúsa officinális L., Boretschgewächse)

Beschreibung: 2–3jährige, bis 3 m hohe, samtartig behaarte Pflanze. Die Blätter sind schmal, zungenartig, die Blüten dunkelblau, selten weiß.

Vorkommen: In Asien und Europa an Wegrändern, auf Schutt und Ödland, selten als Zier- und Heilpflanze kultiviert.

Verwendete Teile: Das frische oder getrocknete Kraut; die Wurzel.

Inhaltsstoffe: Alkaloide, Schleim, Gerbstoff, Kieselsäure.

Wirkung und Anwendung: Die Echte Ochsenzunge wirkt äußerlich erweichend und kühlend, innerlich schleimlösend. In der Allopathie wurde früher die getrocknete, pulverisierte Wurzel zu Breiumschlägen oder in Salbenform bei Wunden, Quetschungen, Blutergüssen, Krampfadergeschwüren und Venenentzündung verordnet. In der Homöopathie findet sie bei obengenannten Beschwerden die gleiche Verwendung, außerdem wird die aus der frischen Wurzel oder dem frischen Kraut bereitete Essenz äußerlich zu Umschlägen, innerlich zur Behandlung von Magen-Darm-Geschwüren verordnet. Der Teeaufguß aus dem getrockneten Kraut ist ein gutes Hausmittel gegen Husten und Verschleimung.

Die **Rote Ochsenzunge,** Färberkrautwurzel *(Anchúsa tinctória* L.) ist im Mittelmeergebiet und Ungarn beheimatet; sie wird in Frankreich angebaut. Der Wurzelstock ist walzlich, kräftig, mit langen Wurzeln, purpurrot. Er wird zum Rotfärben von Likören und kosmetischen Präparaten verwendet.

Oleander, Rosenlorbeer
(Nérium oleánder L., Hundsgiftgewächse)

Beschreibung: Bis zu 4 m hoher Baum oder Strauch mit runden Zweigen. Die lederartigen, bis 15 cm langen, dunkelgrünen Blätter sind schmallanzettlich, an der Unterseite punktiert. Große rosarote, trichterförmige Blüten stehen in trugdoldigen Rispen. Sie duften stark und angenehm. Die 2fächrigen Früchte sind säulenförmig.

Vorkommen: In Süd- und Mitteleuropa in mehreren Varietäten, meist in Töpfen und Kübeln gepflanzt, da Oleander nicht winterhart ist.

Verwendete Teile: Die frischen oder getrockneten Blätter.

Inhaltsstoffe: In allen Organen Digitalisglykoside und das saure Saponin Oleanolsäure.

Wirkung und Anwendung: Oleander wirkt stark auf die Herztätigkeit und wassertreibend. In der Allopathie werden Oleanderpräparate als Herzmittel verordnet. In der Homöopathie findet die Essenz aus den frischen Blättern die gleiche Verwendung. Als Hausmittel ist Oleander wegen seiner starken Giftigkeit nicht zu gebrauchen.

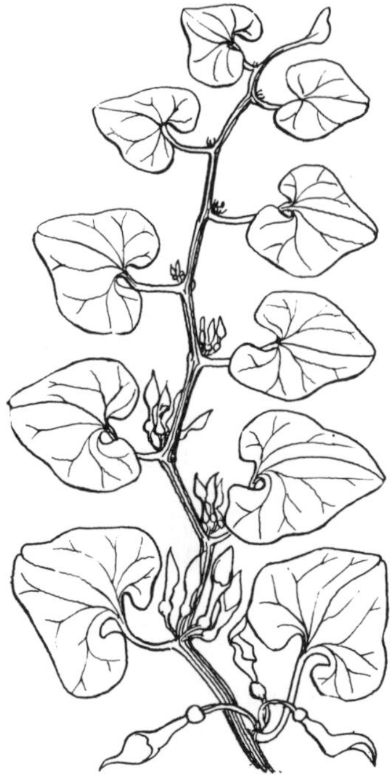

Osterluzei, Wolfskraut
(Aristolóchia clematítis L., Osterluzeigewächse)
Beschreibung: Ausdauernde, 60–90 cm hohe Pflanze mit verästeltem, kriechendem Wurzelstock. Die krautigen, aufrechten, oben hin- und hergebogenen Stengel tragen langgestielte, herzförmige Blätter. Die gelben, trichterförmigen Blüten stehen in Büscheln in den Blattachseln. Blütezeit: Mai/Juni.
Vorkommen: An Hecken, Zäunen, in Weinbergen, auf Schutt.
Verwendete Teile: Das frische oder getrocknete blühende Kraut mit und ohne Wurzelstock.
Inhaltsstoffe: Aristolochiasäure, Gerbstoffe, Bitterstoffe, wenig ätherisches Öl.
Wirkung und Anwendung: Osterluzei wirkt äußerlich entzündungswidrig und granulationsfördernd (schorfbildend), innerlich menstruationsfördernd und schweißtreibend. Sie ist eine uralte Heilpflanze und wurde in der ägyptischen Heilkunde vor allem in der Geburtshilfe gebraucht. In der Homöopathie wird die aus dem frischen blühenden Kraut bereitete Essenz innerlich hauptsächlich als menstruationsförderndes Mittel und bei Gicht und Ekzemen verordnet. Im Hause wird eine Abkochung äußerlich zu Umschlägen bei schlecht heilenden Geschwüren, Wunden und Nagelbetterweiterung verwendet. Die Wirksamkeit geht hier auf die enthaltene Aristolochialsäure zurück, die sich als Phagocyten-Stimulans erwiesen hat, d. h. sie regt die „Freßzellen“ an, welche Bakterien einschließen und verdauen. Vor einer innerlichen Anwendung des Teeaufgusses wird gewarnt, da sie starke Gebärmutterblutungen und Nierenschädigungen zur Folge haben kann.

Panamarinde, Seifenrinde, Quillajarinde

Diese bei uns vielbenutzte Droge stammt von *Quillája saponária* Mol., Rosengewächse, einem bis 20 m hohen, immergrünen Baum mit lederigen Blättern. Er ist in Chile beheimatet.

Verwendete Teile: Die von der braunen Borke befreite, hellgelbe, getrocknete Rinde des Stammes, die in Stücken von ca. 2 mm Dicke und 8 mm Länge in den Handel kommt. Früher führte der Handelsweg nur über Panama, daher „Panamarinde“.

Inhaltsstoffe: 5–10 % Saponin, Calciumoxalat, Zucker, Stärke u. a.

Anwendung: Die Abkochung wird in der Heilkunde als auswurfförderndes Mittel bei Lungenspitzenkatarrh und Bronchitis verordnet. Die weitaus größere Verwendung findet Panamarinde in der kosmetischen Industrie bei der Herstellung von Zahnpulvern und -pasten und Kopfwässern. Außerdem wird sie als Zusatz von Fleckenwässern, Waschmitteln und in der Pharmazie zur Herstellung von Teeremulsionen gebraucht. In Chile ist sie seit altersher ein vielbenutztes Waschmittel.

Paprika, Spanischer Pfeffer
(Cápsicum ánnuum L., Nachtschattengewächse)

Beschreibung: Bis zu 60 cm hoher Halbstrauch mit starker Pfahlwurzel. Die aufrechten, sparrigen Stengel sind am Grund verholzt, im oberen Teil stark verzweigt. Die großen gestielten Laubblätter sind breit-lanzettlich bis eiförmig und enden in einer Spitze. Große weiße, selten violette Blüten stehen einzeln, manchmal auch zu zweit in den Verzweigungen und Blattachseln. Blütezeit Juni bis September. Die kugel- bis rüsselförmige Schotenfrucht ist eine aufgeblasene, vielsamige Beere. Ihre gelblichen Samen sind plattgedrückt, nierenförmig. Geschmack der Frucht scharf bis mild, je nach Art. Die Farbe der reifen Frucht (gelb, grün oder rot) sagt nichts über die Schärfe aus.

Vorkommen: Heimisch im tropischen Amerika; in Italien, Spanien und den Balkanländern in zahlreichen Kulturformen feldmäßig angebaut.

Verwendete Teile: Die reifen Früchte, frisch oder getrocknet.

Inhaltsstoffe: Capsaicin (scharf schmeckend, besonders in der Placenta), Vitamine A und C, Fett, verschiedene Carotin-Farbstoffe, Malon- und Zitronensäure.

Wirkung: Paprika wirkt appetitanregend, sekretions- und verdauungsfördernd, hautreizend. In der Allopathie ist Paprika innerlich nicht mehr gebräuchlich, wohl aber äußerlich in Pflastern und Einreibungen („Russischer Spiritus"). In der Homöopathie werden aus der reifen Frucht bereitete Präparate innerlich bei klimakterischen Beschwerden, äußerlich als Hautreizmittel bei Rheumatismus, Arthritis und Lungenentzündung verordnet. Im Haus wird ein Teeaufguß von der pulverisierten Frucht wie in der Homöopathie verwendet. Wegen ihres hohen Gehaltes an Vitamin C und zur Anregung des Appetits wird die frische Frucht viel in der Küche gebraucht. Der sogenannte Rosenpaprika ist völlig mild und dient praktisch nur zum Rotfärben von Speisen. Die pulverisierte Frucht ist ein wesentlicher Bestandteil des indischen Curry.

Perubalsam (Balsamum peruvianum)
Die Droge stammt aus der verletzten oder durch Zerklopfen gequetschten Rinde von *Myróxylon bálsamum* [L.] Harms var. *perēírae* [Royle] Harms, einem zur Familie der Schmetterlingsblütler gehörenden, in Mittelamerika, San Salvador, an der sogenannten Balsamküste heimischen, bis 15 m hoher Baum. Die aussickernde, dunkelbraune, im Tropfen rötlichbraune und durchsichtige, dickliche Flüssigkeit trocknet an der Luft nicht ein. Geruch vanilleähnlich, Geschmack scharf, etwas bitter.

Inhaltsstoffe: 55 % Cinnamein, Gerbsäure, Vanillin, Harz.

Anwendung: Perubalsam wird in der Heilkunde äußerlich zur Einreibung bei Haarwurzelerkrankungen, als entzündungswidriges und schorfförderndes Mittel bei Geschwüren, bei Verletzungen durch Frost, Hämorrhoiden, Wundliegen, Flechten und gegen Krätze, innerlich bei Bronchialkatarrh und chronischem Blasenkatarrh angewendet. Weiterhin dient er zur Herstellung von pharmazeutischen Präparaten, in der kosmetischen Industrie als Zusatz zu Seifen, Haarwässern und Sonnenbrandcreme und als Räuchermittel. Längerer Gebrauch führt gelegentlich zu Allergien.

Pestwurz, Rote, Großblättriger Huflattich
(Petasítes hýbridus [L.] Ph. Gaertn., B. Mey. et Scherb., Korbblütler)
Beschreibung: Ausdauerndes, bis 60 cm hohes Kraut. Der kräftige, knollige Wurzelstock hat lange, unterirdische Ausläufer. Die großen grundständigen Blätter sind langgestielt, herz- bis nierenförmig, oberseits rötlich-grün, unterseits grau-wollig. Sie werden leicht mit den Blättern des Huflattichs *(Tussilágo fárfara* L.) verwechselt, sind aber größer als diese. Die rosa- bis purpurfarbenen Blüten stehen in reichhaltigen Trauben. Sie erscheinen vor den Blättern. Blütezeit: März/April. Wegen ihres unangenehmen, herben Geschmacks wird Pestwurz vom Vieh gemieden.
Vorkommen: In Europa verbreitet auf feuchten Wiesen, an Bach- und Flußufern, besonders auf Lehmboden.
Verwendete Teile: Wurzelstock und Blätter, frisch oder getrocknet.
Inhaltsstoffe: Ätherisches Öl, Gerbstoff, glykosidischer Bitterstoff, Cholin, Inulin, Schleim, Harz.
Wirkung und Anwendung: Pestwurz wirkt wasser- und schweißtreibend, schleimlösend und wundheilend. In der Allopathie ist sie nicht mehr gebräuchlich. In der Homöopathie wird die aus der frischen Pflanze bereitete Essenz bei Erkältungskrankheiten und Harnleiterentzündungen verordnet. Im Haus wird der Teeaufguß aus dem Wurzelstock oder den Blättern als schleimlösendes, wasser- und schweißtreibendes Mittel, besonders bei Husten und Harnbeschwerden, genommen. Die frischen Blätter legte man früher auf eiternde Wunden und Geschwüre.

Pfennigkraut
(Lysimáchia nummulária L., Primelgewächse)
Beschreibung: Ausdauernde Pflanze mit einfachem oder wenig verzweigtem, vierkantigem Stengel. Die kurzgestielten, gegenständigen Blätter sind fast herzförmig, ganzrandig. Im Juni/Juli erscheinen die großen, flachen, goldgelben, innen dunkelrot punktierten Blüten.

Vorkommen: In Europa verbreitet auf Wiesen und in Wäldern.

Verwendete Teile: Die blühenden, oberirdischen Teile, frisch oder getrocknet.

Inhaltsstoffe: Saponine, Gerbstoff, Kieselsäure.

Wirkung und Anwendung: Wegen seiner zusammenziehenden, blutstillenden Wirkung im Hause äußerlich zu Breiumschlägen bei Muskel- und Gelenkrheumatismus und auf schlecht heilende Wunden, innerlich als Aufguß bei Skrofulose, Durchfall und Blutungen verwendet.

Pfingstrose, Gichtrose
(Paeónia officinális L., Hahnenfußgewächse)
Beschreibung: Ausdauernde, bis 1 m hohe Pflanze mit knollig gegliederter, rübenförmiger Wurzel und aufrechten, krautigen Stengeln. Die Blätter sind dreifach ge-

fiedert, die dunkelgrünen Fiederblättchen lanzettlich. Am Stengelende stehen die großen vielblütigen, purpurroten Blumenkronen. Blütezeit: Mai/Juni. Die derbe Balgfrucht enthält viele Samen. Geruch der Blüten honigartig, Geschmack zusammenziehend.

Vorkommen: In Asien und dem Mittelmeergebiet heimisch, in Mitteleuropa als Zierpflanze kultiviert.

Verwendete Teile: Die getrockneten Blüten; die Samen; die im Frühjahr oder im Herbst gegrabene frische oder getrocknete Wurzel.

Inhaltsstoffe: In der Blüte ein glykosidischer Farbstoff, Gerbstoff; im Samen fettes Öl, Gerbstoff, Harz, Farbstoffe, Eiweiß, Zucker; in der Wurzel ätherisches Öl mit Paeonol, Gerbstoffe, Fett, Stärke, Glukose, Säuren, Harz.

Wirkung und Anwendung: Pfingstrose wird in der Allopathie nicht mehr verwendet. In der Homöopathie wird die aus der frischen Wurzel bereitete Essenz bei Rheumatismus, Gicht und schmerzhaften Hämorrhoiden verordnet. Im Hause wird die Abkochung der Samen als menstruationsförderndes und brechreizerregendes Mittel, die der Wurzel gegen Gicht und Krämpfe verwendet. Ein Teeaufguß von den Blüten soll Erleichterung bei Gicht verschaffen. Blüten und Samen erzeugen bei Überdosierung Erbrechen, Koliken und Durchfälle. Die Blüten dienen außerdem zum Schönen von Teemischungen.

Poleiminze

(Méntha pulégium L., Lippenblütler)

Beschreibung: Ausdauernde, bis 30 cm hohe Pflanze mit liegenden oder aufsteigenden, verästelten, behaarten Stengeln. Die gegenständigen Blätter sind elliptisch, ganzrandig oder nur wenig gezähnt, drüsig punktiert. Die rotvioletten Blüten stehen in kugeligen Scheinquirlen in den Blattachseln. Blütezeit: Juli/August. Die ganze Pflanze riecht stark aromatisch, unangenehm, minzenartig und schmeckt stark würzig.

Vorkommen: In Mittel- und Südeuropa an feuchten Orten, an Fluß- und Teichrändern.

Verwendete Teile: Das blühende frische oder getrocknete Kraut.

Inhaltsstoffe: Ätherisches Öl mit Menthol, Gerbstoff, Flavonglykoside.

Wirkung und Anwendung: Poleiminze wirkt beruhigend, krampflösend und blähungstreibend. Sie wurde schon im Altertum in der Heilkunde verwendet. In der Homöopathie wird die aus dem frischen blühenden Kraut bereitete Essenz bei Asthma und Husten (auch nervöser Art), Magen-Darm-Beschwerden, Blähungen und Gicht verordnet. Der Teeaufguß wird im Hause bei den gleichen Beschwerden getrunken.

Das ätherische Öl wird Salben zugesetzt und befördert infolge seiner hautreizenden, die Durchblutung steigernden Wirkung, die Aufnahme von Arzneistoffen durch die Haut.

Die **Wasserminze** *(Méntha aquática* L.) ist weit verbreitet auf Sumpfwiesen und an Gewässern. Sie wird bis zu 1 m hoch, hat aufrechte, kahle oder nur leicht behaarte Stengel. Die Blätter sind gestielt, eiförmig länglich, kahl oder zerstreut behaart, oft rötlich gefleckt. Die rötlichvioletten Blüten stehen am Stengelende in gedrängten

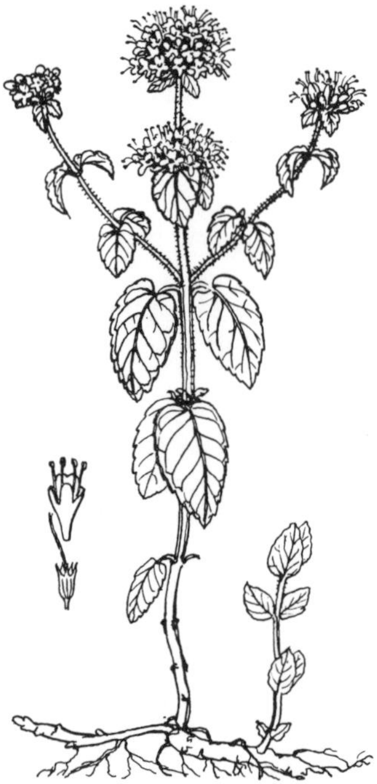

Scheinquirlen, unter denen sich in größeren Abständen nochmals 1 bis 2 lockere Blütenquirle befinden. Blütezeit: Juli bis Oktober. Geruch der Blätter stark aromatisch, minzenartig. Wasserminze enthält ätherisches Öl mit Menthol, Carvon, Gerbstoff. Der Teeaufguß von den frischen oder getrockneten Blättern wird im Haus zur Beruhigung bei Magen-Darm-Beschwerden, gegen Übelkeit und Erbrechen getrunken. Wasserminze wird wie Pfefferminze bei der Herstellung von Gurgelwässern und Likören verwendet.

Pomeranze
(Cítrus aurántium L. ssp. *aurántium,*
Rautengewächse)
Beschreibung: Bis zu 10 m hoher Baum mit kurzgestielten, elliptischen, etwa 15 cm langen und 6 cm breiten, lederigen Blättern. Die Blattfläche ist drüsig punktiert, die Oberseite mattgrün, die Unterseite hellgrün mit starkem Mittelnerv. Die kleinen weißen, gestielten Blüten stehen in Büscheln. Die Frucht ist eine Beere von der Größe einer kleinen Apfelsine. Geruch der Blüten honigartig, Geschmack und Geruch der Früchte stark aromatisch, bitter.
Vorkommen: Heimisch in Asien; in Südeuropa und warmen Gegenden Mitteleuropas als Zier- oder Zweckbaum angepflanzt.
Verwendete Teile: Die frischen oder getrockneten Blüten und Blätter; unreife oder reife Früchte; Fruchtschalen.
Inhaltsstoffe: Ätherisches Öl, Glykosid Aurantiamarin, Bitterstoff, Flavonglykoside.
Wirkung und Anwendung: Pomeranze findet vielseitige Verwendung. In der Heilkunde ist Pomeranzenschale ein oft gebrauchtes Bittermittel. Der Teeaufguß aus den frischen oder getrockneten Blättern und Blüten wird im Hause zur Magenstärkung und Beruhigung und bei Koliken des Magen-Darm-Traktes getrunken. Die getrockneten Blätter sind Bestandteil verschiedener Teemischungen. Das aus den frischen Blüten und Schalen gewonnene ätherische Öl wird in der Parfümerie zu Haar- und Gesichtswässern und besonderen Duftnoten, Schalenextrakte in der Likörindustrie zur Herstellung von

Bitterschnäpsen verarbeitet. Der Tee aus den unreifen, pulverisierten Früchten dient als magenstärkendes, verdauungsförderndes und nervenberuhigendes Mittel.

Porst, Sumpfporst, Wilder Rosmarin
(*Lédum palústre* L., Heidekrautgewächse)

Beschreibung: Ausdauernder, bis über 1 m hoher Strauch mit holziger Wurzel und abstehenden Zweigen, die bei der jungen Pflanze rostrot und filzig behaart sind. Die kurzgestielten, nadelförmigen, am Rande zurückgerollten Blätter sind lederartig, immergrün, mit rostbrauner Unterseite. In Dolden stehen die weißen, selten rosafarbenen Blüten am Stengelende. Blütezeit: Mai bis Juli. Die Frucht ist eine rundliche, fünffächerige Kapsel. Der Geruch der ganzen Pflanze ist stark aromatisch, terpentinähnlich, der Geschmack bitter, kampferähnlich.

Vorkommen: In Nordasien, Nordamerika, Nord- und Mitteleuropa zerstreut auf Torfmooren, an sumpfigen Stellen.

Verwendete Teile: Das während der Blütezeit gesammelte und getrocknete Kraut; die jungen Sprosse.

Inhaltsstoffe: Ätherisches Öl mit „Ledumkampfer“, Arbutin, Flavonglykosid, Gerbstoff, Pectin, Zitronensäure.

Wirkung und Anwendung: Porst wirkt haut- und schleimhautreizend, brechreizerregend, wasser- und schweißtreibend, schleim- und krampflösend, menstruationstreibend. Das Kraut wird in der Allopathie heute nur noch vereinzelt bei Katarrhen der Luftwege, Rheuma und Gicht verwendet. In der Homöopathie wird die aus den getrockneten jungen Sprossen bereitete Tinktur bei denselben Beschwerden, außerdem bei Asthma, Keuchhusten, Koliken, Menstruationsstörungen und verschiedenen Hautleiden verordnet. Der Teeaufguß sollte im Hause nur mit Vorsicht gebraucht werden, da leicht Reizungen der Magen- und Darmschleimhaut und der Nieren auftreten können.

Quassia

Die Droge besteht aus dem Holz von *Quássia amára* L. Planchon, Simarubengewächse. Der ungefähr 20 cm hohe, sehr schlanke, eschenartige Baum ist in Westindien, besonders Jamaika und im östlichen Mittelamerika heimisch. Quassiaholz kommt in 1–2 mm dicken, ungefähr 1 cm langen Stückchen in den Handel. Der Geschmack ist sehr bitter.

Inhaltsstoffe: Bitterstoffe Picrasmin und Quassiin, die den bitteren Geschmack bedingen.

Wirkung und Anwendung: Innerlich wird die Abkochung als appetitanregendes und verdauungsförderndes Bittermittel verordnet, äußerlich zu Waschungen zum Schutz gegen Insekten. Aus dem Quassiaholz wird außerdem noch der sogenannte Bitterbecher gedreht, der aus ihm getrunkene Schnaps soll magenstärkend wirken.

Das aus dem Holz hergestellte Fliegenpapier ist, aufgekocht in Milch oder Zuckerwasser, ein für den Menschen unschädliches, insektentötendes Mittel.

Ratanhia

(*Kraméria triándra* Ruiz et Pav., Caesalpiniengewächse)

Beschreibung: Kleiner, bis 1 m hoher Strauch mit faustdicker Hauptwurzel und wenig verzweigten, bis 1 m langen, ungefähr 3 cm dicken Nebenwurzeln. Sie sind innen rötlich, außen braun. Die niederliegenden, behaarten Zweige tragen kleine, silbergrau behaarte, ungestielte Blätter. In den Blattwinkeln stehen die leuchtend roten Blüten.

Vorkommen: In den Anden von Bolivien und Peru in 1000–2500 m Höhe auf sandigen Abhängen.

Verwendete Teile: Die getrockneten Wurzeln, hauptsächlich die Nebenwurzeln. Die Rinde der getrockneten Wurzel ist geruchlos, der Geschmack sauer, stark zusammenziehend.

Inhaltsstoffe: Hauptwirkstoff ist der zwischen 10–80 % schwankende Gehalt an eisengrünender Ratanhiagerbsäure, daneben noch Stärke und Harze.

Anwendung: Ratanhiawurzel wird in der Heilkunde innerlich als zusammenziehendes Mittel bei Durchfällen und inneren Blutungen, äußerlich in Form von Tinktur zu Zahnfleischpinselungen und gegen Frostbeulen verwendet.

Raute, Gartenraute, Weinraute

(*Rúta gravéolens* L., Rautengewächse)

Beschreibung: Raute ist eine kräftige, bis zu 80 cm hohe Staude mit einem stark verzweigten, holzigen Wurzelstock. Die blaßgrünen Stengel sind kahl, rund, und meist nur am Grund und im Blütenstand verzweigt. Die unpaarig gefiederten, etwas fleischigen Laubblätter sind mit bläulichen Öldrüsen besetzt. Die grüngelben Blüten sind drüsig punktiert. Sie bilden eine Scheindolde. Blütezeit: Juli/August. Die Frucht ist eine vielsamige Kapsel. Die auf den Sprossen und allen Blütenteilen reichlich vorhandenen Drüsen enthalten das stark duftende Rautenöl. Die ganze Pflanze hat einen scharfen, herb-aromatischen Geruch und Geschmack.

Vorkommen: Heimisch auf dem Balkan, in Italien und auf den trockenen, warmen Abhängen des Mittelmeergebietes; in Mitteleuropa als Zier-, Gewürz- und Heilpflanze kultiviert.

Verwendete Teile: Die vor der Blüte gesammelten Blätter; das im Juni/Juli gesammelte getrocknete Kraut.

Inhaltsstoffe: Bitterstoff, ätherisches Öl, Gerbstoff, das Flavonglykosid Rutin.

Wirkung und Anwendung: Raute wirkt appetitanregend, verdauungs- und menstruationsfördernd, äußerlich hautreizend und heilend. In der Homöopathie wird die aus den frischen Blättern bereitete Essenz bei Venenstauungen, Rheumatismus, Gicht und Gelenkschmerzen verordnet. Im Hause wird der Teeaufguß aus dem getrockneten Kraut äußerlich zum Gurgeln genommen, innerlich als Bitter- und krampflösendes Mittel, aber auch zum Schwitzen und Wassertreiben getrunken.

Roßkastanie

Áesculus hippocástanum L.,
Roßkastaniengewächse)

Beschreibung: Bis zu 30 m hoher Baum mit 5–7-fingerigen, am Rande gesägten Blättern an langen Stielen. Die Blüten sind weiß, mit gelben oder roten Flecken. Sie stehen in bis zu 20 cm langen, pyramidenförmigen Blütenständen. Blütezeit: Mai/Juni. Die stachelige Frucht ist 1–3fächerig. In jedem Fach liegt ein rundlicher bis nierenförmiger, mit einer glänzend braunen, lederigen Hülle versehener Same.

Vorkommen: In Nordgriechenland und Persien heimisch; in Amerika und Mitteleuropa als Zierbaum angepflanzt, teilweise verwildert.

Verwendete Teile: Die Blüten; die geschälten Samen; die Rinde.

Inhaltsstoffe: Saponine (am reichhaltigsten im Samen), Glykoside, Gerbstoffe, Harze, Eiweiß, Gummi, Bitterstoff, fettes Öl (im Samen).

Wirkung und Anwendung: Roßkastanie wirkt blutreinigend, zusammenziehend, wassertreibend, entzündungswidrig. In der Homöopathie wird die aus den frischen Samen bereitete Essenz bei Hämorrhoiden, Venenentzündung, chronischen Magen-Darm-Entzündungen und Leberschwellung verordnet. Altbewährte Hausmittel sind: Ein mit den frischen oder getrockneten Blüten angesetzter Wein, schluckweise über den Tag verteilt, bei Gicht, Rheumatismus und Neuralgien; Abkochung oder Aufguß von der Rinde innerlich zur Blutreinigung, zur Stillung von Gebärmutter- und Hämorrhoidalblutungen, bei chronischer Bronchitis, Magen-Darm-Entzündungen, Gicht, Rheumatismus und Neuralgien, äußerlich zu Umschlägen und Waschungen bei juckenden Ekzemen, Wunden, Geschwüren und Frostbeulen. Die Samen werden außerdem als Zusatz zu Schnupfmen werden auch als Zusatz zu Schnupfpulvern und in der kosmetischen Industrie verarbeitet.

Salomonssiegel

(*Polygónatum odorátum* [Mill.] Druce,
Liliengewächse)

Beschreibung: Ausdauernde, bis 20 cm hohe Pflanze. Der dicke, fleischige Wurzelstock ist mit schuppenartigen Niederblättern besetzt. Der

Name „Salomonssiegel“ erklärt sich von den am Wurzelstock verbleibenden Stengelnarben, die Siegelabdrücken ähneln. Die Stengel sind palmwedelartig, kahl, bogig ansteigend. Die lanzettlichen, stengelumfassenden, ganzrandigen Blätter stehen abwechselnd zweizeilig. Die Blüten sind weiß, kurzgestielt und stehen in den Blattachseln. Blütezeit: Mai/Juni. Die Frucht ist eine schwarzblaue, bereifte Beere. Sie kann tödliche Vergiftungen hervorrufen.

Vorkommen: In trockenen Laubwäldern, Gebüschen, an Waldrändern und steinigen Abhängen.

Verwendete Teile: Wurzelstock mit Wurzeln.

Inhaltsstoffe: Asparagin, Schleim, herzwirksame Glykoside.

Wirkung und Anwendung: Salomonssiegel wirkt innerlich wassertreibend, äußerlich wundheilend. In der Heilkunde ist es nicht gebräuchlich. Im Hause wird der Teeaufguß (nicht mehr als 3 Tassen täglich!) innerlich als blutreinigendes, wassertreibendes und steinlösendes Mittel getrunken. Äußerlich wird der Aufguß zu Auflagen bei schlecht heilenden Wunden und Quetschungen verwendet.

Sandsegge, Sandriedgras
(Cárex arenária L., Riedgräser)

Beschreibung: Rasenbildendes, ausdauerndes, bis 40 cm hohes Gras. Der braune, kriechende Wurzelstock ist weit verästelt. Die unscheinbaren Blüten stehen in ährenartigen Rispen. Blütezeit: Mai/Juni.

Vorkommen: In Nord- und Mitteleuropa auf Sandboden, häufig zur Befestigung von Dünen und Deichen angepflanzt.

Verwendete Teile: Der im Frühjahr ausgegrabene frische oder getrocknete Wurzelstock.

Inhaltsstoffe: Im Wurzelstock reichlich Kieselsäure, außerdem Saponin, Gerbstoff, Harz, Schleim, ätherisches Öl. Auch das Kraut enthält Kieselsäure.

Wirkung und Anwendung: Sandsegge wirkt blutreinigend, schweiß- und wassertreibend. Im Hause wird ein Teeaufguß als Blutreinigungsmittel, bei chronischem Bronchialkatarrh, Magen-Darm-Erkrankungen, Leberstauungen, gegen Gicht, Rheumatismus, Hautausschläge und Flechten getrunken.

Sarsaparille

Die in den Handel kommende Wurzeldroge stammt von *Smílax útilis* Hemsley und verwandten *Smílax*-Arten aus der Familie der Liliengewächse. Die hoch kletternden Sträucher mit knolligem Wurzelstock und meterlangen Wurzeln kommen im dichten Gestrüpp der tropischen Wälder Mittelamerikas, besonders in Honduras, vor. Die meisten Wurzeln, die in 30–40 cm langen Stücken in den Handel kommen, stammen von wildwachsenden Sträuchern, der kleinere Teil aus mexikanischen Plantagen.

Inhaltsstoffe: Die Saponine Parillin (im Wasser schwer löslich) und Sarsasaponin (im Wasser leicht löslich), Phytosterine, Harz, Zucker, wenig ätherisches Öl, Stärke u. a.

Wirkung und Anwendung: Sarsaparille wirkt wasser- und schweißtreibend und wird zu Teemischungen gegen Hautkrankheiten, Gicht, Rheumatismus, Nierenerkrankungen und zum Blutreinigen verwendet. Die Homöopathie verwendet Sarsaparille bei Harnsteinen und Hautkrankheiten.

Sassafras

(Sássafras álbidum var. *mólle* [Raf.] Fern., Lorbeergewächse)

Beschreibung: Zweihäusiger, bis 30 m hoher, ungefähr 2 m dicker Baum, der in dichten Wäldern von Kanada bis Florida vorkommt.

Verwendete Teile: Das im Herbst ausgegrabene und zerkleinerte Holz der Wurzel mit oder ohne Rinde. Geruch und Geschmack anis- oder fenchelähnlich.

Inhaltsstoffe: Wesentlicher Bestandteil 1–2% Sassafrasöl, das zu 80% aus Safrol, außerdem aus Pinen, Phellandren, d-Kampfer und Eugenol besteht, dazu noch Gerbstoff und Gerbstoffrot u. a.

Anwendung: Als wassertreibendes Mittel, zu Blutreinigungstees. Das aus der getrockneten Rinde gewonnene Öl wird zur Parfümierung billiger Seifen, als aromatischer Zusatz zu Getränken und Tabak und zur Schädlingsbekämpfung benutzt.

Sauerkirsche

(Prúnus cérasus L., Rosengewächse)

Beschreibung: 5–6 m hoher Baum oder Strauch mit lebhaft grünen, wechselständigen Blättern. Sie sind oval zugespitzt, doppelt gesägt, kahl und glänzend. Die langgestielten Blüten stehen in lockeren Dolden. Blütezeit: April/Mai. Die hell- bis dunkelrote, einsamige Steinfrucht schmeckt säuerlich-süß.

Vorkommen: In Kleinasien beheimatet; in ganz Europa in verschiedenen Arten angebaut.

Verwendete Teile: Die reifen Früchte mit den Kernen; die im Juni/Juli gesammelten, getrockneten Blätter; die bei der Fruchternte gesammelten und getrockneten Stiele.

Inhaltsstoffe: Im Fruchtfleisch reichlich Fruchtsäuren; in den Kernen ein Blausäureglykosid; in den Blättern Zitronensäure, Quercetin, Gerbstoff; in den Fruchtstielen Gerbstoff.

Wirkung und Anwendung: In der pharmazeutischen Industrie wird aus den Früchten mit Kernen ein Sirup hergestellt, der besonders durststillend und geschmacksverbessernd wirkt. Die getrockneten Fruchtstiele werden im Haus als Abkochung (1–2 Teelöffel geschnittene Stiele auf 1 Tasse Abkochung) als harntreibendes Mittel bei Erkrankungen der Harnwege, gegen Katarrhe und Husten, gegen Durchfall und zu wassertreibenden Teemischungen verwendet. Die getrockneten Blätter werden Teemischungen gegen Bleichsucht, Gicht und Rheuma beigefügt. Kirschlikör wird aus den Früchten (teilweise mit Kern) hergestellt.

Schierling, Gefleckter

(Cónium maculátum L., Doldenblütler)

Beschreibung: Zweijährige, krautige, bis 2 m hohe Pflanze mit weißer, spindelförmiger Wurzel. Der röhrige, oben stark verästelte Stengel ist blaugrün bereift, der Reif ist leicht abwischbar. Der untere Teil des Stengels ist rostbraun gefleckt. Die gestielten Blätter sind dreifach gefiedert, die Fiederblättchen tiefgesägt. Die kleinen, schmutzigweißen Blüten stehen in flachen, 10–20strahligen Dolden. Blütezeit: Juni bis August. Die ganze Pflanze riecht, vor allem bei feuchtwarmem Wetter, widerlich nach Mäuseharn. Giftpflanze!

Vorkommen: In Asien, Amerika, Mitteleuropa an schattigen, feuchten Stellen, auf Schuttplätzen, an Hecken und Wegrändern.

Verwendete Teile: Die blühende Pflanze.

Inhaltsstoffe: Hauptwirkstoff ist das sehr giftige Alkaloid Coniin.

Wirkung und Anwendung: Schierling war schon im Altertum als Giftpflanze mit tödlicher Wirkung bekannt („Schierlingsbecher"). Früher wurde Schierling in der Allopathie zu schmerzstillenden und krampflösenden Mitteln verwendet. Heute ist die Behandlung mit Schierling wegen seiner giftigen Nebenwirkungen nicht mehr gebräuchlich. In der Homöopathie wird die aus der frischen blühenden Pflanze bereitete Essenz bei Krampfzuständen, besonders der Atmungsorgane, Ekzemen, Leberkrankheiten, Koliken und Unregelmäßigkeit der Menstruation verordnet.

Schlehe, Schwarzdorn
(Prúnus spinósa L., Rosengewächse)

Beschreibung: Bis zu 3 m hoher, dichte Hecken bildender Baum oder Strauch mit abstehenden Ästen und Zweigen und vielen kleinen Nebenzweigen, die in spitze Dornen auslaufen. Die kleinen kurzgestielten, weißlich-gelben Blüten bedecken dicht gedrängt Zweige und Äste schon vor Erscheinen der Blätter oder während der Blattentfaltung. Blütezeit: April/Mai. Die kleinen Blätter sind breitlanzettlich, scharf gesägt. Im Herbst reifen die kugeligen, blauschwarzen, bereiften Steinfrüchte. Sie schmecken herb und sauer.

Vorkommen: In Mitteleuropa an Waldrändern, auf Ödland, an sonnigen Fels- und Schutthängen.

Verwendete Teile: Die vor Erscheinen der Blätter gesammelten frischen oder getrockneten Blüten, die im Spätherbst nach dem ersten Frost gesammelten frischen oder getrockneten Früchte ohne Stiele.

Inhaltsstoffe: In den Blüten ein Flavonglykosid und ein Blausäureglykosid; in den Früchten Gerbstoff, organische Säuren, Pektin, Zucker, Gummi; in den Samen Amygdalin (Blausäureglykosid).

Wirkung und Anwendung: Schlehe wirkt mild abführend, schweiß- und wassertreibend und blutreinigend. In der Homöopathie wird die aus den frischen Blüten bereitete Essenz bei Koliken, Blasenbeschwerden und Unregelmäßigkeit der Menstruation verordnet. Der Teeaufguß aus frischen oder getrockneten Blüten wird im Hause zur Blutreinigung, als mild abführendes und wassertreibendes Mittel bei Magenschwäche und Katarrhen getrunken. Das Mus aus den frischen Früchten ist ein gutes Hausmittel bei Durchfällen, Blasen- und Harnleiden. Es wird teelöffelweise genommen. Die getrockneten Früchte werden zu Teemischungen und zur Herstellung von Likör verwendet.

Schneeball

(Vibúrnum ópulus L., Geißblattgewächse)

Beschreibung: Kleiner Baum oder Strauch, bis zu 4 m hoch. Seine Laubblätter sind langgestielt, ahornähnlich, oberseits kahl, unterseits weich behaart. Die weißen, selten rötlichen Blüten stehen in reichen Trugdolden. Die unfruchtbaren Randblüten überragen die fruchtbaren inneren. Blütezeit: Mai/Juni. Die rote Beerenfrucht ist giftig.

Vorkommen: In Asien, Nordamerika und Europa verbreitet in lichten Laubwäldern, feuchten Gebüschen, an Flußufern; im Garten werden Arten mit kugeligen Blütenständen kultiviert.

Verwendete Teile: Die frische Rinde.

Inhaltsstoffe: Glykosidischer Bitterstoff Viburnin, Baldriansäure, Harz, Gummi, Pektin, Zucker.

Wirkung und Anwendung: Die Abkochung der Rinde hat zusammenziehende, beruhigende und krampfstillende Wirkung und wird vereinzelt als Hausmittel bei Unterleibsblutungen und -krämpfen gebraucht. In der Homöopathie wird die aus der frischen Rinde bereitete Essenz bei krampfartigen Nachwehen und schmerzhafter Menstruation verordnet.

Der **Amerikanische Schneeball** *(Vibúrnum prunifólium* L.) ist in Nordamerika beheimatet und wird in Europa als Zierbaum angepflanzt. Er wird bis zu 8 m hoch. Wirkung und Anwendung der getrockneten Rinde wie bei *Vibúrnum ópulus.*

Schwarzkümmel

(Nigélla satíva L., Hahnenfußgewächse)

Beschreibung: Einjähriges, bis 50 cm hohes Kraut mit wechselständigen, dreifach fiederteiligen, feingezipfelten Blättern. Die unteren sind gestielt, die oberen sitzend. Die Blüten stehen einzeln am Stengelende. Sie sind weiß, mit grünlicher oder bläulicher Spitze. Blütezeit: Juni/Juli. Der fast schwarze Samen riecht nach dem Zerreiben muskatähnlich, kampferartig, der Geschmack ist anfangs bitter, später würzig.

Vorkommen: In Südeuropa und Westasien heimisch; in Mitteleuropa feldmäßig angebaut oder verwildert.

Verwendete Teile: Die reifen Samen.

Inhaltsstoffe: Ätherisches Öl, fettes Öl, Saponin.

Wirkung und Anwendung: Schwarzkümmel wirkt wasser- und blähungstreibend, menstruationsfördernd. Von einer Verwendung in der Allopathie ist nichts bekannt. In der Homöopathie wird die aus dem Samen bereitete Tinktur zur Anregung der Verdauung und bei Unregelmäßigkeit der Menstruation verordnet. Im Hause wird der Teeaufguß (1 Teelöffel auf 1 Tasse Aufguß) gleichermaßen angewendet. In der Tiermedizin soll der Aufguß die Milchsekretion und den Appetit anregen.

Schwarzpappel

(*Pópulus nígra* L., Weidengewächse)

Beschreibung: Bis 30 m hoher, schlanker Baum mit dreieckigen, kahlen, oberseits dunkelgrünen, unterseits helleren Blättern. Die Blüten erscheinen vor den Blättern. Die männlichen Blütenkätzchen sind rot, die weiblichen hängen in grünlichen, lockeren Trauben. Blütezeit: März/April. Die Frucht ist eine rundliche Kapsel.

Vorkommen: In Osteuropa beheimatet, in mehreren Arten angepflanzt in Mitteleuropa.

Verwendete Teile: Die im Frühjahr gesammelten, kugelförmigen Blattknospen.

Inhaltsstoffe: Die Glykoside Salicin und Populin, ätherisches Öl, Gerbstoffe.

Wirkung und Anwendung: Pappelknospen wirken äußerlich reizmildernd und heilend. In Form von Präparaten, in Öl- und Salbenform werden sie in der Heilkunde äußerlich als Wundheilmittel, bei Hämorrhoiden, Frostbeulen, Gelenk- und Muskelrheumatismus verordnet. Im Hause wird der Teeaufguß aus den Knospen innerlich als wasser- und schweißtreibendes Mittel bei Bronchitis und Lungenentzündung, Gicht, Rheumatismus und Ischias verwendet. Die Abkochung dient äußerlich zur Linderung von Hämorrhoiden.

Senega

(*Polýgala sénega* L., Knöterichgewächse)

Beschreibung: In vielen Varietäten vorkommende, ausdauernde, bis 40 cm hohe Staude mit kurzem, dickem Wurzelstock und dünnen Wurzeln. Die Hauptwurzel ist bis 20 cm lang, dünn, unverzweigt. Die Wurzeln riechen eigenartig nach ranzigem Öl, ihr Geschmack ist scharf, kratzend.

Vorkommen: In lichten Wäldern Nordamerikas und Kanadas.

Verwendete Teile: Die im Frühjahr oder Herbst gesammelten, getrockneten Wurzeln.

Inhaltsstoffe: Saponine, darunter Senegin und Polygalasäure, Harz, fettes Öl, Zucker.

Anwendung: In der Heilkunde wird innerlich die pulverisierte Droge als auswurfförderndes Mittel bei Bronchialkatarrh, Keuchhusten und Lungenentzündung verordnet. Bei längerem Gebrauch können Schädigungen eintreten.

Senna, Kassie

(*Cássia angustifólia* Vahl et *Cássia acutifólia* Del., Caesalpiniengewächse)

Beschreibung: Beide *Cássia*-Arten sind wildwachsend bis 1 m hoch, können aber angebaut eine Höhe von 2 m erreichen. Sie haben gestreifte, ausgebreitete Stengel mit wechselständigen, gefiederten Laubblättern. Diese sind hellgrün, papierartig dünn, lanzettlich, bei *Cássia acutifólia* laufen sie in eine kleine Spitze aus. Die gelben Blütentrauben reifen zu flachen Hülsenfrüchten.

Vorkommen: Cássia angustifólia wächst wild in Nordafrika und wird in Vorderindien kultiviert. *Cássia acutifólia* ist im tropischen Afrika und im mittleren Nilgebiet heimisch.

Verwendete Teile: Die getrockneten Fiederblättchen; die getrockneten Hülsen.

Inhaltsstoffe: Ätherisches Öl, Harze, Anthrachinonglykoside.

Wirkung und Anwendung: Sennesblätter sind neben Faulbaumrinde und Aloe die in der Heilkunde gebräuchlichsten Abführmittel, hauptsächlich bei chronischer Verstopfung, und Bestandteil vieler Abführ- und Blutreinigungstees. Da sie auch stark menstruationstreibend sind, verordnet sie der Arzt nicht bei Schwangerschaft. Die getrockneten Hülsen haben eine mildere Wirkung und verursachen auch nicht die kolikartigen Leibschmerzen, die beim Gebrauch der Blattdroge vorkommen können. Die Araber kannten schon die Wirkung der Sennesblätter, im Gegensatz zu den Griechen und Römern.

Spargel
(Aspáragus officinális L., Liliengewächse)

Beschreibung: Ausdauernde, bis 125 cm hohe Pflanze. Aus dem dicken, verzweigten Wurzelstock entwickeln sich im Frühjahr unterirdische, weißlich-gelbe, grünliche oder rötliche Sprosse, die Spargel, deren kegelförmige Spitze mit schuppenartigen, verkümmerten Niederblättern bedeckt ist. Die oberirdischen Sprosse bilden buschige, saftiggrüne Rispen mit zierlichen Blättchen. Die kleinen unscheinbaren Blüten sind gelblich, hängend. Blütezeit: Juni/Juli. Die Frucht ist eine erbsengroße, rote Beere mit schwarzen Samen.

Vorkommen: In Vorderasien beheimatet; in Europa wildwachsend, meist aber als Gemüsepflanze kultiviert.

Verwendete Teile: Die im Frühjahr gestochenen unterirdischen Sprosse; der im Herbst gesammelte Wurzelstock.

Inhaltsstoffe: Asparagin, Saponine, Gerbstoff, Kaliumsalze.

Wirkung und Anwendung: Spargel wirkt wassertreibend, die Sprosse wie das Kochwasser, besonders aber ein kalt bereiteter Preßsaft.

Spitzklette, Dornige
(Xánthium spinósum L., Korbblütler)

Beschreibung: Weitverbreitetes Kraut, dessen Stengel am Grunde der Blattstiele mit dreiteiligen, abstehenden, bis 3 cm langen, gelben Dornen bewehrt sind. Die wechselständigen Blätter sind gestielt, ungeteilt oder dreilappig, oberseits grün, an den Nerven weißfilzig, unterseits grau-filzig. Die Blüten sind grünlich, die männlichen stehen in endständigen Köpfchen, die weiblichen in den Blattwinkeln.

Vorkommen: In Südeuropa heimisch; in Mitteleuropa an Zäunen, auf Schutt und Ödland.

Verwendete Teile: Die Wurzel; seltener die Blätter.

Inhaltsstoffe: Ätherisches Öl, Gerbstoff, Harz, Kieselsäure, Eisenverbindungen.

Wirkung und Anwendung: Spitzklette wirkt wasser- und schweißtreibend und regt die Speichelsekretion an. In der Heilkunde wird sie nicht verwendet. Im Hause wird die Abkochung von Wurzel oder Blättern bei Erkältungskrankheiten, Durchfall und Fieber getrunken.

Sternanis
(Illícium vérum Hook. f., Magnoliengewächse)

Beschreibung: Ungefähr 10 m hoher, immergrüner Baum mit weißer, an Birken erinnernder Rinde und länglich-lanzettlichen Blättern. Die Blüten sind gelblich- oder rötlichweiß. 6–11 sternförmige Früchte sind bogig um eine Achse geordnet. Ihre Außenseite ist graubraun, wurzelig. Im Reifezustand springen die Früchte auf, so daß der glänzend braune Samen sichtbar wird. Sternanis riecht aromatisch und schmeckt brennend würzig.

Vorkommen: Heimisch in den Gebirgen Südostasiens; angebaut hauptsächlich in Südchina und Vietnam.

Verwendete Teile: Die reifen Früchte.

Inhaltsstoffe: Ätherisches Öl, das dem Anisöl ähnelt, fettes Öl, Säuren, Saponine.

Wirkung und Anwendung: Sternanis wirkt magenstärkend und blähungstreibend. Die Verwendung in der Heilkunde ist nicht üblich. Der Teeaufguß der Früchte mit den Samen soll ein wirksames Hausmittel bei Erkältungen und Magenstörungen sein. In der Likör- und Lebensmittelindustrie wird das ausgepreßte Öl ähnlich wie das echte Anisöl verarbeitet, es ist aber in höherer Dosierung giftig.

Strohblume, Sand-Strohblume, Immortelle
(Helichrýsum arenárium [L.] Moench, Korbblütler)

Beschreibung: Ausdauerndes, niedriges Kraut mit zahlreichen aufrechten, weißwollig behaarten und reich beblätterten Stengeln. Die gelben, selten orangefarbenen, fast kugeligen Blütenköpfchen stehen in Trugdolden. Blütezeit: Juli bis Oktober. Der Geruch ist würzig, etwas widerlich, der Geschmack würzigbitter.

Vorkommen: In Mittelasien und Europa auf Sandboden und Dünen, Grassteppen und Heideflächen.

Verwendete Teile: Die Blüten oder das ganze blühende Kraut, frisch oder getrocknet.

Inhaltsstoffe: Ätherisches Öl, Bitterstoff, Gerbstoff.

Wirkung und Anwendung: Die Blüten haben eine gallenanregende Wirkung. In der Allopathie werden sie nicht mehr verwendet. In der Homöopathie wird die aus den Blüten oder dem frischen blühenden Kraut bereitete Essenz bei chronischen Gallenbeschwerden und Ischias verordnet. Im Hause wird der Teeaufguß aus Kraut oder Blüten (1–2 Teelöffel auf eine Tasse Wasser) als harntreibendes Mittel, bei Rheumatismus, Gicht, Nieren- und Blasenleiden, Wassersucht, zur Anregung der Sekretion von Magen und Galle und bei Durchfällen verschiedener

Ursachen häufig getrunken. Die getrockneten Blüten sind in verschiedenen galleanregenden Teemischungen enthalten.

Sumach, Gewürz-
(*Rhús aromática* Ait., Sumachgewächse)

Beschreibung: Ungefähr 2 m hoher Strauch mit 10 cm langen, wechselständigen Blättern. Sie sind dreizählig, eingekerbt. Die kleinen gelbgrünen Blüten stehen in Scheinähren. Die kugelige, gelbrote Steinfrucht ist behaart.

Vorkommen: Heimisch in Kanada, im atlantischen Nordamerika bis Mexiko.

Verwendete Teile: Die getrocknete Wurzelrinde. Sie hat einen angenehmen Geruch, der Geschmack ist bitterlich, zusammenziehend.

Inhaltsstoffe: Fettes Öl, Gerbstoff, Gallussäure.

Anwendung: Gewürzsumach wird fast ausschließlich in der Homöopathie in Form von Extrakten und Tinkturen gegen Blasenleiden, Bettnässen, Ruhr, Zuckerkrankheit und zum Entwässern verordnet.

Giftsumach (*Rhús toxicodéndron* L.), auch Gift-Efeu (Poison Ivy) genannt, in Kanada und den Südstaaten beheimateter, in Mitteleuropa kultivierter, teilweise verwildeter, aufrechter oder klimmender Strauch mit langgestielten, dreizähligen Blättern. Die oberirdischen Teile enthalten einen weißen, an der Luft schwarz werdenden Milchsaft. Verwendet werden die nach der Blütezeit gesammelten und getrockneten Blätter. Schon die geringste Berührung mit den frischen Blättern genügt, um stark juckende Hautausschläge hervorzurufen. Inhaltsstoffe sind ein Glykosid, reichlich Gerbstoff, ätherisches Öl. Alle Pflanzenteile enthalten einen Milchsaft mit den giftigen Phenolen Urushiol und Uruschenin. Präparate aus den Blättern werden in der Homöopathie bei Neuralgien und Rheumatismus verordnet. *Rhús toxicodéndron* ist das wichtigste Mittel der Homöopathie bei Infiltrationen und bei Ekzemen sowie Schleimhautentzündungen.

Tee

Die Blattdroge stammt von *Caméllia sinénsis* [L.] O. Kuntze, Teegewächse, und verschiedenen anderen Arten. Der baumartige, wildwachsend bis 4 m hohe, immergrüne Strauch wird auf den Plantagen zur Erleichterung der Ernte nicht höher als 1 m gezogen. Die Laubblätter sind dunkelgrün, bis 12 cm lang, oval. Die großen weißen oder leicht rosafarbenen Blüten stehen in den Blattachseln der äußeren Zweige. Der Geruch der Blüten ist jasminartig, die Blätter riechen stark aromatisch. Ungefähr viermal im Jahr werden die Teeblätter geerntet. Aroma und Farbe der in den Handel gelangenden Teedroge sind von der Erntezeit und der Aufbereitung (Fermentation) abhängig. Die feinste Sorte liefern die gerade aufgegangenen Blattknospen.

Vorkommen: Heimisch auf der südchinesischen Insel Hainan, kultiviert in China, Japan, Indien, auf Ceylon, Java, Sumatra.

Inhaltsstoffe: Coffein, Theophyllin, ätherisches Öl, Gerbstoff u. a.

Anwendung: Als anregendes Genußmittel, das die Harnsekretion fördert. Man unterscheidet schwarzen, grünen und ziegelroten Tee (dieser wird meist in Asien getrunken), je nach der Art der Aufbereitung. Tee war schon im 4. Jahrhundert in China ein bekanntes Genußmittel, nach Europa wurde er erst Ende des 16. Jahrhunderts eingeführt.

Teufelsabbiß

(Succísa praténsis Moench, Kardengewächse)

Beschreibung: Ausdauernde, bis 60 cm hohe Pflanze mit hartem, dunkelbraunem Wurzelstock, unten wie abgebissen aussehend, mit langen, fleischigen Nebenwurzeln besetzt. Die Blüten sind dunkelblau, manchmal rötlich oder weiß mit rauhhaarigem Außenkelch. Sie stehen zur Zeit der Reife in kugeligen Köpfchen. Blütezeit: Juli/August.

Vorkommen: In Nordasien und Europa verbreitet auf feuchten Bergwiesen, an Waldrändern.

Verwendete Teile: Das blühende Kraut; der im Frühjahr gesammelte Wurzelstock mit den Wurzeln.

Inhaltsstoffe: Gerbsäure, Saponine, Saccharose, ein Glykosid (?).

Anwendung: Teufelsabbiß wurde früher in der Heilkunde innerlich zum Wassertreiben, Blutreinigen, Wurmtreiben und Magenstärken, äußerlich zum Gurgeln verordnet. Heute ist er nur noch im Hause gebräuchlich. Der Teeaufguß von Kraut oder Wurzeln (1 Teelöffel auf 1 Tasse Wasser, bis 3 Tassen täglich) wird bei Verschleimung und Husten, Asthma, Durchfällen und Hautkrankheiten getrunken.

Tragant (Tragacantha)

Die Droge kommt als hornartige, band- oder sichelförmige, flache, weiße, durchscheinende, leicht zerbrechliche, bis 3 mm dicke Stückchen in den Handel. Sie quillt im Wasser auf und ergibt eine harzige Masse. Tragant ist der nach einer Verwundung des Stammes ausgetretene, an der Luft erstarrte Schleim von verschiedenen *Astrágalus*-Arten, z. B. *Astrágalus vérus* Oliver, *Astrágalus adscéndes* Boiss. et Hausskn., zur Familie der Schmetterlingsblütler gehörig. *Astrágalus* ist ein gedrungener, reich verzweigter, je nach Art 50 cm bis 1 m hoher, sparriger, dorniger Strauch.

Vorkommen: In Kleinasien, Persien, Griechenland und Südamerika auf Steppenboden.

Verwendung: Als Bindemittel für Pillen und Tabletten; zur Herstellung von Emulsionen; in der Süßwarenindustrie; zu Appreturen von Seiden und Spitzen.

Traubenkirsche, Ahlkirsche
(Prúnus pádus L., Rosengewächse)

Beschreibung: Bis 8 m hoher Baum oder Strauch mit wechselständigen, kahlen, verkehrt-eiförmigen, zugespitzten und doppelt gesägten Blättern. Die stark duftenden Blüten haben 5 weiße Kronblätter und einen fünfzipfligen Kelch. Sie stehen in reichen, hängenden Trauben. Blütezeit: April/Mai. Die erbsengroße, glänzend schwarze Steinfrucht ist ungenießbar.

Vorkommen: In Asien und Europa verbreitet an Ufern und feuchten Waldstellen, oft auch als Zierpflanze kultiviert.

Verwendete Teile: Die während der Blütezeit von den Zweigen gelöste, frische oder getrocknete Rinde.

Inhaltsstoffe: Prulaurasin (= D, L-Amygdalin), Gerbsäure, Gummi, Harz.

Wirkung und Anwendung: Die Rinde der Traubenkirsche wirkt fieberwidrig, wassertreibend und beruhigend. Sie wird in der Allopathie nicht angewendet. In der Homöopathie wird die aus der frischen Rinde bereitete Essenz bei Kopfschmerzen verschiedener Ursachen, Herzleiden und Mastdarmbeschwerden verordnet. Die Abkochung aus frischer oder getrockneter Rinde (1 Teelöffel auf 1 Tasse Wasser) ist ein gutes Hausmittel gegen Fieber, zum Entwässern, gegen Krampfhusten, zur Beruhigung, bei Hautausschlägen, Gicht und Rheumatismus.

Traubenholunder, Roter Holunder
(Sambúcus racemósa L., Geißblattgewächse)

Beschreibung: Strauch, seltener Baum, der im Aussehen dem Schwarzen Holunder *(Sambúcus nígra* L.) gleicht. Die kleinen gelblich-weißen Blüten stehen in eiförmigen, dicht behaarten Rispen. Blütezeit: April/Mai. Die Frucht ist eine vielsamige, scharlachrote Beere mit gelbem Fruchtfleisch.

Vorkommen: In Nordasien, Nordamerika und Europa verbreitet in Bergwäldern, selten in der Ebene.

Verwendete Teile: Die reifen, im Herbst gesammelten und getrockneten Beeren; die Samen; die Wurzel.

Inhaltsstoffe: Fettes Öl, Vitamin C.

Wirkung und Anwendung: Das aus den Samen gepreßte Öl wirkt brechenerregend und abführend. Abkochungen der Wurzel sollen wasser- und schweißtreibend wirken. In der Heilkunde wird Traubenholunder nicht verwendet. Im Hause wird eine Abkochung von den Beeren als Brech- und Abführmittel getrunken. Die Beeren können nach Entfernen der Samen zu einem wohlschmeckenden Mus eingekocht werden. Es ist ein vorzügliches Vitamin-C-Träger.

Uzara

(Asclépias, Schwalbenwurzgewächse)

Beschreibung: Verschiedene *Asclépias*-Arten mit kräftigem Wurzelstock und Wurzeln mit eigenartig bitterem Geschmack.

Vorkommen: Im afrikanischen Seengebiet.

Verwendete Teile: Der Wurzelstock mit den Wurzeln.

Inhaltsstoffe: Verschiedene Glykoside und Bitterstoffe.

Wirkung und Anwendung: Uzara wirkt krampflösend. Bis vor 50 Jahren war die Wurzel ein Geheimmittel afrikanischer Medizinmänner. Wegen ihrer krampflösenden und beruhigenden Wirkung auf den Magen- und Darmkanal wird sie in der Heilkunde in Tropfen-, Tabletten- oder Zäpfchenform bei krampfhaften Durchfällen und schmerzhafter Menstruation verordnet. Im Gegensatz zu Opium beeinträchtigt Uzara nicht die Darmfunktion.

Vogelbeere, Eberesche

(Sórbus aucupária L., Rosengewächse)

Beschreibung: Strauch oder Baum, bis zu 12 m hoch, mit filzig-behaarten Blattknospen und wechselständigen Blättern mit länglich-lanzettlichen, scharf gezähnten Fiederblättchen. Die kleinen weißen, unangenehm riechenden Blüten stehen in reichen Doldenrispen. Blütezeit: Mai/Juni. Die erbsengroßen Beerenfrüchte werden mit der Reife scharlachrot, ihr Geschmack ist herb, bitter.

Vorkommen: In Asien und Europa weit verbreitet in Gebüschen und an Waldrändern; oft an Straßenrändern angepflanzt.

Verwendete Teile: Die Blüten; die reifen Beeren frisch oder getrocknet.

Inhaltsstoffe: In den Beeren Sorbinsäure, Äpfelsäure, Zucker, Sorbit, reichlich Vitamin C, Gerbstoff.

Wirkung und Anwendung: Vogelbeeren wirken mild wassertreibend und leicht abführend. Der frische Preßsaft, der Teeaufguß und das Beerenmus werden im Haus als menstruations- und wassertreibendes, abführendes Mittel gebraucht. Ferner bei Katarrhen und Rheumatismus und zur Unterstützung bei der Behandlung von Nierenkrankheiten. Die Blüten werden zu blutreinigenden Hausteemischungen verwendet.

Vogelmiere

(Stellária média [L.] Vill., Nelkengewächse)

Beschreibung: Ein- bis zweijähriges, rasenbildendes, bis 40 cm hohes Kraut mit spindelförmiger Wurzel. Die dünnen Stengel sind häufig niederliegend, einreihig behaart, an den unteren Gelenken wurzelbildend. Die Blätter sind eiförmig, die unteren langgestielt, die oberen sitzend, ganzrandig. In lockeren Trugdolden stehen die fünfzähligen weißen Blüten, ihre Staubbeutel sind rotviolett oder dunkelrot. Blütezeit während des ganzen Jahres, außer in der Frostperiode.

Vorkommen: In Nordamerika und Europa weit verbreitet auf Ödland, Schutt, in Gärten als lästiges Unkraut.

Verwendete Teile: Die ganze blühende Pflanze.

Inhaltsstoffe: Saponin, Mineralsalze.

Wirkung und Anwendung: Vogelmiere wirkt wassertreibend und wundheilend. In der Homöopathie wird die aus der ganzen Pflanze bereitete Essenz unter der Bezeichnung Alsine media innerlich bei Rheumatismus, Gelenkleiden und Gicht verordnet, die Tinktur äußerlich zu Einreibungen bei den gleichen Beschwerden. Im Hause ist der Teeaufguß (1 Teelöffel von der zerkleinerten Pflanze auf eine Tasse Aufguß) bei Wassersucht sehr wirksam. Früher wurde er auch bei Schwindsucht getrunken. Das frische, zerquetschte Kraut, auf Wunden gelegt, soll eine gute Heilwirkung haben.

Wasserfenchel, Roßkümmel
(*Oenánthe aquática* [L.] Poir., Doldenblütler)

Beschreibung: Ein- bis zweijährige, bis 150 cm hohe Pflanze mit möhrenförmigem, schwammigem Wurzelstock. Der aufrechte Stengel ist hohl, gerillt, stark verästelt. Die lebhaft grünen Blätter sind gestielt, zwei- bis fünffach fiederschnittig, die untergetauchten Wasserblätter sind in schmale Zipfel geschnitten. In flachen, kurzgestielten Dolden stehen die unscheinbaren, weißen Blüten. Blütezeit: Juli/August. Die kleinen braunen Früchte riechen und schmecken gewürzhaft, unangenehm.

Vorkommen: In seichten Gewässern, Sümpfen, auf schlammigem Untergrund weit verbreitet.

Verwendete Teile: Die reifen, getrockneten Früchte.

Inhaltsstoffe: In den Früchten ätherisches Öl mit β-Phellandren, Phellandral und Crypton; fettes Öl, Wachs, Gummi.

Wirkung und Anwendung: Die Früchte wirken schleimlösend, wasser-, schweiß- und blähungstreibend. In der Homöopathie wird die aus den Früchten bereitete Tinktur bei Bronchitis, Verdauungsstörungen und Blasenbeschwerden verordnet, häufiger jedoch die Essenz aus den Wurzeln der Rebendolde *Oenánthe crocáta* L., bei beginnender Epilepsie. Im Hause wird eine Abkochung von den zerquetschten Früchten bei Husten, Bronchialkatarrhen, Lungenentzündung und Verdauungsstörungen getrunken.

Wasserhanf, Wasserdost, Kunigundenkraut, Leberkraut
(*Eupatórium cannábinum* L., Korbblütler)

Beschreibung: Ausdauernde, bis 1,5 m hohe Pflanze mit aufrechtem, krautigem, meist oben verästeltem Stengel. Er ist rauhhaarig, meist rot überlaufen. Die gegenständigen, oberseits dunkelgrünen, unterseits graugrünen Blätter sind kurzgestielt, oben fast sitzend, drei- bis fünffach gelappt. In dichten Trugdolden stehen die rötlichen Blütenkörbchen. Blütezeit: Juli bis Oktober. Geruch angenehm gewürzhaft, Geschmack würzig, bitter, etwas scharf.

Vorkommen: In Europa und Asien verbeitet auf feuchten Wiesen, in feuchten Gebüschen, an Böschungen und Ufern.

Verwendete Teile: Das blühende Kraut, frisch oder getrocknet.

Inhaltsstoffe: Ätherisches Öl, Harz, Gerbstoff, Inulin.

Wirkung und Anwendung: Wasserhanf wirkt entwässernd, leber- und galleanregend. In der Homöopathie wird die Essenz aus dem frischen Kraut bei Erkrankungen von Galle, Leber und Milz und bei Wasserstauungen, häufiger aber *Eupatórium perfoliátum* L., der stengelumfassende Wasserhanf, bei Grippe verordnet. Im Hause wird ein Teeaufguß (2 Teelöffel auf 1 Tasse Wasser) als wassertreibendes Mittel bei Leber- und Gallebeschwerden und gegen Wassersucht verwendet. Wasserhanf ist ein Bestandteil von stoffwechselanregenden, abführenden Teemischungen.

Weiderich, Blutweiderich
(Lýthrum salicária L., Weiderichgewächse)

Beschreibung: Ausdauernde, krautige, bis 150 cm hohe Pflanze mit kantigem Stengel. Die sitzenden Blätter sind eiförmig bis lanzettlich. Die unteren sind gegenständig oder stehen in dreizähligen Quirlen, die oberen sind wechselständig. In langen Ähren stehen die dunkel- bis hellroten Blüten. Blütezeit: Juli bis September.

Vorkommen: In Nordamerika und Europa weit verbreitet auf feuchten Wiesen, an Bächen, auf Riedwiesen und Flachmooren.

Verwendete Teile: Das blühende frische oder getrocknete Kraut.

Inhaltsstoffe: Glykosid Salicarin, Gerbstoffe, Pectin, Invertzucker, Schleim, wenig ätherisches Öl, Phytosterin.

Wirkung und Anwendung: Weiderich wirkt zusammenziehend und blutstillend. In der Homöopathie wird die Essenz aus dem frischen Kraut bei Durchfällen und Ruhr verordnet. Der Teeaufguß (1 Teelöffel frisches oder getrocknetes Kraut auf 1 Tasse Wasser) wird im Hause bei inneren Blutungen und besonders bei Durchfällen getrunken. Das frische, zerquetschte Kraut wirkt als Auflage auf Wunden heilend und blutstillend.

Weihrauch (Olibanum)

Weihrauch stammt von den im Somaliland und Südarabien vorkommenden *Boswéllia*-Arten *(Boswéllia carteri* Birdwood, *Boswéllia dajiána* Birdwood, Balsamgewächse), und anderen Varietäten ab. Die kleinen, gedrungenen Bäume werden in sogenannten Weihrauchgärten kultiviert, kommen aber auch wildwachsend vor. Die Rinde wird angeschnitten, der heraustretende, an der Luft zu gelblichweißen bis rötlichgelben, leicht pulverisierbaren Körnern erstarrte Balsam bildet die Droge. Ihr Geruch ist balsamisch, der Geschmack bitter. Beim Erhitzen auf glühender Holzkohle entsteht der charakteristische, angenehme Geruch.

Anwendung: In der pharmazeutischen Industrie dient Weihrauch zur Herstellung von Salben und Pflastern gegen Hexenschuß. Weitere Verwendung findet er hauptsächlich als kirchliches Räuchermittel und in der Parfümerie.

Wiesenknöterich, Schlangenwurz
(Polýgonum bistórta L., Knöterichgewächse)

Beschreibung: Ausdauerndes, bis 1 m hohes Kraut mit fingerdicker, schlangenförmig gekrümmter Wurzel, aus der sich langgestielte, zungenförmige Grundblätter entwickeln. Der Stengel ist einfach, die Blätter sind kurzgestielt oder sitzend, eiförmig, mit stengelumfassender Scheide. Die kleinen rosafarbenen Blüten stehen in einer walzenförmigen Scheinähre am Stengelende. Blütezeit: Juni bis August. Die Frucht ist ein einsamiges Nüßchen.

Vorkommen: In Asien und Europa auf feuchten Wiesen.

Verwendete Teile: Das blühende getrocknete Kraut; die Wurzel.

Inhaltsstoffe: Gerbstoffe, Tannin, Gallussäure, viel Stärke, Eiweiß.

Wirkung und Anwendung: Wiesenknöterich wirkt zusammenziehend und blutstillend. Im Hause wird der Teeaufguß von Kraut oder Wurzel innerlich bei Durchfällen und Darmblutungen, äußerlich zum Gurgeln bei Zahnfleischblutungen und Entzündungen der Mundschleimhaut und zu Umschlägen auf Geschwüre und Verbrennungen verwendet.

Wiesenschaumkraut
(Cardámine praténsis L., Kreuzblütler)

Beschreibung: Ausdauernde, 20 bis 30 cm hohe Pflanze mit grundständiger Rosette aus langgestielten, 3- bis 14zählig gefiederten Blättern. Die aufrechten, meist kahlen, bereiften Stengel sind hohl und tragen kurzgestielte, fiederschnittige Blätter. Die langgestielten, blaßlila Blüten mit dunkleren Nerven stehen in dichten Trugdolden. Blütezeit: April bis Juni.

Vorkommen: Auf feuchten, sauren Wiesen, an Bachufern, in Auwäldern.

Verwendete Teile: Das frische, blühende Kraut.

Inhaltsstoffe: Ein Senfölglykosid, Vitamin C.

Wirkung und Anwendung: Wiesenschaumkraut wirkt krampflösend und wassertreibend. In der Homöopathie nur vereinzelt verordnet. Als Hausmittel wird der Saft der Pflanze oder ein Teeaufguß (1 Teelöffel auf 1 Tasse Wasser) bei Skorbut, chronischen Hautkrankheiten, Krämpfen (auch hysterischer Natur) und Wassersucht, zuweilen auch zur Unterstützung bei der Behandlung von Zuckerkrankheiten verwendet.

Winde, Acker-
(Convólvulus arvénsis L., Windengewächse)

Beschreibung: Ausdauerndes Unkraut, bis 1m lang, mit kriechendem, verzweigtem Wurzelstock. Die schwachen, linkswindenden Stengel liegen am Boden oder ranken sich an anderen Pflanzen empor. Die mattgrünen, gestielten Blätter sind länglich-lanzettlich, am Grunde herzförmig. Die wohlriechenden, trichterförmigen Blüten, weiß oder rosafarben, außen rotgestreift, stehen auf langen Stielen einzeln oder bis zu dreien in den Blattachseln. Gegen Abend schließen sie sich, bei Regen bleiben sie geschlossen.

Vorkommen: Sehr verbreitet auf sandigen Äckern, Schuttplätzen, an Straßendämmen, in Gärten. In höheren Lagen nur verstreut anzutreffen.

Verwendete Teile: Das blühende Kraut, frisch oder getrocknet.

Inhaltsstoffe: Ein Harzglykosid, Harz, Gerbstoffe.

Wirkung und Anwendung: Ackerwinde wirkt mild abführend und wassertreibend. In der Allopathie und Homöopathie (hier die Essenz aus der frischen, blühenden Pflanze) als Abführmittel und bei Fieber verordnet. Im Hause wird ein Teeaufguß (1 Teelöffel auf 1 Tasse Wasser) als Abführ- und Fiebermittel und bei Gebärmutterblutungen getrunken. Ackerwinde ist ein Bestandteil verschiedener Hausteemischungen.

Die **Strandwinde** *(Convólvulus soldanélla* L.) kommt auf den Nordseeinseln verstreut vor. Sie enthält ebenfalls ein Herzglykosid. Im Hause wird der Teeaufguß als Abführmittel gebraucht.

Winde, Zaun-
(Calystégia sépium [L.] R. Br.)

Beschreibung: Krautige Pflanze mit bis zu 3 m langen, kletternden Stengeln und langgestielten, trichterförmigen weißen Blüten, die im Gegensatz zur Ackerwinde nachts geöffnet bleiben. Blütezeit: Juli bis Oktober.

Vorkommen: An Hecken, Zäunen, Ufergebüschen verbreitetes Unkraut.

Inhaltsstoffe: Gummiartige, harzige Stoffe mit dem Glykosid Jalapin, Gerbstoff.

Wirkung und Anwendung: Zaunwinde wirkt stärker abführend als Ackerwinde. In der Allopathie und Homöopathie wird sie als Abführmittel verordnet. Im Hause wird der Teeaufguß bei Fieber und zum Abführen getrunken. Zaunwinde wird gern zu verschiedenen Teemischungen genommen.

Wintergrün, Doldenblütiges
(Chimáphila umbelláta [L.] Nutt.,
Wintergrüngewächse)

Beschreibung: Ausdauernder, bis 30 cm hoher Halbstrauch mit kriechendem, weißem Wurzelstock und aufrechtem, kantigem, holzigem Stengel. Die immergrünen, lederigen Blätter sind eiförmig bis lineal, tief gesägt. Die roten, nickenden Blüten stehen in zwei- bis siebenblütigen Dolden. Blütezeit: Juni bis August.

Vorkommen: In Asien, Nordamerika und Europa zerstreut in trockenen Wäldern.

Verwendete Teile: Die frische oder getrocknete blühende Pflanze.

Inhaltsstoffe: Glykoside, darunter Arbutin, Bitterstoffe, Gerbstoff.

Wirkung und Anwendung: Wintergrün wirkt wassertreibend und desinfizierend. In der Homöopathie wird die aus der frischen Pflanze bereitete Essenz bei akuten und chronischen Entzündungen der Harnwege verordnet. Im Hause wird der Teeaufguß (1 Teelöffel auf 1 Tasse Wasser) bei Blasenkatarrhen, Wassersucht und Skrofulose getrunken. Die Verwendung bei Rheumatismus und Gicht beruht auf einer Verwechslung mit der hier heilsamen *Gaulthéria procúmbens* L. (Heidekrautgewächse), dem „Amerikanischen Wintergrün" (heimisch in Nordamerika und Kanada). Aus den Blättern wird in Amerika anstelle von chinesischem Tee ein anregendes, blähungstreibendes Mittel und das „Wintergrünöl" gewonnen. Kosmetika und Genußmitteln verleiht das Öl besondere Geruchs- und Geschmacksnoten.

Wolfstrappkraut
(Leonótis leonúrus [L.] R. Br., Lippenblütler)

Beschreibung: Ausdauernde, bis 50 cm hohe Pflanze mit kantigen, weißfilzig behaarten Stengeln. Die handförmig geteilten, im Umriß rundlichen Blätter sind bis zu 6 cm lang, oberseits dunkelgrün, kurzbehaart, unterseits weißbefilzt. Die Außenseite der gelben Blüten ist wollig behaart. Wolfstrappkraut hat einen bitteren Geschmack, sein Geruch ist nur leicht spürbar.

Vorkommen: In Sibirien und Mittelasien heimisch; in Europa als Zierpflanze kultiviert.

Verwendete Teile: Das blühende Kraut.

Inhaltsstoffe: Bitterstoff, ätherisches Öl, Gerbstoff.

Wirkung und Anwendung: Wolfstrappkraut wirkt stark wassertreibend. Der Teeaufguß (1 Teelöffel auf 1 Tasse Aufguß) wird im Hause bei Rheumatismus, Gicht und Wassersucht getrunken.

Zaunrübe, Rotbeerige, Gichtrübe
(Bryónia dioíca Jacq., Kürbisgewächse)

Beschreibung: Ausdauernde, bis 3 m hohe, zweihäusige Schlingpflanze mit rübenförmiger, starker Wurzel. Die dünnen, rankenden Stengel tragen efeuähnliche, hellgrüne Blätter. Kleine weißgelbe Blüten stehen in rispenartigen Dolden in den Blattachseln. Die kirschroten Beerenfrüchte sind giftig. Blütezeit: Juni/Juli.

Vorkommen: In Asien und Europa an Hecken und Zäunen, an Uferböschungen.

Verwendete Teile: Die frische oder getrocknete Wurzel.

Inhaltsstoffe: In der Wurzel Glykoside, Gerbstoffe, Harz, wenig ätherisches Öl.

Wirkung und Anwendung: Zaunrübe wirkt abführend, wassertreibend und menstruationsfördernd. In der Allopathie wurde sie als Abführmittel, gegen Gicht und Arthritis verordnet. In der Homöopathie dient die aus der frischen(!) Wurzel bereitete Essenz zur Behandlung von fieberhaften Katarrhen, Rheumatismus, Magen-Darm-Entzündungen, Bronchitis und Keuchhusten, Schleimhautentzündungen. Eine Abkochung von 1/2 Teelöffel auf 1/2 Liter Wasser ist ein Hausmittel zum Abführen, zum Wassertreiben bei Gicht und zur Regulierung der Menstruation. Eine Überdosierung führt starkes Erbrechen, blutigen Durchfall und Atemlähmung herbei.

Die **Weiße Zaunrübe** *(Bryónia álba* L.) ist eine der Rotbeerigen Zaunrübe ähnliche, aber einhäusige Art mit schwarzen Beerenfrüchten. Inhaltsstoffe, Wirkung und Anwendung sind die gleichen wie bei *Bryónia dioíca.*

Zimizifuga, Wanzenkraut
(Cimicífuga racemósa [L.] Nutt., Hahnenfußgewächse)

Beschreibung: Ausdauernde, bis 1 m hohe, krautige Pflanze mit kräftigem Wurzelstock und dünnen, leicht abbrechenden Wurzeln. Die starken Stengel sind aufrecht, verzweigt. Die großen Blätter sind 2–3fach gefiedert, mit spitzen, doppelt gesägten Fiederblättchen. In langen, schmalen, oft überhängenden Trauben stehen die grünlich-weißen, kurzgestielten Blüten. Blütezeit: Juni bis August. Die ganze Pflanze ist giftig, riecht unangenehm.

Vorkommen: Heimisch in Nordamerika und Asien; in Europa vereinzelt als Heilpflanze angebaut, kommt auch verwildert an warmen, moorigen Standorten, in lichten Schonungen und unter Gebüsch vor.

Verwendete Teile: Der frische oder getrocknete Wurzelstock mit den Wurzeln.

Inhaltsstoffe: Alkaloide, Fettsäuren.

Anwendung: In der Homöopathie wird der Extrakt aus dem frischen Wurzelstock bei neuralgischen Beschwerden, Gicht, Ischias, Hexenschuß, Asthma, bei schmerzhafter Menstruation und sonstigen Frauenschmerzen verordnet. Im Hause wird nur selten die Abkochung aus dem getrockneten Wurzelstock bei den gleichen Beschwerden verwendet. Dies darf wegen der hohen Giftigkeit von Zimizifuga nur unter ärztlicher Aufsicht geschehen.

Zimt, Ceylonzimt, Echter Kaneel
(Cinnamómum zeylánicum Bl., Lorbeergewächse)

Die bei uns bevorzugt in den Handel kommende, ganze oder pulverisierte Zimtrinde stammt von dem in Ceylon heimischen und dort in terrassenförmig angelegten Gärten kultivierten Zimtbaum. Die Droge besteht aus der von der Außenrinde befreiten Stamm- und Zweigrinde junger Triebe. Ihr Geruch ist würzig, eigenartig, der Geschmack ist würzig, brennend.

Inhaltsstoffe: Ätherisches Öl, Gerbstoff, Schleim, Stärke.

Wirkung und Anwendung: Zimt wirkt appetitanregend und leicht beruhigend. Verwendet wird er in der Küche, zu pharmazeutischen Präparaten, hauptsächlich als Geschmackskorrigens, und zur Gewinnung des Zimtöls, das bei der Herstellung von Likören und in der kosmetischen Industrie zur Erzielung besonderer Duftnoten gebraucht wird. Als Hausmittel soll heißer Rotwein, in dem man Zimt ziehen läßt, eine menstruationsfördernde und leicht stopfende Wirkung haben.

Die von dem **Chinesischen Zimtbaum,** Zimtkassie *(Cinnamómum aromáticum* Nees) stammende Droge wird bei uns weniger, aber auch in gleicher Weise gebraucht. Zimt ist eines der ältesten chinesischen Gewürze.

Zitwer
(Artemísia cína O. G. Berg et G. F. Schmidt, Korbblütler)

Beschreibung: Bis zu 50 cm hoher Halbstrauch mit doppelt fiederschnittigen Blättern. Die kleinen Blüten stehen in rispenartig verzweigten Blütenständen. Der Geruch der Blüten ist eigenartig würzig, der Geschmack widerlich bitter.

Vorkommen: In den nördlichen Steppen von Turkestan, auch in Persien.

Verwendete Teile: Die getrockneten, noch geschlossenen Blütenköpfchen.

Inhaltsstoffe: Hauptwirkstoff Santonin, ein Bitterstoff Artemisin, harzartige Stoffe, Fett, Gummi, Schleim, Pektinstoffe.

Wirkung und Anwendung: Die Blüten des Zitwers sind ein sicheres Mittel gegen Spulwürmer, ihre Anwendung bei Peitschen- und Madenwürmern ist unsicher. Nach der Anwendung von Zitwerblüten muß ein Abführmittel gegeben werden. Eine Zitwer- oder Santonin-Kur darf nur unter ärztlicher Aufsicht gemacht werden, da bei Überdosierung Sehstörungen, Erregung des zentralen Nervensystem, Krämpfe und Tod durch Kollaps eintreten können. In der Homöopathie wird Cina bei Wurmkrankheiten, Reizzuständen des Magen-Darm-Kanals und Krämpfen, besonders bei Kindern, verordnet.

Zubereitung der Drogen

Die Wirksamkeit der einzelnen Pflanzen hängt in großem Maße von der fachgerechten Zubereitung ab.

Drogen die als Hauptwirkstoff ätherisches Öl enthalten, wie z. B. Kamille und Pfefferminze, dürfen nicht gekocht werden, da sich das Öl verflüchtigt und die Wirksamkeit dadurch verringert würde.

Folgende Richtlinien gelten für die Teezubereitung: Drogen, in denen sich schwerlösliche Bestandteile befinden wie im Schachtelhalm oder in der Eichenrinde, müssen längere Zeit gekocht werden, damit der Wirkstoff völlig herausgelöst wird.

Blüten, Blätter und Krautdrogen werden in vorgewärmten Gefäßen mit kochendem Wasser übergssen, 15—20 Min. zugedeckt stehen gelassen und durchgeseiht. Von den meisten Drogen werden 1—2 gestrichene Eßlöffel auf 2—3 Tassen genommen.

Wurzel-, Rinden- und Holzdrogen schneidet man möglichst klein, setzt sie mit kaltem Wasser an und läßt sie ca. 30 Min. kochen. Man rechnet ungefähr 1 Eßlöffel Droge auf eine Tasse Wasser.

Von einigen Drogen wie Leinsamen, Eibischwurzel, Mistel und Baldrian wird ein kalter Auszug bereitet. Man übergießt 1 Eßlöffel Droge mit einer Tasse kaltem Wasser, läßt unter gelegentlichem Umrühren 1 Stunde stehen und seiht dann ab.

Oft ist eine kombinierte Zubereitung am wirksamsten. Dabei wird die Droge zuerst mit kaltem Wasser übergossen und 1 Stunde stehengelassen. Ab und zu wird die Flüssigkeit umgerührt. Darauf wird der kalte Auszug durchgeseiht und beiseite gestellt. Die zurückgebliebene Droge wird nun mit kochendem Wasser überbrüht. Nach 15—20 Min. seiht man den Aufguß durch und gießt ihn mit dem kalten Auszug zusammen. Bei dieser Art Zubereitung zieht man Wirkstoffe heraus, die entweder nur im kalten oder nur im heißen Wasser löslich sind.

Früchte, die ätherisches Öl enthalten, wie Fenchel, Kümmel, Dill, Petersilie, Wacholderbeeren, sollten vor dem Teeaufguß etwas zerquetscht oder zerstoßen werden. So kann das ätherische Öl leichter herausgezogen werden.

Am besten ist es, den Tee immer frisch zu bereiten oder höchstens die für einen Tag benötigte Menge.

Sehr viele Tees sind wirksamer, wenn man sie auf nüchternen Magen trinkt. Sie werden dann schneller aufgenommen. Einige, die als schweißtreibende Mittel gebraucht werden, sollten immer sehr heiß getrunken werden.

Für Umschläge, Spülungen und Bäder macht man sehr starke Aufgüsse. Zu trockenen Auflagen werden kleine, mit Kräutern gefüllte Kissen über Dampf erhitzt. Sie können mehrmals verwendet werden.

Haustee und einige gebräuchliche Mischungen

Viele von unseren Heilpflanzen eignen sich, richtig aufbereitet und ausgewählt, für eine vorzügliche Teezubereitung.

Als Hausmittel sind seit Generationen Arten bekannt, die zur Unterstützung bei der Behandlung von Krankheiten, zur Behebung von Unpäßlichkeit oder anstelle von Schwarztee getrunken werden.

Altbekannt sind Holunder- und Lindenblütentee als schweißtreibendes Mittel bei Erkältungskrankheiten und grippösen Infekten. Salbeitee eignet sich zum Gurgeln bei Mundschleimhaut- und Rachenentzündungen. Pfefferminz- und Wermuttee regen den Appetit an, Kamillen- und Fencheltee wirken lindernd und krampflösend bei Beschwerden des Magens und der Verdauungsorgane. Der kalte Auszug aus Bärentraubenblättern unterstützt die Behandlung von Blasenleiden. Bei nervöser Unruhe ist ein Teeaufguß von Rosmarinblättern sehr wirksam. Wegen seines hohen Vitamingehalts und seiner erfrischenden Wirkung wird Hagebuttentee, gesüßt mit Honig, gern getrunken.

Anstelle von Schwarzem Tee nehmen wir am besten schwach gerbstoffhaltige Drogen wegen ihres herben Geschmacks. Hierzu sind Brombeer-, Himbeer- und Erdbeerblätter sowie Frauenmantel geeignet.

Über Sammlung, Trocknung und Aufbewahrung dieser im Hause oft gebrauchten Drogen wurde in einem der vorausgegangenen Kapitel ausführlich berichtet.

Oft wird der Tee auch aus einer Mischung von verschiedenen Pflanzen bereitet, die durch ihre Gesamtwirkung auf bestimmte Organe eine günstige Wirkung ausüben, dazu aber auch möglichst geschmacklich aufeinander abgestimmt sein sollten.

Im folgenden seien einige Teemischungen genannt, die entweder im Handel bezogen oder im Hause selbst bereitet werden können.

Kräuterwein gegen Appetitlosigkeit

Kalmus	Süßholz, zerkleinert
Pfefferminze	Tausendgüldenkraut
Wermut	Kümmel
Engelwurz	

Soviel von jedem, als man mit 3 Fingern fassen kann, in eine 2-Liter-Flasche geben, mit 1/4 Liter Wacholderbranntwein (Gin oder Steinhäger) übergießen und so 3 Tage verschlossen stehen lassen. Dann 2 Flaschen zu 0,7 Liter süßen (!) Dessertwein (Samos, Malaga o. ä.) hinzugießen und unter gelegentlichem Umschütteln eine Woche lang im Dunkeln verschlossen stehen lassen. Danach abgießen, wenn möglich den Rückstand auspressen und den Auszug insgesamt klar filtrieren. Wenn die Filtration nicht blank gelingt, stellt man die Flasche für ein paar Wochen in den Keller, dann setzt sich die Trübung von allein ab, und man kann den fertigen Kräuterwein abgießen. Man trinkt davon 20 Minuten vor jeder Hauptmahlzeit ein Likörglas voll, gut gekühlt.

Beruhigungstee 5 Teile Baldrianwurzel (zerkleinert)
7 Teile Rosmarinblätter

Einen Eßlöffel voll mit einer mittleren Tasse kochendem Wasser überbrühen, bis zu 10 Min. ziehen lassen, mehrmals täglich 1 Tasse trinken.

Blähungtreibender Tee

Anis
Fenchel
Kümmel
Engelwurz
Liebstöckel

Alles zerstoßen, gleiche Teile mischen. Einen Eßlöffel voll mit 1 Tasse kochendem Wasser aufbrühen, 5 Min. bedeckt ziehen lassen.

Blasen- und Nieren-Tee

5 Teile Bärentraubenblättter	2 Teile Queckenwurzel
3 Teile Birkenblätter	2 Teile Hauhechelwurzel
3 Teile Bruchkraut	2 Teile Pfefferminze
3 Teile Schachtelhalm	1 Teil Ringelblume

3 Eßlöffel der Mischung mit einem halben Liter kaltem Wasser übergießen und 2 Stunden stehen lassen. Abgießen und dann die Kräuter mit einem halben Liter kochendem Wasser übergießen und 5 Minuten zugedeckt schwach kochen lassen, zuletzt abseihen. Den kalten und den heißen Auszug zusammengießen, nach Belieben süßen und diese Mischung in möglichst großen Mengen trinken, mehrere Liter über den Tag verteilt.

Blutreinigungstee, Mischung 1:

Zu gleichen Teilen:

Brombeerblätter
Schafgarbe (Kraut)
Stiefmütterchen (Kraut)
Nußblätter
Erdbeerblätter
Brennesselkraut
Tausendgüldenkraut

Von dieser Mischung 1 Eßlöffel mit einer großen Tasse kochendem Wasser übergießen, 10 Min. ziehen lassen, täglich ungefähr 2 Tassen davon trinken.

Blutreinigungstee, Mischung 2:

1 Teil Bockshornklee	2 Teile Hauhechel
1 Teil Schafgarbe (Kraut)	2 Teile Holunderblüten
1 Teil Faulbaumrinde	1 Teil Taubnessel

Von dieser Mischung 1 Eßlöffel mit einer Tasse kochendem Wasser überbrühen, 10—15 Min. ziehen lassen, 3 mal täglich 1 Tasse auf nüchternen Magen trinken.

Tee zur Entwässerung

2 Teile Brennesselblätter	1 Teil Spitzwegerich
1 Teil Sauerampferblätter	1 Teil Tausendgüldenkraut

Einen Eßlöffel dieser Mischung mit einer mittleren Tasse kochendem Wasser übergießen, 10 Min. ziehen lassen, 2 mal täglich 1 Tasse trinken.

Erfrischungstee

Mischung 1:	4 Teile Brombeerblätter	1 Teil Pfefferminzblätter
	2 Teile Himbeerblätter	1 Teil Lindenblüten
	2 Teile Erdbeerblätter	
Mischung 2:	1 Teil Gartenthymian	1 Teil Pfefferminze
	1 Teil Lindenblüten	

Von diesen Mischungen 1 Eßlöffel mit 1 Tasse kochendem Wasser überbrühen, einige Minuten ziehen lassen.

Frauentee gegen Menstruationsbeschwerden

5 Teile Frauenmantel	1 Teil Lavendelblüten
5 Teile Kamille	1 Teil Klatschmohnblüten
5 Teile Gänsefingerkraut	1 Teil Melisse
3 Teile Hirtentäschel	

1 Teelöffel der Mischung mit 1 Tasse kochendem Wasser aufbrühen, 5 Minuten bedeckt ziehen lassen, abseihen und gut warm schluckweise trinken. Wohltuend wirkt auch, wenn der fertige Teeaufguß mit der gleichen Menge frisch aufgebrühtem Schwarzem Tee vermischt getrunken wird.

Galle- und Lebertee

1 Teil Wermut	1 Teil Faulbaumrinde
1 Teil Pfefferminze	1 Teil Engelwurz
2 Teile Kalmus	1 Teil Fenchel, zerstoßen
3 Teile Mariendistel	3 Teile Schöllkraut

1 Eßlöffel voll der Mischung mit 1 Tasse kochendem Wasser aufbrühen, bedeckt 10 Min. ziehen lassen, abseihen; täglich 2—3 Tassen trinken.

Tee bei Grippe und Erkältungen

2 Teelöffel Schafgarbenkraut mit einer Tasse kochendem Wasser übergießen, mit Honig süßen.

Tee zum Gurgeln bei Mundschleimhaut- und Halsentzündung

Salbeiblätter und Kamillenblüten zu gleichen Teilen, einen Eßlöffel davon mit einer Tasse kochendem Wasser überbrühen, bis zu 10 Min. ziehen lassen.

Herz- und Kreislauf-Tee

2 Teile Herzgespann	4 Teile Melisse
2 Teile Weißdornblüten	1 Teil Pfefferminze
3 Teile Besenginster	

2 Teelöffel der Mischung mit 1 Tasse kochendem Wasser aufbrühen, 5 Minuten bedeckt ziehen lassen. Diesen Tee 8 Wochen lang langsam trinken, täglich 2 bis 3 Tassen voll.

Husten-Tee	1 Teil Honigklee	2 Teile Süßholz
	6 Teile Thymian oder Quendel	2 Teile Lungenkraut
	2 Teile Fenchel oder Anis (zerstoßen)	2 Teile Huflattich
	2 Teile Eibischwurzel	2 Teile Spitzwegerich

3 Eßlöffel voll mit 2 Tassen Wasser kalt eine Stunde lang ausziehen, den Auszug abgießen. Die Kräuter mit weiteren 2 Tassen Wasser, dieses Mal kochend, übergießen, einmal aufwallen lassen und bedeckt 10 Minuten ziehen lassen. Den ersten und den zweiten Auszug zusammengießen und davon mehrmals täglich eine Tasse voll warm und mit Honig gesüßt trinken. Die Aufgüsse dürfen beim Aufwärmen nicht zum Kochen kommen. Abends zur letzten Tasse setzt man einen kräftigen Schuß Rum zu.

Tee gegen Magenkrämpfe und Magenschleimhautentzündung

1 Teil Melisse	1 Teil Anis
2 Teile Süßholz	1 Teil Huflattich
3 Teile Kamille	

1 Eßlöffel voll auf eine Tasse Wasser, siedend übergießen, 10 Min. bedeckt ziehen lassen, ungesüßt in kleinen Schlucken warm, aber nicht heiß trinken, am besten als einziges Getränk über den Tag hin.

Rheuma-Tee

Brennesselkraut	Birkenblätter
Weidenrinde	Zinnkraut

Gleiche Teile mischen, einen Eßlöffel voll mit 1 Tasse Wasser 2 Minuten lang kochen, dann 10 Min. ziehen lassen. 3 bis 4 Tassen täglich heiß trinken. Auf schmerzende Glieder lege man Heublumensäckchen: Heublumen werden in ein Leinensäckchen locker eingefüllt und mit kochend heißem Wasser gut feucht gemacht. Man legt die Säckchen so heiß auf wie verträglich; sie können wiederholt im Dampf erwärmt und verwendet werden. Nach dem Auflegen wickelt man die schmerzenden Glieder mitsamt dem Heublumensäckchen in eine Wolldecke ein.

Tee gegen nervöse Schlaflosigkeit

2 Teile Schlüsselblumen (Blüte)	2 Teile Kamillenblüten
1 Teil Baldrianwurzel (zerkleinert)	1 Teil Engelwurz (zerschnitten)
2 Teile Hopfen	

1 Eßlöffel dieser Mischung mit einer kleinen Tasse kochendem Wasser überbrühen, bis zu 10 Min. ziehen lassen, vor dem Schlafengehen 2 Tassen, mit Zucker gesüßt, trinken.

Schlankheitstee

12 Teile Lindenblüten	2 Teile Baldrianwurzel (zerkleinert)
8 Teile Schafgarbe (Kraut mit Blüten)	1 Teil Medizinalrhabarber (zerkleinert)
3 Teile Basilikum	

Von dieser Mischung 1/2 Eßlöffel mit einer kleinen Tasse kochendem Wasser überbrühen, bis zu 10 Min. ziehen lassen, abgießen. Mit etwas Zitronensaft oder Saccharin eine Stunde vor jeder Mahlzeit trinken.

Adern-Tee gegen Verkalkung

1 Teil Baldrian	2 Teile Melisse
1 Teil Kümmel, zerstoßen	2 Teile Weißdornblüten
1 Teil Raute	3 Teile Mistelkraut

2 Teelöffel der Mischung mit 1 Tasse Wasser von 40 Grad übergießen, 30 Minuten lang ziehen lassen, abpressen. Davon 3 mal täglich eine Tasse voll langsam trinken, jedes Jahr 2 bis 3 Monate lang. In der übrigen Zeit nehme man ein aus der Apotheke zu beziehendes gutes Knoblauchpräparat regelmäßig ein.

Gebräuchliche Teemischungen nach Arzneibüchern und Formelsammlungen

Im folgenden werden Vorschriften für Teemischungen (Species) aufgeführt, welche wegen ihrer Zusammensetzung oder Anwendung von Interesse sind. Sie entstammen teils den heute gültigen amtlichen Arzneibüchern (A), teils früheren Arzneibüchern oder sonstigen Formelsammlungen (B). Aus diesen Beispielen ist ersichtlich, in welcher Weise die bei uns angebauten oder aus dem Ausland erhältlichen Heilpflanzen als Tee verwendet werden können.

Als Merkwürdigkeit sei hier noch erwähnt, daß weder das englische noch das amerikanische Arzneibuch Teemischungen angibt.

In den Rezepten sind unter „Teilen" immer Gewichtsteile zu verstehen.

Die Abkürzungen bedeuten:

DAB. 6:	Deutsches Arzneibuch, 1. Ausgabe (1926)
ÖAB. 9:	Österreichisches Arzneibuch, 9. Ausgabe (1960)
Ph. Austr. VIII:	Pharmacopoea Austriaca VIII (1906)
Ph. Belg. IV:	Pharmacopée Belge 4 me Ed. (1931)
Ph. franc. 8:	Pharmacopée Française, 8 me Ed. (1965)
Ph. Helv. V:	Pharmacopoea Helvetica, 5. Ausgabe (1933)

A

Abführender Tee (Species laxantes), DAB. 6.

Mittelfein zerschn. Sennesblätter	(Folia Sennae)	32 Teile
Holunderblüten	(Flores Sambuci)	20 Teile
Zerquetschter Fenchel	(Fructus Foeniculi)	10 Teile
Zerquetschter Anis	(Fructus Anisi)	10 Teile
Kaliumtartrat	(Kalium tartaricum)	5 Teile
Weinsäure	(Acidum tartaricum)	3 Teile
Wasser	(Aqua destillata)	13 Teile

Fenchel und Anis werden mit der Lösung des Kaliumtartrats in 10 Teilen Wasser gleichmäßig durchtränkt und nach halbstündigem Stehen mit der Lösung der Weinsäure in 3 Teilen Wasser ebenso gleichmäßig durchfeuchtet, darauf getrocknet und mit den Holunderblüten und den Sennesblättern gemengt. (Dieser Tee, der auch *Saint-Germain-Tee* heißt, steht in fast allen Arzneibüchern in der gleichen, höchstens mengenmäßig etwas variierten Zusammensetzung.)

Beruhigender Tee (Species nervinae), DAB. 6

Grob zerschnittener Bitterklee	(Fol. Trifol. fibr.)	4 Teile
Grob zerschnittene Pfefferminzblätter	(Fol. Menth. pip.)	3 Teile
Grob zerschnittener Baldrian	(Radix Valerian.)	3 Teile

Beruhigender Tee (Species nervinae), Ph. Helv. V.

Pomeranzenblätter	(Folium Aurantii)	25 Teile
Pfefferminze	(Folium Menthae)	25 Teile
Bitterklee	(Folium Menyanthidis)	25 Teile
Baldrian	(Rhizoma Valerianae)	25 Teile

Bittere Kräuter (Species amarae), Ph. Helv. V.

Pomeranzenschalen	(Flavedo Aurantii amari)	20 Teile
Bitterklee	(Folium Menyanthidis)	20 Teile
Wermut	(Herba Absinthii)	20 Teile
Kardobenediktenkraut	(Herba Cardui benedicti)	20 Teile
Tausendgüldenkraut	(Herba Centaurii)	20 Teile

Bittere Kräuter (Species amaricantes), ÖAB. 9

Wermut	(Herb. Absinthii)	20 Teile
Tausendgüldenkraut	(Herb. Centaur.)	20 Teile
Pomeranzenschalen	(Peric. Aur.)	20 Teile
Bitterklee	(Fol. Trifol. fibr.)	10 Teile
Kalmuswurzel	(Rhiz. Calami)	10 Teile
Ceylonzimt	(Cort. Cinnamomi Ceyl.)	10 Teile
Enzianwurzel		

Blähungstee (Species carminativae), Ph. Helv. V.

Kamillen	(Flos Chamomillae)	30 Teile
Pfefferminze	(Folium Menthae)	30 Teile
Kardamomen	(Fructus Cardamomi excorticatus contusus)	10 Teile
Baldrian	(Rhizoma Valerianae)	20 Teile
Kalmuswurzel	(Rhizoma Calami)	10 Teile

Blasentee (Species anticystiticae), Ph. Helv. V.

Birkenblätter	(Folium Betulae)	20 Teile
Bärentraubenblätter	(Folium Uvae ursi)	20 Teile
Maisgriffel	(Stylus Maydis)	20 Teile
Süßholz	(Radix Liquiritiae)	20 Teile
Queckenwurzel	(Rhizoma Graminis)	20 Teile

Blutreinigungstee (Species depurativae), Ph. Helv. V.

Sassafrasrinde	(Cortex Sassafras)	5 Teile
Schlehdornblüte	(Flos Pruni spinosae)	5 Teile

Walnußblätter	(Folium Juglandis)	15 Teile
Sennesblätter	(Folium Sennae)	20 Teile
Fenchel	(Fructus Foeniculi contusus)	10 Teile
Stiefmütterchen	(Herba Violae tricoloris)	20 Teile
Guajakholz	(Lignum Guajaci)	5 Teile
Süßholz	(Radix Liquiritiae)	10 Teile
Sarsaparillwurzel	(Radix Sarsaparillae)	10 Teile

Brusttee (Species pectorales), DAB 6

Grob zerschnittene Eibischwurzel	(Radix Althaeae)	8 Teile
Grob zerschnittenes Süßholz	(Radix Liquiritiae)	3 Teile
Grob zerschnittene Veilchenwurzel	(Rhizoma Iridis)	1 Teil
Grob zerschnittene Huflattichblätter	(Folia Farfarae)	4 Teile
Grob zerschnittene Wollblumen	(Flores Verbasci)	2 Teile
Zerquetschter Anis	(Fructus Anisi contus.)	2 Teile

Brusttee (Species pectorales), Ph. Helv. V.

Huflattichblüten	(Flos Farfarae)	5 Teile
Wollblumen	(Flos Verbasci)	5 Teile
Malvenblüten	(Flos Malvae)	10 Teile
Klatschmohnblüten	(Flos Rhoeados)	10 Teile
Eibischblätter	(Folium Althaeae)	10 Teile
Huflattichblätter	(Folium Farfarae)	10 Teile
Thymianblätter	(Folium Thymi)	10 Teile
Sternanis	(Fructus Anisi stellati contusus)	5 Teile
Eibischwurzel	(Radix Althaeae)	10 Teile
Süßholz	(Radix Liquiritiae)	25 Teile

Brusttee (Espèces pectorales), Ph. franz. 8

Königskerzenblüten	(Fleurs de Bouillon blanc)	1 Teil
Klatschmohnblüten	(Fleurs de Coquelicot)	1 Teil
Eibischblüten	(Fleurs de Guimauve)	1 Teil
Malvenblüten	(Fleurs de Mauve)	1 Teil
Gnaphalienblüten	(Fleurs de Pied de chat)	1 Teil
Huflattichblüten	(Fleurs de Tussilage)	1 Teil
Veilchenblüten	(Fleurs de Violette)	1 Teil

Brusttee (Species pectorales), ÖAB. 9

Malvenblüten	(Flor. Malv. silv.)	10 Teile
Königskerzenblüten	(Flores Verbasci)	10 Teile
Anis (zerstoßen)	(Fructus Anisi)	5 Teile
Eibischwurzel	(Rad. Althaeae)	20 Teile
Süßholz	(Rad. Liquirit.)	25 Teile
Eibischblätter	(Fol. Althaeae)	10 Teile
Thymianblatt	(Fol. Thymi)	10 Teile
Huflattichblatt	(Fol. Farfarae)	10 Teile

Eibischtee (Species Althaeae), ÖAB. 9

Eibischblätter	(Fol. Althaeae)	55 Teile
Eibischwurzel	(Rad. Althaeae)	25 Teile
Süßholz	(Rad. Liquirit.)	15 Teile
Malvenblätter	(Fol. Malvae)	5 Teile

Erweichende Kräuter (Species emollientes)*, DAB. 6

Grob gepulverte Eibischblätter	(Fol. Althaeae)	1 Teil
Grob gepulverte Malvenblätter	(Fol. Malvae)	1 Teil
Grob gepulverter Steinklee	(Herb. Meliloti)	1 Teil
Grob gepulverte Kamillen	(Flor. Chamomill.)	1 Teil
Grob gepulverte Leinsamen	(Sem. Lini)	1 Teil

Erweichende Kräuter (Species emollientes) *, Ph. Helv. V.

Kamillen	(Flos Chamomillae)	20 Teile
Eibischblätter	(Folium Althaeae)	20 Teile
Malvenblätter	(Folium Malvae)	20 Teile
Leinsamen	(Semen Lini)	40 Teile

Gewürzhafte Kräuter (Species aromaticae), DAB. 6

Fein zerschnittene Pfefferminzblätter	(Fol. Menth. pip.)	2 Teile
Fein zerschnittener Quendel	(Herb. Thymi serp.)	2 Teile
Fein zerschnittener Thymian	(Herb. Thymi vulg.)	2 Teile
Fein zerschnittene Lavendelblüten	(Flor. Lavandul.)	2 Teile
Fein zerschnittene Gewürznelken	(Flor. Caryophylli)	1 Teil
Grob gepulverte Kubeben	(Fructus Cubeb.)	1 Teil

Gewürzhafte Kräuter (Species Aromaticae), Ph. Helv. V.

Gewürznelken	(Flos Caryophylli)	10 Teile
Lavendelblüten	(Flos Lavandulae)	10 Teile
Pfefferminzblätter	(Folium Menthae)	15 Teile
Salbeiblätter	(Folium Salviae)	10 Teile
Majorankraut	(Herba Majoranae)	15 Teile
Quendelkraut	(Herba Serpylli	10 Teile
Angelikawurzel	(Radix Angelicae)	10 Teile
Kalmuswurzel	(Rhizoma Calami)	10 Teile
Zitwerwurzel	(Rhizoma Zedoariae)	10 Teile

Harntreibender Tee (Species diureticae), DAB. 6

Grob zerschnittene Liebstöckelwurzel	(Rad. Levistici)	1 Teil
Grob zerschnittene Hauhechelwurzel	(Rad. Ononid.)	1 Teil
Grob zerschnittenes Süßholz	(Rad. Liquirit.)	1 Teil
Zerstoßene Wacholderbeeren	(Fruct. Junip.)	1 Teil

* Die erweichenden Kräuter werden in gepulverter Form gemischt und dienen zu Umschlägen.

Harntreibender Tee (Species diureticae), Ph. Helv. V.

Anis, zerstoßen	(Fruct. Anisi contusus)	5 Teile
Wacholderbeeren, zerstoßen	(Fructus Juniperi contusus)	20 Teile
Petersiliensamen, zerstoßen	(Fructus Petroselini contusus)	5 Teile
Stiefmütterchen	(Herba Violae tricoloris)	10 Teile
Liebstöckelwurzel	(Radix Levistici)	20 Teile
Süßholz	(Radix Liquiritiae)	20 Teile
Hauhechelwurzel	(Radix Ononidis)	20 Teile

Harntreibender Tee (Species diureticae), ÖAB. 9

Hauhechelwurzel	(Rad. Ononid.)	25 Teile
Liebstöckelwurzel	(Rad. Levistici)	25 Teile
Süßholz	(Rad. Liquirit.)	25 Teile
Wacholderbeeren	(Fruct. Junip.)	25 Teile

Holztee (Species Lignorum), DAB. 6

Grob zerschnittenes Guajakholz	(Lign. Guajaci)	5 Teile
Grob zerschnittene Hauhechelwurzel	(Rad. Ononidis)	3 Teile
Grob zerschnittenes Süßholz	(Rad. Liquirit.)	1 Teil
Grob zerschnittenes Sassafrasholz	(Lign. Sassafras)	1 Teil

Holztee (Species Lignorum), Ph. Helv. V.

Sternanis, zerstoßen	(Fructus Anisi stellati contusus)	2 Teile
Sassafrasrinde	(Cortex Sassafras)	25 Teile
Guajakholz	(Lignum Guajaci)	20 Teile
Süßholz	(Radix Liquiritae)	28 Teile
Sarsaparillwurzel	(Radix Sarsaparillae)	25 Teile

Kieselsäurehaltiger Tee (Species siliciferae), Ph. Helv. V.

Hohlzahn	(Herba Galeopsidis)	20 Teile
Schachtelhalm	(Herba Equiseti)	25 Teile
Vogelknöterich	(Herba Polygoni avicularis)	55 Teile

Maikurtee (Species majales), ÖAB. 9

Faulbaumrinde	(Cortex Frangulae)	45 Teile
Sennesblatt	(Fol. Sennae)	45 Teile
Blüte der Kleinen Kamille	(Flos Chamomill. vulg.)	3 Teile
Fenchel, zerstoßen	(Fruct. Foeniculi)	2 Teile
Magnesiumsulfat	(Magnesium sulfuricum)	5 Teile
Dest. Wasser	(Aqua destillata)	5 Teile

10 Teile Sennesblätter werden mit der Lösung des Magnesiumsulfats in dem warmen destillierten Wasser gleichmäßig durchfeuchtet. Nach dem Trocknen bei 30–40° C mischt man den Rest der Sennesblätter und die übrigen Bestandteile hinzu.

B

Abführender Tee (Species laxantes), Ph. Beld. IV

Sennesblätter	(Fol. Sennae)	60 Teile
Anis	(Fruct. Anisi)	10 Teile
Fenchel	(Fruct. Foenic.)	10 Teile
Süßholz	(Rad. Liquirit.)	20 Teile

Appetitanregender Tee (Species aperitivae), Formulae Normales

Sennesblätter	(Sennae folium)	10 Teile
Wermutkraut	(Absinthii herba)	20 Teile
Tausengüldenkraut	(Centaurii herba)	20 Teile
Andornkraut	(Marrubii herba)	20 Teile
Melissenblätter	(Melissae folium)	20 Teile
Eibischwurzel	(Althaeae radix)	30 Teile
Süßholzwurzel	(Liquiritiae radix)	30 Teile

Bittere Kräuter (Species amarae), Belg. IV.

Kardobenediktenkraut	(Herb. Cardui benedicti)	33,5 Teile
Wermut	(Herb. Artem. absinth.)	33,5 Teile
Tausendgüldenkraut	(Herb. Centaurii)	33 Teile

Blasentee (Species Uvae-ursi et Herniariae), Formulae Normales

Bärentraubenblätter	(Uvae-ursi folium)	25 Teile
Bruchkraut	(Herniariae herba)	50 Teile

Harntreibender Tee (Species diureticae), Ph. Belg. IV.

Wacholderbeeren	(Fruct. Junip.)	60 Teile
Fenchel	(Fruct. Foenic.)	20 Teile
Süßholz	(Rad. Liquirit.)	20 Teile

Holztee (Species Lignorum), Ph. Austr. VIII.

Klettenwurzel	(Rad. Bardanae)	10 Teile
Sarsaparillwurzel	(Rad. Sarsapar.)	10 Teile
Süßholz	(Rad. Liquirit.)	10 Teile
Sandelholz, rotes	(Lign. Santal. rubr.)	10 Teile
Wacholderholz	(Lign. Juniperi)	20 Teile
Guajakholz	(Lign. Guajaci)	20 Teile
Sassafraswurzel	(Rad. Sassafras)	20 Teile

Keuchhustentee (Species contra tussim), Formulae Normales

Eibischwurzel	(Althaeae radix)	10 Teile
Süßholzwurzel	(Liquiritiae radix)	10 Teile
Thymiankraut	(Thymi herba)	40 Teile

Äußerliche Anwendung der Heilpflanzen

Unter den Heilpflanzen finden wir eine Anzahl, die zur äußerlichen Anwendung besonders geeignet sind.

Aromatische Pflanzen üben auf Haut und Schleimhäute eine mild reizende Wirkung aus, die wohl auf den Gehalt an ätherischen Ölen zurückzuführen ist. Gerbstoffhaltige Heilpflanzen wirken zusammenziehend und festigend auf Gewebe und Gefäße, schleimhaltige zerteilend und lindernd.

Für Bäder, Spühlungen, Kräuterkissen und Breiumschläge können frische Kräuter oder getrocknete Pflanzenteile, sog. Drogen verwendet werden. Kräuterbädern setzt man entweder einen sehr starken Aufguß zu oder näht die Drogen oder frischen Pflanzenteile in Leinensäckchen, die man in das Badewasser hineinhängen läßt. Man kann aber auch die Droge ohne vorherige Zubereitung dem Wasser zusetzen. Auf ein Vollbad rechnet man dazu ca. 500 g Pflanzenteile, um ein ungefähres Maß anzugeben. Natürlich differiert die Menge je nach Wirksamkeit und Art der Anwendung. So wird von Kamille für Augenbäder nur ein milder Aufguß bereitet, während für schmerzlindernde, feuchtwarme Umschläge auf Gelenke oder Magen eine konzentriertere Lösung angebracht ist.

Einige Angaben über Heilpflanzen zur äußerlichen Anwendung:

Dost: Teeaufguß zum Gurgeln bei Mund- und Halsentzündungen. Zu Kräuterkissen geeignet.

Eibisch: Starker Aufguß wird Waschungen und Bädern bei chronisch entzündlichen Hautleiden zugesetzt.

Eichenrinde: Abkochung als Badezusatz bei Frostschäden, Lähmungsfolgen, chronischen und akuten Hauterkrankungen und Ekzemen, zu Umschlägen bei Krampfadergeschwüren, zu Sitzbädern bei Hämorrhoiden. Man rechnet auf ein Vollbad 500 g Eichenrinde in 3—4 l Wasser 30 Min. gekocht.

Engelwurz: Abkochung als Badezusatz zur Förderung der Hautdurchblutung.

Fenchel: Teeaufguß zum Gurgeln, zu Augenbädern bei Lidentzündungen.

Frauenmantel: Abkochung als Badezusatz und zu Umschlägen bei schlecht heilenden Wunden.

Heublumen: Starker Aufguß oder Abkochung zu Umschlägen und Bädern (hier können auch 500 g der Droge ohne vorherige Zubereitung dem Wasser zugesetzt werden), bei Frostbeulen, erfrorenen Gliedern, rheumatischen Leiden.

Kalmus: Kaltauszug als Badezusatz und zu Umschlägen mit hautreizender Wirkung. Kalmusbäder wurden früher viel verwendet bei Rachitis und Skrofulose.

Kamille: Teeaufguß für Augenbäder, starker Aufguß für Umschläge mit schmerzlindernder Wirkung und als Zusatz zu heißen Bädern bei Wundinfektionen und Karbunkeln, zu Inhalierungen bei Erkrankungen der oberen Luftwege. Bei Entzündungen der Bronchien wirken erhitzte Kräuterkissen mildernd.

Kiefer: Starker Aufguß von frischen oder getrockneten Sprossen zu hautreizenden und nervenstärkenden Bädern.

Lavendel: Ca. 500 g getrocknete Blüten als aromatisierender und hautreizender Badezusatz.

Leinsamen: Breiumschlag bei Eiterungen und Geschwüren.

Majoran: Starker Aufguß für desinfizierende und entzündungswidrige Umschläge bei schlecht heilenden Wunden.

Nußbaum: Abkochung der Blätter zu Fußbädern bei Frostbeulen, als Badezusatz bei Ekzemen und Geschwüren.

Rosmarin: Starker Aufguß als Badezusatz bei Ekzemen und Geschwüren, auch kreislaufanregend (aber hier nicht über 37° warm)

Salbei: Teeaufguß zum Gurgeln bei Entzündungen der Mundschleimhäute, des Halses und Rachens, starker Aufguß zu Waschungen und Umschlägen bei schlecht heilenden Wunden und Geschwüren.

Schachtelhalm: Abkochung (4 Hände voll mit 3 l kaltem Wasser ansetzen, 10—12 Stunden stehen lassen, darauf etwa 30 Min. kochen, durchseihen) zu heißen Teil- und Vollbädern bei Ekzemen, schlechtheilenden Wunden, zu Sitzbädern bei Blasenkatarrh.

Schafgarbe: 3 Hände voll des möglichst frischen Krauts in Leinenbeutel gebunden als belebender Badezusatz.

Steinklee: Starker Aufguß zu Bädern bei Gelenk- und Drüsenentzündungen, Wunden und Eiterungen.

Stiefmütterchen: Abkochung zu Umschlägen und Bädern bei akuten Hautkrankheiten und Ekzemen.

Thymian: Starker Aufguß zu hautreizenden Umschlägen.

Wacholder: Starker Aufguß aus zerquetschten, frischen Beeren als Badezusatz bei Rheumatismus und Gicht.

Wundklee: Starker Aufguß zu Umschlägen bei schlecht heilenden Wunden.

Mischungen für Kräuterbäder bei Nervosität und Überempfindlichkeit:

1. Zu gleichen Teilen: Kalmus (getrockneter Wurzelstock)
Kamillenblüten
Majoran
Pfefferminzblätter
Thymian
Lavendelblüten
Quendel

2. Zu gleichen Teilen: Kalmus (getrockneter Wurzelstock)
Pfefferminzblätter
Rosmarinkraut
Quendel
Kamillenblüten
Lavendelblüten

3. Zu gleichen Teilen: Holunderblüten
Pfefferminzblätter
Wacholderbeeren

Obenstehende Kräutermischungen werden fein zerschnitten, in Leinenbeutel getan und in das Badewasser gehängt.

Für nervenstärkende und krampfstillende Bäder wird ein Zusatz von folgender Abkochung verwendet:

Zu gleichen Teilen: Baldrianwurzel
Kamillenblüten
Pfefferminzblätter
Melisse
Wacholderbeeren
Steinklee
Dost

Die feingeschnittene Drogenmischung kalt ansetzen, zum Kochen bringen und 15—20 Min. auf kleiner Flamme sieden und danach noch 15 Min. ziehen lassen.
Gegen Grieß- und Steinleiden empfiehlt Pfarrer Kneipp Wickel und Bäder aus Haferstroh-Absud; dazu trinkt man Hafertee. Die Wirkung des Haferstroh-Absudes kann mit verschiedenen aromatischen Kräuterzugaben je nach Heilzweck ergänzt und gefördert werden. Dazu gibt es auch im Fachhandel ausgezeichnete fertige Mischungen, die sich aber auch leicht selbst herstellen lassen. Nur sollte man beachten, daß für Heilzwecke verwendetes Haferstroh in blühendem Zustand geschnitten werden muß, und daß man es so rasch wie möglich trocknet, damit die wirksamen Inhaltsstoffe erhalten bleiben. In Osteuropa erfreuen sich nicht umsonst Haferstrohbäder hoher Wertschätzung zur Behandlung von Gicht, Rheuma, Lähmungen, Leberkrankheiten und Hautleiden.

Verzeichnis häufiger Beschwerden und der zu ihrer Behandlung geeigneten Pflanzen*)

Appetitlosigkeit: Alant, Andorn, Benediktenkraut, Bitterklee, Bockshornkleesamen, Engelwurz, Enzian, Isländisches Moos, Ivakraut, Kalmus, Kamille, Kümmel, Meerrettich, Meisterwurz, Melisse, Pfefferminze, Röm. Kamille, Schafgarbe, Tausendgüldenkraut, Wacholder, Wermut.

Asthmatische Beschwerden: Bilsenkraut, Ehrenpreis, Fenchel, Kümmel, Meisterwurz (z. T. zu Pulver als Rauchinhalation), Quendel, Schachtelhalm, Schöllkraut, Senf (Wickel), Sonnentau, Spitzwegerich, Stechpalme.

Augenschwäche: Augentrost, Eibischblätter, Fenchel, Kamille, Königskerze, Malve.

Blähungen (Darmgärung): Anis, Baldrian, Benediktenkraut, Engelwurz, Fenchel, Kalmus, Kamille, Knoblauch, Kümmel, Majoran, Meerrettich, Pfefferminze, Quendel, Schafgarbe, Tausendgüldenkraut.

Blutarmut: Brennessel, Nußblätter, Spitzwegerich, Taubnessel, Wermut.

Blutergüsse, Quetschungen: Arnika, Bockshornkleesamen (Kataplasma), Johanniskraut (Öl), Leinsamen (Kataplasma), Lindenrinde, Wallwurz.

Blutreinigung (Unreine Haut): Brennessel, Brombeere, Brunnenkresse, Ehrenpreis. Fenchel, Frauenmantel, Meerrettich, Johanniskraut, Lindenblüte, Löwenzahn, Schafgarbe, Stiefmütterchen, Süßholz, Walnußblätter.

Brandwunden: Eichenrinde, Johanniskraut (Öl), Quitte, Rosenblütenblätter, Taubnessel, Tormentill, Ulmenrinde.

Durchfall: Bohnenkraut, Brombeere, Frauenmantel, Goldrute, Eiche, Hagebutte, Heidelbeere, Kamille, Knoblauch, Kümmel, Lavendel, Majoran, Pfefferminze, Rosmarin, Stechpalme, Tormentillwurzel, Vogelknöterich, Walnußblätter.

Eiterungen: Breiumschläge: Bockshornklee, Kamille, Leinsamen, Lindenrinde, Ulmenrinde. *Bäder:* Bruchkraut, Dost, Eibischblätter, Käsepappel, Kamille, Sanikel, Weidenrinde. *Umschläge und Auflagen:* Bärlauch, Kamille, Schöllkraut, Sanikel.

Entzündungen der Mundschleimhaut: Arnika, Brombeere, Dost, Eisenkraut, Eichenrinde, Goldrute, Lavendel, Kamille, Malve, Rosenblütenblätter, Odermennig, Thymian, Salbei, Sanikel, Storchschnabel, Tormentill, Veilchen.

Erkältung und Grippe: Holunderblüte, Huflattich, Lindenblüte, Schlüsselblumen, Stechpalme.

Erschöpfungszustände: Bockshornkleesamen, Brennessel, Dost, Quendel für Bäder.

---

*) Nur die gebräuchlichsten Pflanzen sind aufgeführt. Die Aufzählung der Pflanzen erfolgte nach dem Alphabet und nicht nach ihrer Bedeutung.

Fieber: Bitterklee, Esche, Holunder, Lindenblüte, Petersilie, Stechpalme, Tausendgüldenkraut, Veilchen.

Frühjahrsmüdigkeit: Brennesselblätter, Hagebutte, Löffelkraut, Meerrettich.

Frostbeulen: Heublumen, Eiche, Walnußblätter.

Gicht und Rheuma: Arnika, Birke, Bohnenkraut, Boretsch, Ehrenpreis, Esche, Hauhechel, Holunder, Melisse, Stechpalme, Vogelknöterich, Wacholder.
Spez. für Gicht: frischer Beinwell zu Kompressen. Siehe auch harntreibende Drogen.

Haarausfall: Arnika, Birke, Brennessel, Klette, Röm. Kamille, Rosmarin.

Harntreibende Drogen: Birke, Brunnenkresse, Esche, Hagebutte, Hauhechel, Liebstöckel, Petersilie, Quecke, Schachtelhalm, Schwertlilie, Sellerie, Stechpalme, Wacholder, Waldmeister.

Haut (unreine): innerlich: Ehrenpreis, Klettenwurzeln, Seifenkraut, sowie abführ- und wassertreibende Drogen. *Bäder:* Dost, Ehrenpreis, Kamille, Labkraut, Stiefmütterchen, Storchschnabel, Weidenrinde.

Herzstörungen: Baldrian, Kalmus, Liebstöckel, Melisse, Mistel, Rosmarin, Weißdorn.

Hoher Blutdruck und Arterienverkalkung: Baldrian, Bärlauch, Knoblauch, Löwenzahnblätter, Mistel, Schachtelhalm, Weißdorn.

Husten und Katarrh der oberen Luftwege: Alant, Andorn, Anis, Benediktenkraut, Eibisch, Engelsüß, Huflattich, Isländisch Moos, Knoblauch, Klatschmohn, Königskerze, Malvenblüte, Lavendel, Lungenkraut, Sanikel, Schlüsselblume, Spitzwegerich, Stechpalme, Süßholz, Taubnessel, Thymian.

Keuchhusten: Alant, Dost, Eisenkraut, Fenchel, Königskerze, Kümmel, Quendel, Sonnentau, Spitzwegerich, Thymian, Veilchen.

Krampfadern und Hömorrhoiden: Eicheln (zu Sitzbädern), Faulbaumrinde, Leinsamen, Quitte.

Krampfzustände (Magen): Alant, Anis, Baldrian, Fenchel, Kamille, Kümmel, Pfefferminze, Ringelblume, Schafgarbe, Wegwarte.

Leber- und Gallenleiden: Andorn, Anis, Bärlapp, Beifuß, Bitterklee, Bohnenkraut, Brunnenkresse, Dost, Eisenkraut, Hauhechel, Johanniskraut, Kamille, Leinsamen, Löwenzahn, Mariendistel (Früchte), Odermennig, Petersilie, Pfefferminze, Quecke, Rosmarin, Schafgarbe, Schöllkraut, Schwertlilie, Stechpalme, Wacholder, Wegwarte, Wermut.

Magenbeschwerden, Brechreiz: Pfefferminze, Ringelblume, Tausendgüldenkraut.

Magenbrennen: Engelwurz, Lindenkohle.

Milchsekretion, mangelnde: Engelsüß, Engelwurz, Fenchel, Meisterwurz, Kreuzblume, Kümmel.

Monatsbeschwerden: Baldrian, Brennessel, Dost, Enzian, Frauenmantel, Gänsefingerkraut, Goldmelisse, Hirtentäschel, Johanniskraut, Kamille, Löwenzahn, Melisse, Mistel, Ringelblume, Rosmarin, Sanikel, Schachtelhalm, Schafgarbe, Taubnessel, Waldmeister.

Nachtschweiß: Enzian, Salbei, Ysop.

Nervenschwäche: Baldrian, Beifuß, Bitterklee, Bohnenkraut, Goldmelisse, Hopfen, Johanniskraut, Lavendel, Melisse, Röm. Kamille, Salbei, Thymian.

Nervöse Unruhe: Baldrian, Bitterklee, Goldmelisse, Pfefferminze (zur Beruhigung).

Nieren- und Harnwegestörungen, Blasenentzündung: Anis, Bärentraubenblätter, Beifuß, Birkenblätter, Bruchkraut, Goldrute, Eiche, Esche, Hagebutte, Hauhechel, Liebstöckel, Lungenkraut, Petersilie, Quecke, Schachtelhalm, Seifenkrautwurzel, Stiefmütterchen, Engelsüß, Vogelknöterich, Wacholderbeeren, Waldmeister.

Schlaflosigkeit: Baldrian, Bitterklee, Goldmelisse, Hopfen, Melisse, Schlüsselblume.

Schweißtreibende Drogen: Birke, Brombeere, Holunder, Lindenblüte, Wacholder, Waldmeister.

Verstopfung: Anis, Faulbaumrinde, Fenchel, Holunderblüte, Leinsamen, Malvenblüte und Blätter, Medizinalrhabarber, Quittensamen, Ringelblume, Schwertlilie.

Warzen: Sadebaum, Schöllkraut, Seidelbast. (alle äußerlich!)

Wasserstauung, Wassersucht: Attich, Birke, Bohnenkraut, Bruchkraut, Eschenblätter, Gottesgnadenkraut, Hauhechel, Kreuzblume, Liebstöckel, Petersilie, Quecke, Schwertlilie, Silberdistel, Veilchen, Wacholder.
Siehe auch Nieren- und Harnwegestörungen, ebenso harntreibende Drogen.

Wechseljahre: Frauenmantel, Goldmelisse, Mistel, Weißdorn.

Weißfluß: Frauenmantel, Eichenrinde (Spülungen), Taubnessel, Tormentill (Spülungen).

Wunden (offene) zu Waschungen: Andorn, Arnika, Dost, Eisenkraut, Frauenmantel, Gamander, Goldmelisse, Gundelrebe, Huflattich, Johanniskraut, Kamille, Knoblauch, Königskerze, Lavendel, Malve, Salbei, Sanikel, Seifenkraut, Storchschnabel, Thymian, Veilchen.

Würmer und Darmparasiten: Bärlauch, Bohnenkraut, Farnwurzel, Knoblauch, Walnuß, Wermut.

Zuckerkrankheit: (zur Unterstützung der Therapie) Bohnenschalen, Geißraute, Heidelbeerblätter, Holunder, Quecke, Walnußblätter.

Sammelkalender der wichtigsten Arten

Januar/Februar

Brunnenkresse
Mistelkraut
Queckenwurzelstock

März

Alantwurzel
Bachnelkenwurz (Wurzelstock)
Bärentraubenblatt
Beinwellwurzel
Bibernelle (Wurzelstock)
Brennesselwurzel
Eibischwurzel
Eichenrinde
Engelwurz (Wurzel)
Enzianwurzel
Faulbaumrinde
Hauhechelwurzel
Huflattichblüten
Immergrün
Kalmus
Klettenwurzel
Liebstöckelwurzel
Löwenzahnwurzel
Lungenkraut
Mistelkraut
Nelkenwurz, Echte
Pappelknospen
Pastinakwurzel
Petersilienwurzel
Pfingstrose (Wurzel)
Queckenwurzelstock
Sandsegge (Wurzelstock)
Schlüsselblumenblüten
Schlüsselblumenwurzel
Schneeball (Rinde)
Teufelsabbiß (Wurzelstock)
Tormentilwurzel
Veilchenblüten
Wegwartenwurzel

April

Alantwurzel
Attichwurzel
Bachnelkenwurz (Wurzelstock)
Baldrianwurzel
Bärentraubenblätter
Beinwellwurzel
Bibernelle (Wurzelstock)
Bitterklee
Bittersüßstengel
Eichenrinde
Erle
Faulbaumrinde
Gänseblümchen
Gundelrebe
Haarstrangwurzel
Hauhechelwurzel
Hirtentäschelkraut
Huflattich
Immergrün
Isländisches Moos
Kalmus
Kerbel
Klettenwurzel
Liebstöckelwurzel
Löwenzahnblätter
Lungenkraut
Mistelkraut
Nelkenwurz, Echte
Pappelknospen
Petersilienwurzel
Pfingstrose (Wurzel)
Preiselbeerblätter
Queckenwurzelstock
Sadebaumspitzen
Sandsegge (Wurzelstock)
Schlehdornblüten
Schlüsselblumenblüten
Schlüsselblumenwurzel
Schneeball (Rinde)
Schöllkraut
Seifenwurzel
Spitzklette, Dornige
Spitzwegerichblätter
Sumpfhaarstrangwurzel
Teufelsabbiß (Wurzelstock)
Tormentilwurzel
Traubenkirsche (Rinde)
Veilchenblüten
Vogelmiere
Wegwartewurzel
Weidenrinde
Wiesenschaumkraut

Mai

Bachnelkenwurz (Wurzelstock)
Bärentraubenblätter
Birkenblätter
Bitterklee
Boretsch
Brombeerblätter
Eberrautenkraut
Efeu
Erdbeerblätter
Erdrauch
Erle
Faulbaumrinde
Fettkraut
Frauenmantel
Gänseblümchenblüten
Gänsefingerkraut
Gundelrebe
Haarstrangwurzel
Habichtskraut
Haselnußblätter
Heidelbeerblätter
Himbeerblätter
Hirschzunge
Hirtentäschel
Huflattichblätter
Hundszunge
Immergrün
Isländisches Moos
Katzenpfötchen
Kiefernsprossen
Kreuzblumenkraut
Leberblümchen
Löffelkraut
Lungenkraut
Mädesüßblüten
Maiglöckchenkraut
Malvenblätter
Melde
Nelkenwurz, Echte
Ochsenzunge, Echte
Osterluzei
Pestwurz
Pfingstrose (Blüten)
Preiselbeerblätter
Primelblüten
Raute (Blätter)
Roßkastanie (Blüten)

Sadebaumspitzen
Salbeiblätter
Sanikelblätter
Schachtelhalmkraut
Schlehe (Blüten)
Schöllkraut
Schwarzpappeln (Blattknospen)
Spargel (Unterirdische Sprosse)
Spitzklette, Dornige
Stiefmütterchenkraut
Sumpfhaarstrangwurzel
Taubnesselblüten
Thymian
Traubenkirsche (Rinde)
Vogelbeere (Blüten)
Vogelmiere
Waldmeisterkraut
Weißdornblätter
Weißdornblüten
Wiesenschaumkraut

Juni

Akelei
Andorn
Arnikablüten
Bachnelkenwurzkraut
Bärentraubenblätter
Benediktenkraut
Bilsenkrautblätter
Bingelkraut
Birkenblätter
Bitterklee
Boretschkraut
Braunwurz, Knotige
Brennesselkraut
Brombeerblätter
Bruchkraut
Ehrenpreis
Eibischblüten
Eisenkraut
Erdbeerblätter
Erdrauch
Färberginster
Fettkraut
Fingerhutblätter
Frauenmantel
Gänseblümchenblüten
Gänsefingerkraut
Gauchheil
Giersch
Gundelrebenkraut
Habichtskraut
Haselnußblätter
Heidelbeerblätter
Helmkraut
Himbeerblätter
Hirschzunge
Hirtentäschel
Holunderblüten
Huflattichblätter
Hundszunge
Immergrün
Isländisches Moos
Ivakraut
Johanniskraut
Kamille, Strahlenlose
Katzenpfötchen
Klatschmohnblüten
Königskerzenblüten
Kornblumenblüten
Krauseminze
Kreuzblumen
Kreuzdornrinde
Leberblümchen
Lindenblüten
Löffelkraut
Löwenzahnblätter
Lungenkraut
Maiglöckchenkraut
Malvenblüten
Melde
Melissenblätter
Nußbaumblätter
Ochsenzunge, Echte
Odermennigkraut
Osterluzei
Pestwurz
Pfefferminze
Pfennigkraut
Pfingstrose (Blüte)
Preiselbeerblätter
Quendel
Raute (Blätter und Kraut)
Ringelblumenblüten
Rosenblüten
Salbeiblätter
Sanikelblätter
Sauerkirsche (Blätter)
Schachtelhalmkraut
Schafgarbe
Sonnentau
Stechapfelblätter
Stiefmütterchenkraut
Taubnesselblüten
Tausendgüldenkraut
Thymian
Tollkirschenblätter
Vogelbeere (Blüten)
Vogelknöterichkraut
Waldmeisterkraut
Wasserminze
Wegerich
Weißdornblätter
Weißdornblüten
Wermutkraut
Wiesenknöterich
Wiesenschaumkraut
Winde
Wintergrün, Doldenblütiges
Wundklee
Ysop
Zitronenmelisse

Juli

Ackerskabiose
Akelei
Andorn
Arnikablüten
Augentrost
Bachnelkenwurzkraut
Bärlappkraut
Basilikumkraut
Beifuß
Benediktenkraut
Berufkraut, Kanadisches
Betonie
Bilsenkraut
Bingelkraut
Birkenblätter
Bitterklee
Bohnenkraut
Boretschkraut
Braunwurz, Knotige
Brennesselkraut
Brombeerblätter
Bruchkraut
Dost
Ehrenpreis
Eibischblätter
Erdbeerblätter
Erdrauch
Estragonkraut
Färberginster
Fingerhutblätter
Fingerkraut, Kriechendes
Frauenmantel
Gänseblümchenblüten
Gänsefingerkraut
Gänsefuß, Wohlriechender
Gauchheil
Giersch
Glaskraut
Goldmelisse
Goldrutenkraut
Gundelrebenkraut
Habichtskraut
Haselnußblätter
Heidekraut
Helmkraut

Herzblatt
Herzgespann
Himbeerblätter
Hirtentäschelkraut
Hohlzahn
Huflattichblätter
Isländisches Moos
Ivakraut
Johannisbeere, Schwarze
Johanniskraut
Judenkirsche
Kamille, Echte
— Römische
— Strahlenlose
Käsepappel
Katzenminze
Katzenpfötchen
Klatschmohn
Knoblauchzwiebel
Königskerzenblüten
Kornblumenblüten
Krauseminze
Kümmel
Labkraut
Lavendel
Leinkraut
Lindenblüten
Löwenzahnblätter
Lungenkrautblätter
Mädesüßblüten
Majoran
Malvenblüten
Mannstreu, Flachblättrige
Melisse
Mutterkorn
Nelkenwurzkraut
Nußbaumblätter
Ochsenzunge, Echte
Odermennigkraut
Pestwurz, Rote
Pfefferminze
Pfennigkraut
Poleiminze
Preiselbeerblätter
Quendel
Rainfarnblüten
Raute (Kraut)
Ringelblumenblüten
Salbeiblätter
Sanikelblätter
Sauerkirsche (Blätter)
Schachtelhalmkraut
Schafgarbenblüten
Schafgarbenkraut
Schwarzkümmel (Samen)
Sonnentau
Stechapfelblätter
Stiefmütterchenkraut
Stockrose
Strohblume
Taubnesselblüten
Tausendgüldenkraut
Teufelsabbiß (Kraut)
Tollkirschenblätter
Vogelknöterich
Wasserhanf
Wasserminze
Weiderich
Weißdornfrüchte
Wermut
Winde (Zaun)
Wintergrün, Doldenblütiges
Wundklee
Ysop

August

Ackerskabiose
Andorn
Arnikablüten
Augentrost
Bachnelkenwurz (Kraut)
Bärlappsporen
Beifußkraut
Benediktenkraut
Berghaarstrang
Berufkraut, Kanadisches
Betonie
Bilsenkraut
Bingelkraut
Bockhornsamen
Bohnenhülsen
Boretschkraut
Brennesselkraut
Brombeerblätter
Bruchkraut
Dost
Ehrenpreis
Eibischblätter
Eibischblüten
Eisenhutknollen
Eisenkraut
Erdrauch
Fingerhutblätter
Frauenmantelkraut
Frauenminze
Gänseblümchenblüten
Gänsefuß, Wohlriechender
Gauchheil
Geißrautenkraut
Giersch
Glaskraut
Goldmelisse
Goldrutenkraut
Gundelrebenkraut
Habichtskraut
Hagebutten
Haselnußblätter
Heidekraut
Heidelbeeren
Helmkraut
Herzblatt
Herzgespann
Hirtentäschelkraut
Hohlzahn
Holunderblätter
Huflattichblätter
Isländisches Moos
Ivakraut
Johanniskraut
Judenkirsche
Kamille, Echte
— Römische
— Strahlenlose
Käsepappel
Katzenminze
Katzenpfötchen
Klatschmohnblüten
Knoblauchzwiebeln
Königskerzenblüten
Kornblumenblüten
Kümmel
Labkraut
Lavendelblüten
Leimkraut
Leinsamen
Majorankraut
Mannstreu
Melisse
Mohnsamen
Mutterkorn
Odermennigkraut
Pfingstrose (Samen)
Poleiminze
Preiselbeerblätter
Quendel
Rainfarnblätter
Rainfarnblüten
Sanikelblätter
Sauerkirsche (Früchte und Stiel)
Schachtelhalmkraut
Schafgarbenkraut
Schwarzkümmel (Samen)
Senfsamen
Sonnentau
Stechapfelblätter
Steinklee
Stiefmütterchenkraut
Stockrosenblüten
Strohblume

Tausendgüldenkraut
Teufelsabbiß (Kraut)
Tollkirschenblätter
Vogelbeere (Früchte)
Vogelknöterich
Wacholderbeeren
Wasserhanf
Wasserminze
Wegerichblätter
Weiderich
Wermutkraut
Wiesenknöterich
Winde
Wintergrün, Doldenblütiges
Wundklee
Ysopkraut
Zitronenmelisse

September

Alantwurzelstock
Anis
Attichwurzel
Augentrostkraut
Baldrianwurzel
Bärlappsporen
Beifußkraut
Beinwellwurzel
Benediktenkraut
Berghaarstrang
Berufkraut, Kanadisches
Bingelkraut
Bockhornsamen
Bohnenhülsen
Bohnensamen
Brennesselkraut
Brennesselwurzel
Bruchkraut
Eibischwurzel
Eisenhutknollen
Eisenkraut
Engelsüß
Enzianwurzel
Fenchel
Frauenmantel
Frauenminze
Gänseblümchenblüten
Gänsefingerkraut
Gauchheil
Glaskraut
Goldmelisse
Habichtskraut
Hagebutten
Hauhechelwurzel
Heidekraut
Herzgespann
Himbeerblätter
Hirtentäschelkraut
Hohlzahn
Hopfendolden
Huflattichblätter
Isländisches Moos
Kalmuswurzel
Kamillenblüten
Katzenminze
Königskerzenblüten
Koriander
Kornblumenblüten
Kreuzdornbeere
Löwenzahnwurzel
Majoran
Mannstreu
Melisse
Mistelkraut
Mutterkorn
Nußblätter
Nußfruchtschalen
Petersilienwurzel
Pfefferminzblätter
Pfingstrose (Samen)
Queckenwurzelstock
Quendel
Rainfarn
Ringelblumenblüten
Rittersspornblüten
Schachtelhalmkraut
Schafgarbenkraut
Seifenkrautwurzel
Stechapfelblätter
Stechapfelsamen
Stockrose
Strohblumen
Tausendgüldenkraut
Tollkirschenwurzel
Tormentilwurzel
Traubenholunder
Veilchenwurzel
Vogelbeere (Früchte)
Vogelknöterichkraut
Vogelmiere
Wachholderbeeren
Wasserfenchel (Früchte)
Wasserhanf
Wegerichblätter
Weiderich
Weißdornfrüchte
Wermutkraut
Winde
Wurmfarnwurzel

Oktober

Alantwurzelstock
Attichwurzel
Baldrianwurzel
Beinwellwurzel
Bibernellwurzelstock
Bittersüßstengel
Bohnenhülsen
Bohnensamen
Brennesselwurzel
Eibischwurzel
Eisenhutknollen
Engelwurz (Wurzel)
Farnwurzel
Faulbaumrinde
Fenchel
Hagebutten
Hauhechelwurzel
Holunderbeeren
Kalmus
Klettenwurzel
Kreuzdornbeeren
Liebstöckelwurzel
Löwenzahnwurzel
Mistelkraut
Mutterkorn
Nußfruchtschalen
Pastinakwurzel
Petersilienwurzel
Pfingstrose (Wurzel)
Primelwurzel
Queckenwurzelstock
Quittensamen
Safran
Sanikelwurzelstock
Schafgarbenkraut
Seifenwurzel
Senf, Schwarzer
Stechapfelsamen
Strohblume
Süßholzwurzel
Tausendgüldenkraut
Tormentilwurzel
Traubenholunder
Veilchenwurzel
Vogelknöterichkraut
Wacholderbeeren
Wegerichkraut
Wegwartewurzel
Weidenrinde
Weißdornfrüchte

November/Dezember

Baldrianwurzel
Beinwellwurzel
Brunnenkresse
Klettenwurzel
Löwenzahnwurzel
Mistelkraut
Queckenwurzelstock
Quittensamen
Schlehe (Früchte)
Tormentilwurzel
Wacholderbeeren
Weißdornfrüchte

Literatur- und Quellenangaben

Arzneibuch, Deutsches, 6. Ausgabe, Berlin 1951

Boros, G.: Unsere Küchen- und Gewürzkräuter. Stuttgart 1978

Buchheister-Ottersbach: Handbuch der Drogisten-Praxis. Berlin/Göttingen/Heidelberg 1949

Gessner, O.: Die Gift- und Arzneipflanzen von Mitteleuropa. 2. Auflage, Heidelberg 1953

Hagers Handbuch der Pharmazeutischen Praxis. Berlin/Göttingen/Heidelberg 1958

Heeger, E. F.: Handbuch des Arznei- und Gewürzpflanzenbaues. Berlin 1956

Hegi, G.: Illustrierte Flora von Mitteleuropa. 2. Auflage, München 1936 ff.

Hoppe, Heinz A.: Drogenkunde. Hamburg 1949

Irion, H.: Drogisten-Lexikon. Berlin/Göttingen/Heidelberg 1955, 1958

Karsten, G., u. U. Weber: Lehrbuch der Pharmakognosie für Hochschulen. Jena 1949

Kommentar zum Deutschen Arzneibuch. 6. Ausgabe, Berlin 1928

Kommentar zur Pharmacopoea Helvetica. Edition quinta Zürich 1947

Kroeber, L.: Das neuzeitliche Kräuterbuch, Stuttgart 1947/1949

Perrot, E.: Plantes medicinales de France, IV. Band, Paris 1943

Peyer, W.: Aromatische Kräuterbäder und Badezusätze. »Die d. Heilpflanze« 1936, Nr. 5

Pharmacopoea Helvetica. Editio quinta Bern 1933

Saller, K.: Lehrbuch der homöopathischen Arzneimittel. 3. Auflage, Saulgau 1952

Sauer und Schenck: Praxis der Teeverordnung. Frankfurt/Main 1961.

Schindler, H., Inhaltsstoffe und Prüfungsmethoden homöopathisch verwendeter Heilpflanzen. Aulendorf 1955

Tschirch, A.: Handbuch der Pharmakognosie. 2. Auflage, Leipzig 1930/1932

Weiss: Lehrbuch der Phytotherapie, Hippokrates-Verlag, Stuttgart 1960

Verzeichnis der deutschen und lateinischen Pflanzennamen